Kompakte Einführung in das
Projektmanagement

Theo Peters · Nicole Schelter

Kompakte Einführung in das Projektmanagement

Mit vielen praxisnahen Beispielen und modernen didaktischen Instrumenten

Theo Peters
Wirtschaftswissenschaften
Hochschule Bonn-Rhein-Sieg
Sankt Augustin, Nordrhein-Westfalen
Deutschland

Nicole Schelter
Mathematik und Informatik
Fernuniversität Hagen
Schwerte, Nordrhein-Westfalen, Deutschland

Die Online-Version des Buches enthält digitales Zusatzmaterial, das durch ein Play-Symbol gekennzeichnet ist. Die Dateien können von Lesern des gedruckten Buches mittels der kostenlosen Springer Nature „More Media" App angesehen werden. Die App ist in den relevanten App-Stores erhältlich und ermöglicht es, das entsprechend gekennzeichnete Zusatzmaterial mit einem mobilen Endgerät zu öffnen.

ISBN 978-3-658-31193-3   ISBN 978-3-658-31194-0   (eBook)
https://doi.org/10.1007/978-3-658-31194-0

Die Deutsche Nationalbibliothek verzeichnet diese Publikation in der Deutschen Nationalbibliografie; detaillierte bibliografische Daten sind im Internet über http://dnb.d-nb.de abrufbar.

© Der/die Herausgeber bzw. der/die Autor(en), exklusiv lizenziert durch Springer Fachmedien Wiesbaden GmbH, ein Teil von Springer Nature 2021
Das Werk einschließlich aller seiner Teile ist urheberrechtlich geschützt. Jede Verwertung, die nicht ausdrücklich vom Urheberrechtsgesetz zugelassen ist, bedarf der vorherigen Zustimmung der Verlage. Das gilt insbesondere für Vervielfältigungen, Bearbeitungen, Übersetzungen, Mikroverfilmungen und die Einspeicherung und Verarbeitung in elektronischen Systemen.
Die Wiedergabe von allgemein beschreibenden Bezeichnungen, Marken, Unternehmensnamen etc. in diesem Werk bedeutet nicht, dass diese frei durch jedermann benutzt werden dürfen. Die Berechtigung zur Benutzung unterliegt, auch ohne gesonderten Hinweis hierzu, den Regeln des Markenrechts. Die Rechte des jeweiligen Zeicheninhabers sind zu beachten.
Der Verlag, die Autoren und die Herausgeber gehen davon aus, dass die Angaben und Informationen in diesem Werk zum Zeitpunkt der Veröffentlichung vollständig und korrekt sind. Weder der Verlag, noch die Autoren oder die Herausgeber übernehmen, ausdrücklich oder implizit, Gewähr für den Inhalt des Werkes, etwaige Fehler oder Äußerungen. Der Verlag bleibt im Hinblick auf geografische Zuordnungen und Gebietsbezeichnungen in veröffentlichten Karten und Institutionsadressen neutral.

Planung/Lektorat: Ulrike Loercher
Springer Gabler ist ein Imprint der eingetragenen Gesellschaft Springer Fachmedien Wiesbaden GmbH und ist ein Teil von Springer Nature.
Die Anschrift der Gesellschaft ist: Abraham-Lincoln-Str. 46, 65189 Wiesbaden, Germany

Vorwort

Liebe Leserinnen und Leser,

Projektmanagement ist ein Thema, das nahezu jeden von uns tagtäglich begleitet, sei es die Planung einer großen Party, die Planung des Auslandssemesters bis hin zur Umrüstung auf SMART Home. Immer haben wir etwas Neues zu bearbeiten und immer müssen wir die unterschiedlichsten Personen unter einen Hut bringen. Und auch das Stresslevel ist ungleich höher, wenn man einige Grundprinzipien nicht beachtet.

Dies ist bei den großen, bekannten Projekten nicht wesentlich anders. In der jüngsten Vergangenheit haben Großprojekte wie Stuttgart 21, der Berliner Flughafen oder die Hamburger Elbphilharmonie immer wieder die zum Teil erheblichen Herausforderungen bei einem Projekt aufgezeigt. Dabei hat sich im allgemeinen Sprachgebrauch „das Berlinprinzip" bereits als ein feststehender Begriff für ein gescheitertes Projektmanagement durchgesetzt.

Das vorliegende Werk führt die theoretischen Aspekte und die praktischen Erkenntnisse des Projektmanagements zusammen. Dem Leser werden neben einer Vielzahl an Beispielen über QR-Codes Videosequenzen zur Verfügung gestellt, die die praktischen Möglichkeiten beim Managen von Projekten veranschaulichen sollen. Um die Vorgehensweise zu standardisieren und gleichzeitig den Arbeitsaufwand zu verringern wurden Arbeitsvorlagen konzipiert, die auf der Verlagshomepage springer.com auf der Seite des Buches zu finden sind.

Wie viele andere Wissenschaften bleibt die Entwicklung aber nicht stehen und es findet auch im Projektmanagement ein stetiges Lernen und Weiterentwickeln statt. Auch wenn in einigen Bereichen die alt bewährten Techniken, wie beispielsweise die Netzplantechnik, nach wie vor nicht wegzudenken sind, so eröffnen die agilen Methoden neue Möglichkeiten in einer immer wandelbareren Welt, wie wir es gerade im Zuge der Covid19-Pandemie erleben. Wir freuen uns daher, Ihnen auch dazu einen Einblick am Ende des Buches geben zu können.

Prof. Dr. Theo Peters
Dipl. Inform. Nicole Schelter

Danksagung

Wir sind vielen Personen zu Dank verpflichtet, die uns inhaltlich und redaktionell mit wertvollen Tipps und Anregungen begleitet haben. So hat Herr Claßen gerade in der Entstehungsphase wichtige Impulse gesetzt. In besonderer Weise möchten wir uns bei Frau Melina Schmitz bedanken, die uns im Endspurt mit großem Engagement bei der Formatierung der Texte und Abbildungen sehr unterstützt hat.

Für Nicole Schelter wäre ohne Stephan Mielke das Buch nicht denkbar gewesen, daher gebührt ihrem Ehemann besonderer Dank. Er war ihr stets ein treuer Sparringspartner und wertvoller Unterstützer.

Inhaltsverzeichnis

1 Einführung 1
   1.1 Projektcharakterisierung 1
   1.2 Klassifizierung von Projekten 4
   1.3 Projektmanagement 8
      1.3.1 Definition 8
      1.3.2 Gegenstand des Projektmanagements 8
      1.3.3 Project Excellence 9
   1.4 Aufteilung in Projektphasen 11
      1.4.1 Projektmanagementphasen 11
      1.4.2 Projektlebenszyklus 16
   1.5 Häufige Problemstellungen 17
   Literatur 20

2 Klassische Grundlagen: Es geht los.... 23
   2.1 Projektstart 23
      2.1.1 Projektbeauftragung 23
      2.1.2 Projektziele 26
      2.1.3 Projektumfeldanalyse 34
      2.1.4 Stakeholderanalyse 37
      2.1.5 Nutzwertanalyse 46
   2.2 Projektorganisation 51
   2.3 Projektplanung 67
      2.3.1 Definitionsphase und Planungsphase 67
      2.3.2 Aufgabenplanung 68
      2.3.3 Ablauf- und Terminplanung 76
      2.3.4 Ressourcenplanung 89
      2.3.5 Kostenplanung 92
      2.3.6 Risikoplanung 99

	2.4	Projektsteuerung	109
		2.4.1 Zielsetzung	109
		2.4.2 Erfassung der aktuellen Daten	111
		2.4.3 Ermittlung des Leistungsfortschrittes	112
		2.4.4 Analyse der Abweichungen	113
		2.4.5 Entwickeln von Maßnahmen	117
		2.4.6 Fertigstellungswertanalyse	118
		2.4.7 Informelle Rollen und Typen	123
		2.4.8 Eskalationsmanagement	126
	2.5	Projektreporting	127
		2.5.1 Motivation und Organisation	127
		2.5.2 Prozessbeschreibungen	129
		2.5.3 Projektpläne	131
		2.5.4 Projektberichte	132
	2.6	Projektabschluss	134
		Literatur	135
3	**Agiles Projektmanagement**		137
	3.1	Einführung	137
	3.2	Agile Manifest	138
	3.3	Magisches Dreieck	139
	3.4	Timeboxing/Zeitbegrenzung	140
	3.5	Umsetzung	141
	3.6	Der Ablauf am Beispiel von Scrum	142
		3.6.1 Product Backlog	142
		3.6.2 Sprint Planung	145
		3.6.3 Sprint Backlog	150
		3.6.4 Sprint	152
		3.6.5 Daily Scrum	152
		3.6.6 Das Inkrement	159
		3.6.7 Sprint Review	160
		3.6.8 Sprint Retrospektive	161
	3.7	Agile Erfolgsgeschichten in den Unternehmen	163
		Literatur	165
4	**Fallbeispiele**		167
	4.1	Schielmann AG	168
	4.2	Hammer Forum e. V.	169
	4.3	Theodor Konrad AG	170
	4.4	Eventis GmbH	171
	4.5	Gaming GmbH	172
	4.6	Dorfspaßkasse Sankt Augustin	173
	4.7	GroßKauf GmbH	176
	4.8	Rhein-Sieg-Air AG	178

5	Antworten auf die Kontrollfragen		181
	5.1	Grundlagen	181
	5.2	Klassisches Projektmanagement	182
		5.2.1 Projektstart	182
		5.2.2 Projektorganisation	183
		5.2.3 Projektplanung	184
		5.2.4 Projektkontrolle und -Steuerung	185
		5.2.5 Projektreporting	186
		5.2.6 Projektabschluss	186
	5.3	Agiles Projektmanagement	187

Stichwortverzeichnis... 189

Abkürzungsverzeichnis

AG	Auftraggeber
AKV	Aufgaben, Kompetenz, Verantwortung
AP	Arbeitspaket
FAZ	Frühester Anfangszeitpunkt
FEZ	Frühester Endzeitpunkt
FP	Freier Puffer
GL	Geschäftsleitung
GP	Gesamte Pufferzeit
HOAI	Honorarordnung für Architekten und Ingenieure
MVP	Minimal Viable Product
PSP	Projektstrukturplan
QM	Qualitätsmanagement
RFC	Request for Comments
SAZ	Spätester Anfangszeitpunkt
SEZ	Spätester Endzeitpunkt
VKN	Vorgangsknotennetzplan

Beispielverzeichnis

Beispiel 1.1	Stadionausbau	3
Beispiel 1.2	Bau der BMW Welt	5
Beispiel 1.3	Flughafen Berlin-Brandenburg	6
Beispiel 1.4	AirlineCheckins.com	11
Beispiel 1.5	AirlineCheckins.com	12
Beispiel 1.6	AirlineCheckins.com	12
Beispiel 1.7	AirlineCheckins.com	13
Beispiel 1.8	AirlineCheckins.com	14
Beispiel 1.9	Challenger Katastrophe	18
Beispiel 1.10	Panamakanal	19
Beispiel 2.1	Festivalplanung	26
Beispiel 2.2	Projekt „Herzroute"	32
Beispiel 2.3	Flexible Electronics	32
Beispiel 2.4	T-Shirt-Produktion	33
Beispiel 2.5	Kundenrating	36
Beispiel 2.6	Stuttgart 21 (1)	43
Beispiel 2.7	Stuttgart 21 (2)	44
Beispiel 2.8	Technischer Projektleiter (m/w/d) gesucht	59
Beispiel 2.9	Einführung neuer Produkte	74
Beispiel 2.10	Hochhausbau in China	76
Beispiel 2.11	Ausbau einer Bahnstrecke in China	91
Beispiel 2.12	Sparkassenversicherung	94
Beispiel 2.13	Elbphilharmonie	100
Beispiel 2.14	Beispiel	103
Beispiel 2.15	Andreas Kalbitz	128
Beispiel 3.1	AXA Schweiz	138
Beispiel 3.2	IT-Projekt Robaso (1)	138
Beispiel 3.3	SBB Personenverkehr (1)	143
Beispiel 3.4	Beispiel einer User Story	143
Beispiel 3.5	Zalando	145

Beispiel 3.6	Energie Baden-Württemberg (1)	145
Beispiel 3.7	Beispiel Story Points	146
Beispiel 3.8	Zappos	149
Beispiel 3.9	SBB Personenverkehr (2)	149
Beispiel 3.10	Allsafe Group	149
Beispiel 3.11	Gehört zu [Übergeordnetes Item]	150
Beispiel 3.12	Aufteilung nach Workflow Schritten	151
Beispiel 3.13	Saxonia Systems AG	153
Beispiel 3.14	Energie Baden-Württemberg (2)	153
Beispiel 3.15	Bosch	155
Beispiel 3.16	Zusammenarbeit von IBM und Microsoft	159
Beispiel 3.17	Tablonautix	159
Beispiel 3.18	IT-Projekt Robaso (2)	161
Beispiel 3.19	Kaarten Carrousel	162

SPRINGER NATURE

springernature.com

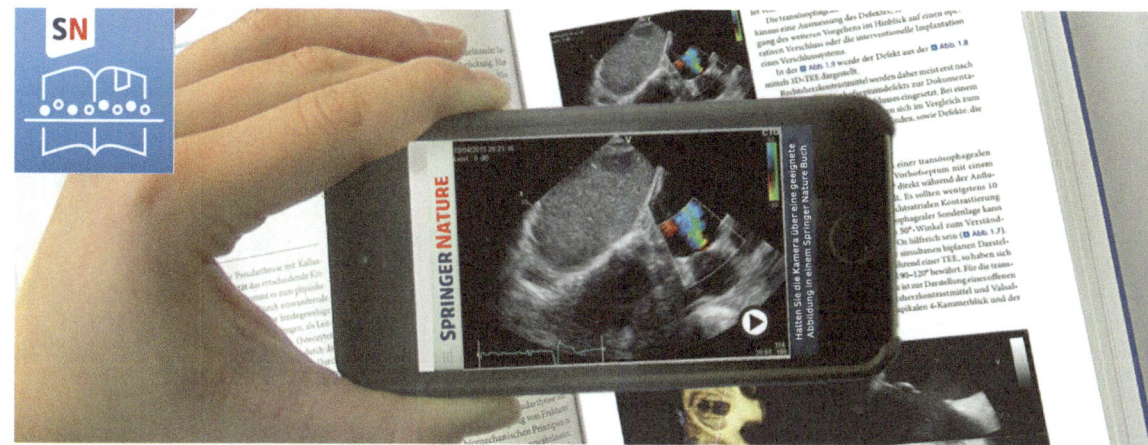

Springer Nature More Media App

Videos und mehr mit einem „Klick" kostenlos aufs Smartphone und Tablet

- Dieses Buch enthält zusätzliches Onlinematerial, auf welches Sie mit der Springer Nature More Media App zugreifen können.*
- Achten Sie dafür im Buch auf Abbildungen, die mit dem Play Button ⊙ markiert sind.
- Springer Nature More Media App aus einem der App Stores (Apple oder Google) laden und öffnen.
- Mit dem Smartphone die Abbildungen mit dem Play Button ⊙ scannen und los gehts.

Kostenlos downloaden

*Bei den über die App angebotenen Zusatzmaterialien handelt es sich um digitales Anschauungsmaterial und sonstige Informationen, die die Inhalte dieses Buches ergänzen. Zum Zeitpunkt der Veröffentlichung des Buches waren sämtliche Zusatzmaterialien über die App abrufbar. Da die Zusatzmaterialien jedoch nicht ausschließlich über verlagseigene Server bereitgestellt werden, sondern zum Teil auch Verweise auf von Dritten bereitgestellte Inhalte aufgenommen wurden, kann nicht ausgeschlossen werden, dass einzelne Zusatzmaterialien zu einem späteren Zeitpunkt nicht mehr oder nicht mehr in der ursprünglichen Form abrufbar sind.

Einführung 1

> **Lernziele**
> Sie werden wissen, welche Eigenschaften ein Projekt vom Tagesgeschäft unterscheidet.
> Sie können Projektmanagement definieren.
> Sie kennen die fünf Projektmanagementphasen des IDPSA-Modells.
> Sie können Projektmanagementphasen und Projektphasen unterscheiden.
> Sie kennen die Gründe für die Nutzung von Projektmanagement.

1.1 Projektcharakterisierung

In der heutigen Zeit wird der Begriff des „Projektes" sehr häufig verwendet. Daher stellt sich zunächst die Frage, was ein Projekt auszeichnet, und was die einzelnen Definitionsmerkmale beinhalten. Viele Institutionen haben sich bereits mit dem Projektbegriff beschäftigt, unter anderem das Project Management Institute und das Deutsche Institut für Normung. Das Deutsche Institut für Normung (kurz DIN) definiert ein Projekt wie folgt:

Elektronisches Zusatzmaterial Die elektronische Version dieses Kapitels enthält Zusatzmaterial, das berechtigten Benutzern zur Verfügung steht https://doi.org/10.1007/978-3-658-31194-0_1. Die Videos lassen sich mit Hilfe der SN More Media App abspielen, wenn Sie die gekennzeichneten Abbildungen mit der App scannen.

▶ **Projekt** Nach der Definition der DIN 69901 [3] handelt es sich um ein Projekt, wenn...

1. ein Zeitraum definiert ist,
2. das Ziel des Projektes bekannt ist,
3. die Verantwortlichkeiten festgelegt sind,
4. eine Einmaligkeit/Neuartigkeit besteht,
5. begrenzte Ressourcen vorliegen,
6. eine interdisziplinäre Vorgehensweise verfolgt wird und
7. eine gewisse Komplexität vorliegt.

Die nachfolgenden Charakteristika beschreiben Eigenschaften, die bei Projekten häufig gegeben sind.

Abgrenzbare Einzelvorhaben mit definiertem Anfang und Ende
Ein wichtiger Schritt zur eindeutigen Leistungsbeschreibung ist einerseits die Abgrenzung von Tätigkeiten, die im Projektumfang liegen und andererseits die explizite Auflistung von Aktivitäten, die nicht innerhalb des Projektes umgesetzt werden. Allen Projektdefinitionen gemeinsam ist die zeitliche Begrenzung des Projektes.

Termindruck
Viele Projekte sind mit strengen Terminvorgaben (siehe Abschn. 2.3.3) ausgestattet. Bei Nichteinhaltung drohen oftmals hohe Konventionalstrafen.

Ungewissheit
Auch die Neuartigkeit des Projektproduktes ist in allen Definitionen Gegenstand. Die neuartigen Aufgabenstellungen führen oft zu technisch und wirtschaftlich unberechenbaren Einflüssen und im Vorfeld zu Unsicherheit.

Begrenzte Ressourcen
Die zur Verfügung stehenden Ressourcen, wie Zeit, Geld, Personal, Material, etc. sind i. d. R. beschränkt.

Interdisziplinarität
Zur Durchführung der einzelnen Aufgabe innerhalb eines Projektes sind regelmäßig unterschiedliche Fachgebiete involviert. Häufig wird daher die Projektgruppe interdisziplinär gebildet.

Lange Zeithorizonte
Projekte weisen in vielen Fällen eine lange Projektdauer auf. Bis zur Finalisierung können durchaus Jahre vergehen. Ein Beispiel ist die Elbphilharmonie mit einer Bauzeit von insgesamt 10 Jahren [12].

1.1 Projektcharakterisierung

Unterschiedliche Interessenlagen
Verschiedene Stakeholder beeinflussen das Projekt. Diese sind im Rahmen des Projektmanagements zu berücksichtigen (siehe Abschn. 2.1.3).

Komplexität
Vielschichtige Aufgaben, zu deren Bewältigung es ein gewisses Knowhow bedarf, sind ebenfalls häufig Bestandteil eines Projektes.

Insgesamt sollen die zuvor genannten und für ein Projekt typischen Charakteristika in dem folgenden Beispiel verdeutlicht werden.

> **Stadionausbau**
>
> Die Kapazität eines Stadions soll von derzeit 50.000 auf 75.000 Zuschauer erweitert werden.
>
> - **Abgrenzbare Einzelvorhaben mit definiertem Anfang und Ende:** Der Einbau der Stützwände beginnt am 02.05.2020 und soll voraussichtlich bis zum 09.09.2020 abgeschlossen sein.
> - **Termindruck:** Bei einer Fertigstellung des Stadions nach dem 30.09.2020 ist eine Konventionalstrafe zu entrichten.
> - **Ungewissheit:** Denkbar sind beispielsweise zuvor nicht einkalkulierte technische Herausforderungen oder unvorhersehbare wirtschaftliche Einflüsse wie z. B. höhere Baukosten.
> - **Begrenzte Ressourcen:** Aufgrund der hohen Auftragslage können nur 25 Mitarbeiter in das Projektteam berufen werden.
> - **Interdisziplinarität:** Bei dem Projekt sind neben der unternehmensinternen Bauabteilung u. a. auch die betriebswirtschaftliche Abteilung sowie das Controlling involviert. Aus diesem Grund sind auch Mitarbeiter aus diesen Abteilungen in das Projektteam berufen worden.
> - **Lange Zeithorizonte:** Die prognostizierte Projektdauer beträgt 1,5 Jahre.
> - **Unterschiedliche Interessenslagen:** Umweltschützer versuchen den Ausbau zu verhindern, da dazu zahlreiche Bäume gefällt sowie Tiere umgesiedelt werden müssten.
> - **Komplexität:** Aufgaben wie der passgenaue Einbau von Stahlträgern weisen eine gewisse Komplexität auf. ◄

Lehrvideos
Eine Vertiefung und Erläuterung zum Projektbegriff finden Sie in den Videos Abb. 1.1 und 1.2 des Videokurses.

Abb. 1.1 Einführung Definitionen (https://doi.org/10.1007/000-0qm)

Abb. 1.2 Definition Projekt (https://doi.org/10.1007/000-0qj)

1.2 Klassifizierung von Projekten

Die Klassifizierung von Projekten hilft bei einer schnellen Entscheidung über das technische Vorgehen und über den Umfang der zu nutzenden Projektmanagementaktivitäten. So wird ein „größeres" und „bedeutenderes" Projekt mit deutlich intensiveren Controllingaktivitäten als ein „kleineres" und „unbedeutendes" Projekt begleitet. Allgemein können Projekte nach den folgenden Kriterien klassifiziert werden:

- Projektdauer,
- Projektgröße und
- Projektart.

Projektdauer
Üblicherweise verlaufen Projekte zwischen wenigen Wochen und mehreren Jahren. Projekte, die mit mehr als fünf Jahren geplant werden, sind in der betriebswirtschaftlichen Praxis nur selten vorzufinden. Bei Projekten kürzer als zwei Monaten ist oft eine Person verantwortlich, die gleichzeitig die Hauptaufgaben erledigt und punktuell von Kollegen oder anderen Abteilungen unterstützt wird.

Projektgröße
Die Größe eines Projektes kann entweder anhand:

- der Kosten bemessen werden, die für die Entwicklung des Projektes selbst entstehen oder der Anzahl an Manntagen (als mengenmäßige Aufwandsgröße in Projekten) oder
- der Anzahl der in dem Projekt eingebundenen Personen.

1.2 Klassifizierung von Projekten

In der Praxis existieren kleine Projekte, in denen nur wenige Mitarbeiter eingebunden sind, aber auch Großprojekte, in denen mehrere 100 Mitarbeiter involviert sind. Häufig ist eine Klassifizierung der Projektgröße anhand der Anzahl der involvierten Mitarbeiter schwierig, wie das Beispiel verdeutlicht. Das liegt bei Großprojekten insbesondere daran, dass sowohl interne als auch externe Personen eingebunden sind und die Anzahl der aktuellen Projektmitarbeiter von der Projektphase (siehe Abschn. 1.4) abhängig ist.

> **Bau der BMW Welt**
>
> Ein Beispiel für ein länger andauerndes Projekt ist der Bau der BMW Welt in München. Das Bauprojekt wurde im August 2003 gestartet und nach ca. vier Jahren im Sommer 2007 abgeschlossen.
>
> Neben den rund 100 direkten Projektmitarbeitern waren Spezialisten aus vielfältigen BMW Fachstellen dabei. Dazu kamen externe Dienstleister. Je nach Projektphase schwankte die Anzahl der Beteiligten zudem stark. In der Planungsphase waren zum Beispiel zweitweise allein über 1000 Planer einbezogen.
>
> Unter dem QR-Code (Abb. 1.3) finden Sie ein Video mit weiteren Informationen zum Bau der BMW Welt in München. ◄

Projektart
Es wird zudem zwischen inhaltlich unterschiedlichen Projektenarten unterschieden. In der Praxis sind am häufigsten anzutreffen:

- Forschungsprojekte,
- Entwicklungsprojekte,
- Rationalisierungsprojekte,
- Projektierungsprojekte,
- Vertriebsprojekte,
- Betreuungsprojekte und
- Dienstleistungsprojekte.

So werden die vielseitigen Einsatzmöglichkeiten des Projektmanagements sehr deutlich, um schnell und damit effizienter zu entscheiden, wie vorgegangen werden soll. Unabhängig von der Projektdauer, der Projektgröße oder Projektart, sind mit den

Abb. 1.3 Bau der BMW Welt

weiteren hier vorgestellten Methoden neue Vorhaben Schritt für Schritt bearbeitbar, unabhängig von den unterschiedlichen Projektthemen, von denen einige beispielhaft aufgeführt sind:

- Bei Forschungs- und Entwicklungsprojekten (FuE-Projekte) steht die Generierung von Innovationen oder neuen Erkenntnissen im Vordergrund. Sie sind häufig sehr langläufig z. B. die Entwicklung des autonomen Fahrens oder die Entwicklung neuer Medikamente.
- Neu- und Anpassungskonstruktionsprojekte befassen sich mit einer Weiterentwicklung oder Optimierung, um z. B. die Abgasproblematik der Dieselautos durch Umrüstungen zu beseitigen.
- Bauprojekte sind die Klassiker des Projektmanagements, darunter fallen z. B. der Bau der Pyramiden von Gizeh oder der Elbphilharmonie, genauso wie der Bau von Krankenhäusern, Brücken oder Autobahnen.
- Im Anlagenbau sind ebenfalls viele Projekte zu finden, wie z. B. der Aufbau von Produktionsstätten in Unternehmen, ebenso Solaranlagen auf dem eigenen Dach oder im großen Stil auf ehemals landwirtschaftlichen Flächen.
- Organisationsprojekte beschäftigen sich mit der Änderung von Aufbau- und Ablaufstrukturen von Organisationseinheiten. Sie sind bspw. bei Fusionen zu beobachten, um die verschiedenen Organisationsteile zu integrieren. Auch die Digitalisierung führt oft zu dieser Art von Projekten.
- Im Zuge der Digitalisierung sind ebenfalls die Entwicklung und Einführung neuer Informationssysteme (Produktionsplanungssysteme [PPS], Computer Aided Design [CAD], Computer Integrated Manufactoring [CIM]) zu nennen.
- Konzeption und Einführung von Änderungen im Unternehmen machen es notwendig, die Menschen mitzunehmen, daher werden diese Projekte gerne ebenfalls als eigene Kategorie betrachtet (Aufbauorganisation, Qualitätssicherung, Funktionsbewertung, Mitarbeiterbeurteilung) [10].

Hier finden Sie exemplarisches Anschauungsmaterial zu einem Großprojekt aus der Flugbranche.

Flughafen Berlin-Brandenburg

Die zwei QR-Codes (Abb. 1.4 und 1.5) behandeln das Thema Flughafen Berlin-Brandenburg. Im Video hinter dem oberen QR-Code geht es um einen Rundgang über den unfertigen Flughafen. Das andere Video geht auf Pleiten, Pech und Pannen ein, welche durch den Bau des Flughafens entstanden sind. Der Flughafen Berlin-Brandenburg ist ein Paradebeispiel für ein Großprojekt, bei dem bezüglich des Projektmanagements einige falsche Entscheidungen getroffen wurden. ◄

1.2 Klassifizierung von Projekten

Abb. 1.4 Flughafen Berlin-Brandenburg (1)

Abb. 1.5 Flughafen Berlin-Brandenburg (2)

Abb. 1.6 Vertriebsprojekt

Systematische Klassifizierung

Die beschriebene Klassifizierung zwischen Projektdauer, Projektgröße und Projektart kann mithilfe der Abb. 1.6 vorgenommen werden. Für ein Rationalisierungsprojekt ist die Klassifizierung nachfolgend dargestellt.

Die Klassifizierung von Projekten ist hilfreich für die Ausarbeitung der Projektphasen. Zum Beispiel kann ein Unternehmen durch die Zuordnung zur Projektart „Rationalisierung" die hierfür anzuwendenden Projektphasen (siehe Abschn. 1.4) ableiten: Grobkonzept → Hauptstudie → Realisierung → Einführung → Abschluss. In vielen Unternehmen ist dieser Projektlebenszyklus fest definiert und z. B. differenziert nach Produktneuentwicklung oder Produktweiterentwicklung. In der Softwareentwicklung wurde aus diesem Grund frühzeitig das V-Modell entwickelt [1]. Die Projektdauer kann zur Entscheidung darüber genutzt werden, welche Hilfsmittel eingesetzt werden, bei einem mittelfristigen Projekt lohnt sich bspw. die Steuerung des Projektes mit MS Project oder vergleichbarer Software. Dies wird auch durch die geringe Mitarbeiterzahl gestützt, die eine Einzelplatzversion ausreichend macht.

1.3 Projektmanagement

Nach der Vorstellung verschiedener Projektcharakteristika, muss die nächste Frage beantwortet werden, wie all diese unterschiedlichen Projekte mit einer einzigen Methodik bearbeitet werden können. Ein Blick auf die Gemeinsamkeiten zeigt jedoch auf, dass unabhängig von den Projektcharakteristika, in jedem Projekt Aufgaben definiert und Mitarbeitern zugewiesen werden müssen. Im weiteren Verlauf muss geprüft werden, ob die gesetzten Ziele erreicht wurden, und an welcher Stelle gegengesteuert werden muss. Dies führt zum Bedarf einer einheitlichen Vorgehensweise, was schließlich unter dem Begriff des Projektmanagements zusammengefasst werden kann.

1.3.1 Definition

Als Verallgemeinerung dieser genannten Aktivitäten ist das Projektmanagement als Zusammenfassung aller planenden, überwachenden und steuernden Maßnahmen, die für die Um- oder Neugestaltung von Systemen erforderlich sind, zu verstehen. Neben dieser allgemeinen Formulierung existiert eine konkrete Definition in der DIN-Norm.

▶ **Projektmanagement** Nach DIN 69901 ist Projektmanagement die Gesamtheit von Führungsaufgaben, -organisation, -techniken und -mitteln für die Initiierung, Definition, Planung, Steuerung und den Abschluss von Projekten [3].

Ein Blick in die Geschichte zeigt, das Managen von Projekten keineswegs eine neuartige Disziplin darstellt. Bereits im 18. Jahrhundert äußerte sich Friedrich der Große in seinem politischen Testament von 1752 zu den von ihm so bezeichneten „Projektemachern" wie folgt: „Es gibt eine Art von Lesern, Müßiggängern und Nichtstuern, die man Projektmacher nennt: vor deren schlechten Ratschlägen möge sich ein Herrscher sorglich in Acht nehmen…". Aber auch Daniel Defoe, englische Schriftsteller und Autor des weltbekannten Romans „Robinson Crusoes Leben und seltsame Abenteuer", definierte diesen Begriff schon früh: „Ein ehrenhafter Projektmacher ist jedoch der, welcher seine Ideen nach den klaren und deutlichen Grundsätzen des gesunden Menschenverstanden, der Ehrlichkeit und Klugheit in angemessener Weise ins Werk setzt…" [6]. Es ist naheliegend, dass die Definition von Defoe zu bevorzugen und als Leitlinie für seriöse Projektleiter anzusehen ist.

1.3.2 Gegenstand des Projektmanagements

Um die gesetzten Ziele des Projektes zu erreichen, fokussiert das Projektmanagement:

- das Vorgehen (z. B. Teilschritte) zum Erreichen der Lösung,

- die dazu erforderlichen Mittel (insbesondere Personal) und
- deren Einsatz, Koordination und Organisation.

Konkret umfasst das Projektmanagement folgende Aufgaben:

- Abgrenzen des Problems und der Aufgabenstellung,
- Vereinbarung der Ziele und des Vorgehens,
- Einsatz und zielgerichtete Disposition der Ressourcen,
- Überwachung und Steuerung des Projektablaufs,
- Projektmarketing,
- Führung der Projektgruppe und
- Gestaltung sozialer Prozesse.

Diese Aufgaben können auf alle Projektarten angewandt werden, es spielt dabei keine Rolle, ob eine Software oder ein neues Auto entwickelt wird. Die Abfolge von Projekttätigkeiten, die Vorgehensweise und das dazugehörige „Wording" bleiben gleich. Diese Aufgaben sind ebenfalls im agilen Projektmanagement wiederzufinden, wenn auch im Detail unterschiedlich ausgestaltet. So versteht man im agilen Projektmanagement unter „Führung der Projektgruppe" nicht eine direktive Führung einer höheren Hierarchiestufe, sondern eine „dienende Führung" oder sogar ein selbstorganisiertes Team.

1.3.3 Project Excellence

Das „Project Excellence Modell" der Deutschen Gesellschaft für Projektmanagement, GPM, stellt ein Bewertungsmodell für das Projektmanagement eines Projektes dar [16]. Bewertet werden im Zuge einer nachträglichen Beurteilung zwei Aspekte:

- das Ergebnis des Projektes und
- das Vorgehen.

Letzterem liegt die schon aus dem Qualitätsmanagement bekannte Überlegung zugrunde, dass mit definierten, wiederholbaren und gelebten Prozessen ein qualitativ hochwertigeres Ergebnis erzielt werden kann. Tatsächlich liegt dem aktuellen Project Excellence Modell das EFQM-Modell [4] in der Version von 2013 zugrunde. Das EFQM-Modell beschränkt sich dabei nicht auf einzelne Projekte, sondern hat die gesamte Organisation im Blick, um durch stete Betrachtung von Ergebnissen, Realisierung und Ausrichtung zur kontinuierlichen Verbesserung im Unternehmen beizutragen. So verleiht z. B. das österreichische Bundesministerium Digitalisierung und Wirtschaftsstandort den Staatspreis Unternehmensqualität an Unternehmen, die auf Basis des EFQM-Modells bewertet wurden [14].

Die zurzeit angewandte Version des Project Excellence Modells konzentriert sich auf die beiden Teilbereiche Ergebnisse und Realisierung. Die Realisierung auf der einen Seite wird unter dem Begriff der Befähigung zusammengefasst. Auf der anderen Seite kann methodisch alles wunderbar umgesetzt werden, wenn am Ende das Ergebnis nicht passt, ist das Projekt nichtsdestotrotz ein Fehlschlag. Aus diesem Grund werden in dem Modell nicht nur die Befähigerkriterien für die Gesamtbeurteilung herangezogen, sondern als Ergänzung die Ergebniskriterien.

Beide Kriterienkategorien beeinflussen sich gegenseitig, so verdeutlicht der Kreislauf im Project Excellence Modell, dass die Qualität der Ergebnisse ein Überdenken des Projektmanagements nach sich ziehen sollte und diese umgekehrt die Ergebniskriterien beeinflussen (Abb. 1.7).

Im Sinne einer konstruktiven Kritik kann die Beurteilung und Umsetzung bzgl. der Befähigerkriterien für zukünftige Projekte zu einem qualitativ hochwertigeren Projektmanagement führen. So entsteht ein permanenter Verbesserungsprozess für das Projektmanagement im Unternehmen. Zu vergleichen ist dieser Prozess mit dem in Japan unter dem Begriff „Kaizen" bekanntem Prinzip der kontinuierlichen und kleinschrittigen Verbesserung.

Projektmanagement humorvoll
Der QR-Code (Abb. 1.8) zeigt ein Video, in dem Projektmanagement anschaulich und lustig erklärt wird.

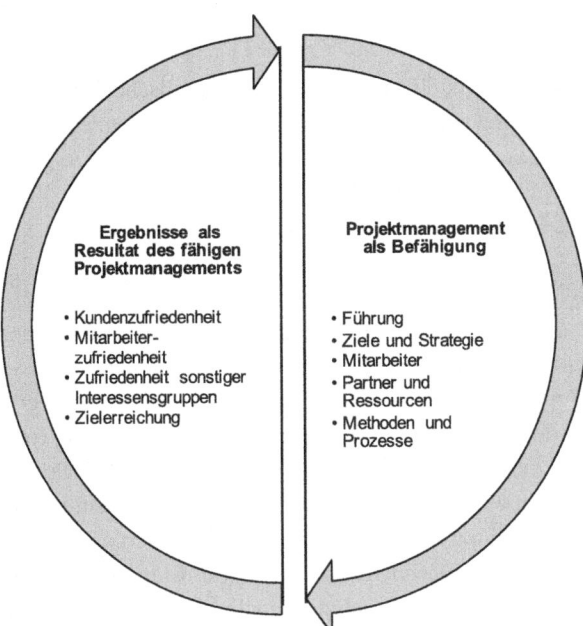

Abb. 1.7 Projekt Exellence

Abb. 1.8 Projektmanagement humorvoll

1.4 Aufteilung in Projektphasen

Je umfangreicher ein Projekt ausfällt, desto sinnvoller ist es, dieses für eine bessere Übersicht in seine einzelnen Phasen zu unterteilen. Dies gilt sowohl für die reinen Projektmanagementaktivitäten als auch für die projektspezifischen Tätigkeiten.

▶ **Projektphasen** Projektphasen stellen ein Projekt in seiner zeitlichen Abfolge unter der Berücksichtigung einzelner Phasen, Aktivitäten und Meilensteine dar.

1.4.1 Projektmanagementphasen

Ein in der Praxis weit verbreitetes Modell für die Gliederung von Projektmanagementphasen ist das IDPSA-Modell. Nach diesem Modell lassen sich die Prozesse innerhalb eines Projektes in fünf unterschiedliche Phasen unterteilen. Die Bezeichnung „IDPSA" ist ein Akronym der fünf wesentlichen Projektphasen. Diese werden im Folgenden am Beispiel der Plattform AirlineCheckins.com konkretisiert:

Initialisierung
In der ersten Phase erfolgt die Konkretisierung einer Idee, für die noch kein Projekt definiert wurde. Ziel ist ein genaueres und gemeinsames Verständnis des Projektzieles und seiner Ergebnisse. Die Projektleitung und das Team müssen die Vorstellungen des Auftraggebers so detailliert verstanden haben, dass darauf aufbauend eine konkrete Planung erfolgen kann.

▶ **Initialisierungsphase** DIN 69901 formuliert die Initialisierungsphase wie folgt: Gesamtheit der Tätigkeiten und Prozesse zur formalen Initialisierung eines Projektes. Hierzu zählen u. a. die Skizzierung der Ziele, Benennung von Verantwortlichen [3].

AirlineCheckins.com (1)

Die Lufthansa möchte die Kunden anderer Airlines gewinnen und zu diesem Zweck ein für alle Airlines einheitliches Check-In-Portal anbieten. ◀

Definition
Basierend auf den festgelegten Zielen werden Vorgehensweisen bzgl. Risiken, Verträgen, Informationspolitik und ähnliches definiert und eine erste, sehr grobe Projektstrukturplanung durchgeführt.

▶ **Definitionsphase** DIN 69901 definiert die Definitionsphase wie folgt: Gesamtheit der Tätigkeiten und Prozesse zur Definition eines Projektes. Hierzu zählen u. a. Zieldefinitionen, Aufwandsschätzungen und Machbarkeitsbewertungen [3].

AirlineCheckins.com (2)

Es ist geplant nach dem Build-Measure-Learn-Kreislauf vorzugehen. Bei dieser Methode wird bereits eine Beta-Version auf den Markt gebracht. Im zweiten Schritt „Measure" wird dann das Kundenfeedback ausgewertet, um im letzten Schritt „Learn" die Plattform verbessern zu können. ◀

Planung
Das Projekt wird genauer geplant, d. h. es wird festgelegt und abgeschätzt, was zu tun ist, welche Ressourcen eingesetzt werden müssen, wie hoch die Kosten sind, wie lange das Projekt dauert und welche Termine einzuhalten sind.

▶ **Planungsphase** DIN 69901 definiert die Planungsphase wie folgt: Gesamtheit der Tätigkeiten und Prozesse zur formalen Planung eines Projektes. Hierzu zählen u. a. Vorgänge und Arbeitspakete planen, Kosten- und Finanzmittelplan erstellen, Risiken analysieren, Ressourcenplan erstellen usw. [3].

AirlineCheckins.com (3)

Projektstart soll Juni 2020 sein und im November 2021 sollen die ersten zahlenden B2B-Partner angebunden sein. ◀

Steuerung
Im Rahmen der Projektsteuerung werden die Pläne abgearbeitet, es werden aufgelaufene Arbeitsstunden, Kosten etc. festgestellt und mit den Plänen abgeglichen. Im Falle inakzeptabler Abweichungen werden Steuerungsmaßnahmen geplant und eingeleitet. In Abb. 1.9 sehen Sie den Projektmanagement Regelkreis. Es ist wichtig, diesen Kreislauf anzuwenden, denn so kann das Projekt gesteuert und im Zweifelsfall entsprechende Maßnahmen ergriffen werden. Der Regelkreis arbeitet mit Ist- und Sollabweichungen, sodass erkennbar ist, wenn Abweichungen im Vergleich zu den Planzahlen vorliegen und interveniert werden muss. Die Projektkontrolle erfolgt in kontinuierlichen Zeitintervallen und führt langfristig zum erfolgreichen Projektabschluss.

1.4 Aufteilung in Projektphasen

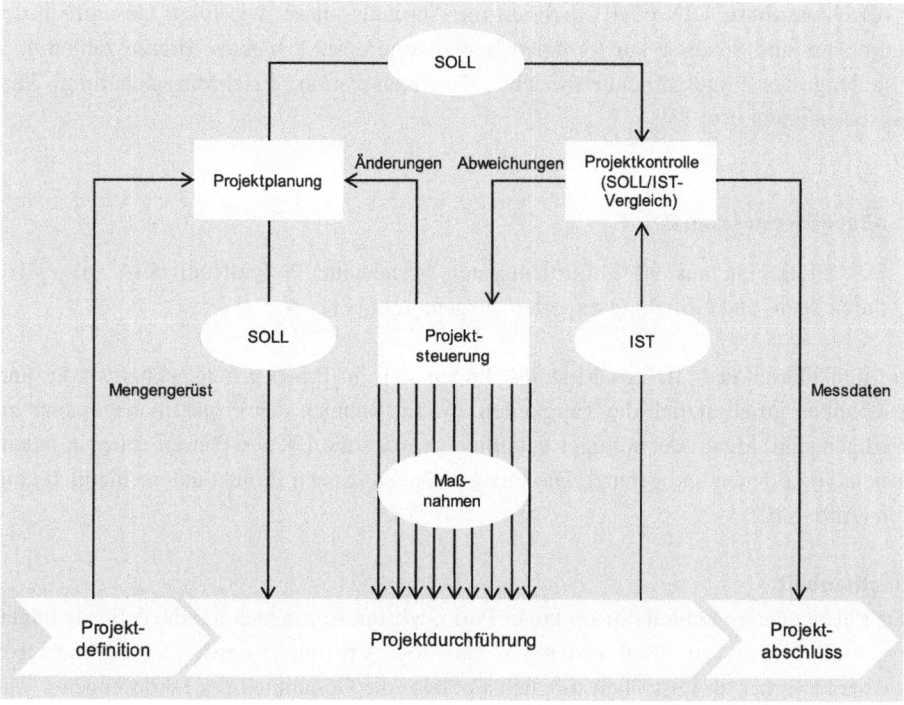

Abb. 1.9 Projektmanagement Regelkreis [2]

▶ **Steuerungsphase** Laut DIN 69901 wird die Steuerungsphase wie folgt definiert: Gesamtheit der Tätigkeiten und Prozesse zur formalen Steuerung eines Projekts. Hierzu zählen u. a. das Steuern von Terminen, Ressourcen, Kosten und Finanzmitteln, Risiken, Qualität usw. [3].

Das Beispiel AirlineCheckins.com stellt dar, wie sich die nicht erreichte Zielgröße „Anzahl der angebundenen Portale" auf die weitere Planung des Projektes auswirken.

AirlineCheckins.com (4)

Viele anzubindende Airlines sind nur zu bestimmten Bedingungen bereit, sich dem Portal anzuschließen, dies würde die Zielmarke der 90 %-Abdeckung gefährden. Aus diesem Grund wird mit der Rechtsabteilung eine mit den Airlines zu schließende Vereinbarung erarbeitet und zusätzlich Zeit für die Verhandlungen eingeplant. ◀

Abschluss
Es erfolgt eine abschließende Betrachtung des Soll- und Ist-Verlaufes des Projektes, Fehler werden analysiert und wiederverwertbare Ergebnisse gesichert.

▶ **Abschlussphase** DIN 69901 definiert die Abschlussphase wie folgt: Gesamtheit der Tätigkeiten und Prozesse zur formalen Beendigung eines Projektes. Hierzu zählen u. a. Erstellung des Projektabschlussberichts, Nachkalkulation, Erfahrungssicherung, Vertragsbeendigung usw. [3].

AirlineCheckins.com (5)

Das zu Beginn aus 90 % Lufthanseaten bestehende Projektteam wird sukzessive durch Tech- und Gründungsexperten ausgetauscht [11]. ◀

Die fünf Phasen des „IDPSA-Modells" finden sich im Projektlebenszyklus wieder und beschreiben grundsätzlich die Tätigkeiten, die im Rahmen des Projektmanagements zu erledigen sind. Mehr oder weniger detailliert, werden die IDPSA-Phasen daher in jedem Projekt vorkommen und genutzt. Die Phasen können je nach Projekt unterschiedlich lang sein (Abb. 1.10).

Pflichtenheft
Das Pflichtenheft beschreibt in konkreter Form, wie der Auftragnehmer die Anforderungen des Auftraggebers zu lösen gedenkt – das sog. **wie** und **womit.** Der Auftraggeber beschreibt vorher im Lastenheft möglichst präzise die Gesamtheit der Forderungen – was er entwickelt oder produziert haben möchte. Erst wenn der Auftraggeber das Pflichtenheft

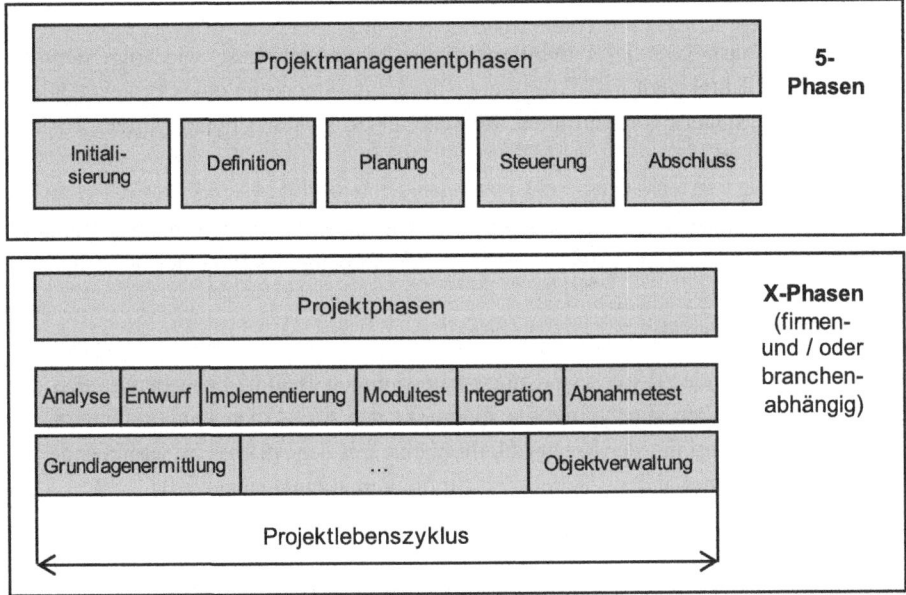

Abb. 1.10 Projektlebenszyklus und Phasenaufteilung

1.4 Aufteilung in Projektphasen

akzeptiert, sollte im klassischen Projektmanagement die eigentliche Umsetzungsarbeit beim Auftragnehmer beginnen.

Lehrvideos
Eine Vertiefung und Erläuterung zu den Aspekten des Projektmanagements finden Sie in den Videos Abb. 1.11, 1.12, 1.13 und 1.14 des Videokurses.

Abb. 1.11 Überblick Projektmanagementphasen (https://doi.org/10.1007/000-0qk)

Abb. 1.12 Entwicklung Projektmanagementphasen (https://doi.org/10.1007/000-0qh)

Abb. 1.13 Inhaltliche Aspekte des Projektmanagements (https://doi.org/10.1007/000-0qn)

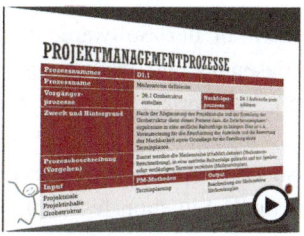

Abb. 1.14 Definition eines Projektmanagementprozesses (https://doi.org/10.1007/000-0qp)

1.4.2 Projektlebenszyklus

Neben der strukturierten Darstellung der Projektmanagementaktivitäten mit den IDPSA-Phasen, existiert eine weitere Phasenaufteilung, der Projektlebenszyklus. Diese werden im unteren Teil der Abbildung (siehe Abb. 1.6) dargestellt und sind stark unterschiedlich, je nachdem in welcher Branche oder Firma das Projekt umgesetzt wird. Die Projektmanagementphasen sind für alle Projekte gleich, unabhängig davon, ob die Elbphilharmonie gebaut wird, oder eine App für den zentralisierten Check-In entwickelt wird.

Hingegen sind die Projektphasen bei unterschiedlichen Projektinhalten unterschiedlich in Bedeutung, Leistung und Anzahl. Bei kleineren Projekten kann das gesamte Projekt z. B. nur aus einer Projektphase bestehen.

▶ **Anzahl der Projektphasen** Bei kleineren Projekten werden die einzelnen Phasen teilweise zusammengefasst, sodass sich die Anzahl verringert. Grundsätzlich lässt sich festhalten, dass die Anzahl der Projektphasen mit der Projektgröße positiv korreliert.

In Unternehmen mit immer ähnlichen Projekten, sind diese Projektphasen bereits fest vordefiniert, mit erwarteten Ergebnissen, Prüfkriterien zum Abschluss für die Entscheidung, ob das Projekt fortgesetzt wird, Aufgabendefinitionen etc. Teilweise existieren definierte Phasenaufteilungen für komplette Projektarten. Insgesamt wird durch die Phasenaufteilung ein besserer Überblick geschaffen, Komplexität verringert und Sollbruchstellen für einen möglichen Projektabbruch geschaffen. Die Anzahl der Phasen kann dabei sehr unterschiedlich sein. Je nach Größe des Projektes kann auch nur eine einzige Projektphase für das Projekt gewählt werden.

Beispiele für Projektphasen
In Abb. 1.15 ist bspw. der Projektlebenszyklus für Bauprojekte nach der Honorarordnung für Architekten und Ingenieure dargestellt. Die dargestellten Phasen heißen HOAI (Honorarordnung für Architekten und Ingenieure) Leistungsphasen und sind teilweise mit detaillierten Planungsleistungen versehen, aufgeteilt nach Grundleistungen und besonderen Leistungen. Die Definition der Leistungsphasen geht bis hin zur Aufteilung des Gesamthonorars auf die einzelnen Phasen, teilweise wird bis auf einzelne Planungsleistungen heruntergebrochen.

Auch in der Softwareentwicklung werden zur besseren Übersicht und Bearbeitung Phasenmodelle genutzt, die teilweise fest vorgegeben sind, beispielsweise das V-Modell [8], hier spricht man von dem Vorgehensmodell. Ein typischer Projektlebenszyklus, der in Abwandlungen in nahezu allen klassischen Softwareentwicklungsprojekten zu finden ist, ist in Abb. 1.16 dargestellt. Der vorgestellte Projektlebenszyklus stellt zunächst die aktuelle Situation fest und analysiert den Veränderungsbedarf. Im Anschluss wird eine

1.5 Häufige Problemstellungen

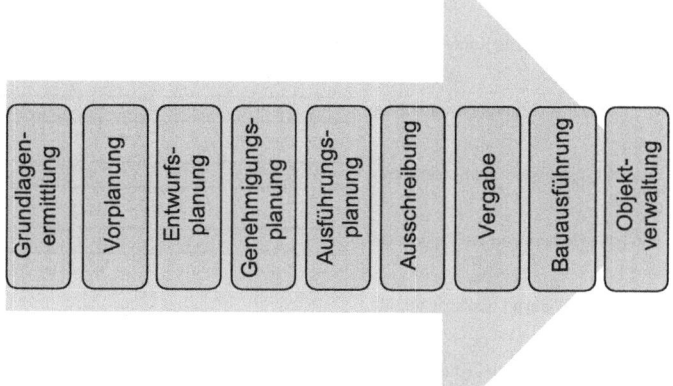

Abb. 1.15 Projektphasen für Bauprojekte nach der HOAI [7]

Abb. 1.16 Projektphasen nach dem V-Modell

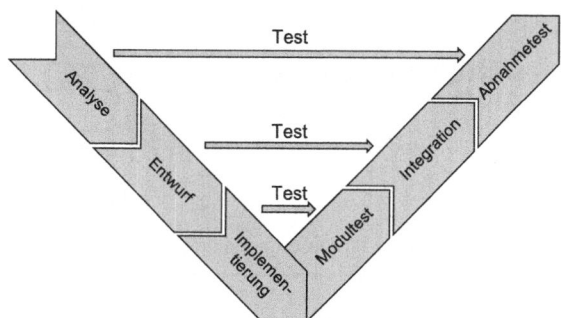

Lösung entwickelt, teilweise auch mehrere, aus denen der beste Entwurf ausgewählt wird. Je nach Komplexität des Projektes existieren einzeln testbare Module, die im Anschluss als Ganzes getestet und ggf. angepasst werden müssen, bevor es zum Rollout kommt und die Software den Nutzern zur Verfügung gestellt wird.

1.5 Häufige Problemstellungen

In der Praxis existiert eine Vielzahl an unterschiedlichen Ursachen dafür, dass ein Projekt nicht erfolgreich verläuft. Dabei sind die häufigsten Ursachen eine schlechte Kommunikation sowie unklare Anforderungen und Ziele. In Abb. 1.17 sehen Sie die Gründe, die zumeist zum Scheitern eines Projektes geführt haben. Ebenfalls existieren Wechselwirkungen zwischen den Ursachen.

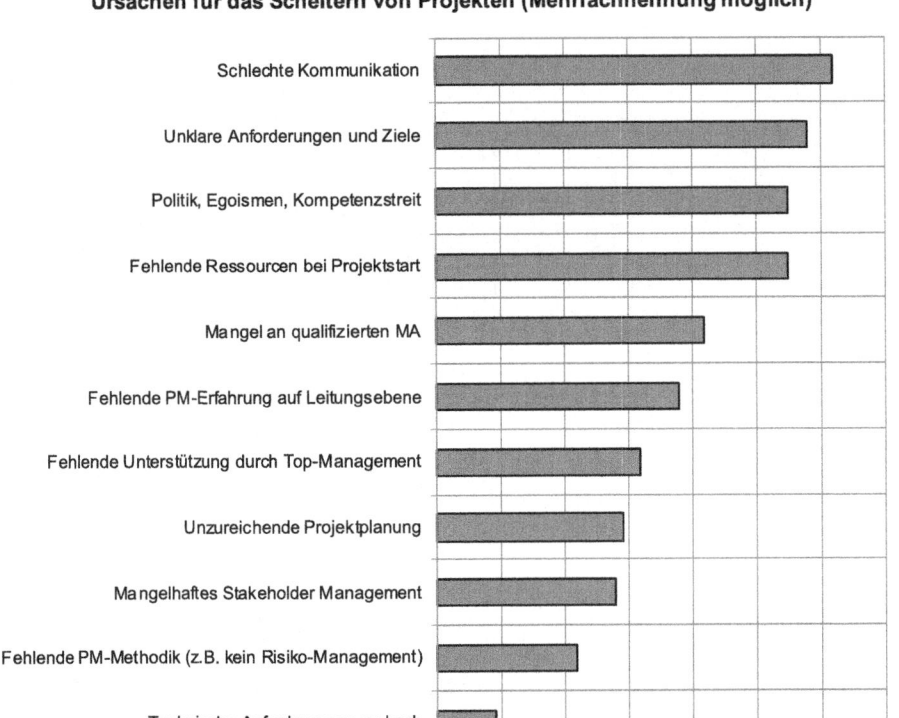

Abb. 1.17 Unklare Anforderungen und Ziele als Ursache für das Verfehlen der Projektziele [6]

Wie sich ein solcher Mangel an effizienter Kommunikation und Gruppendruck in der Praxis auf ein Projekt auswirken kann, zeigt das Beispiel der Challenger-Katastrophe.

Challenger Katastrophe

Die Challenger Katastrophe am 28. Januar 1986 ist laut dem Nobelpreisträger Richard Feynman an schlechter Kommunikation gescheitert, insbesondere durch den Gruppendruck und die autoritäre Entscheidungsfindung. Technisch war das Versagen eines Dichtungsringes verantwortlich, jedoch wurde genau dieses Risiko im Vorfeld angesprochen. Seitens des Managements der NASA wurde mit Verweis auf früheres problemloses Funktionieren und dem am nächsten Tag geplanten und veröffentlichten Start Druck ausgeübt, der zur geplanten Durchführung des Starts und zu den bekannten Konsequenzen geführt hat. Feynman war in der Untersuchungskommission des Unglücks und konnte seine Erkenntnisse nur gegen Widerstände veröffentlichen [5]. ◄

1.5 Häufige Problemstellungen

Eine weitere Ursache für das Scheitern von Projekten kann eine unzureichende Planung sein. Das verdeutlicht auch das nachfolgende Beispiel zum erstmaligen Versuch zum Erbau des Panamakanals, dass zusätzlich die Bedeutung des Risikomanagements unterstreicht.

Panamakanal

„Ernsthafte Überlegungen zur Durchschneidung der zentralamerikanischen Landenge diskutierten erstmals die Mitglieder des Internationalen geographischen Kongresses im Jahr 1871. Zehn Jahre später beginnen die Bauarbeiten an einem Kanal, der aus Meereshöhe entlang der bestehenden Eisenbahn führen soll. Doch nach acht Jahren Arbeit und 20.000 Todesfällen unten ihren Arbeitern müssen die Bauleiter das ehrgeizige Projekt aufgeben. Das sumpfige, waldige Gebiet ist die reinste Mückenbrutstätte – und die Stiche der Blutsauger übertragen Malaria, Gelbfieber und andere Tropenkrankheiten. Als Folge sterben unzählige Mitarbeiter an diesen Infektionen. Erst 1906 wird ein neuer Anlauf gestartet. Der neu ernannte Chefingenieur John Stevens wählte dabei einen neuen Ansatz: Er legt den Schwerpunkt zunächst auf die Eindämmung der Mückenplage, um die Übertragung der Krankheiten zu verhindern. Auch die Lebensbedingungen der Arbeiter sollen so verbessert werden. Nachdem dies erledigt ist, macht sich Stevens an die eigentliche Planung des Baus und der Logistik." [9] Der QR-Code (Abb. 1.18) beinhaltet eine Dokumentation zum Bau des Panamakanals, einem der größten Projekte der Welt. Es wird auch als achtes Weltwunder bezeichnet. ◀

Lehrvideos
Eine Vertiefung mit Gründen für das Scheitern von Projekten finden Sie im Video Abb. 1.19 des Videokurses.

Abb. 1.18 Bau des Panamakanals

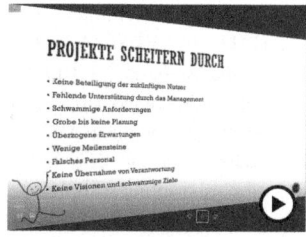

Abb. 1.19 Gründe für das Scheitern von Projekten (https://doi.org/10.1007/000-0qq)

Kontrollfragen

1. Welche acht Eigenschaften sind bei Projekten oft feststellbar?
2. Definieren Sie Projektmanagement.
3. Nennen und erläutern Sie die fünf Projektmanagementphasen anhand des IDPSA-Modells.
4. Was ist der Unterschied zwischen Projektmanagementphasen und Projektphasen?
5. Wofür wird Projektmanagement gebraucht?

Literatur

1. Boehm, B. W. (1984). Verifying and validating software requirements and design specifications. *IEEE Software, 1*(1), 75–88. https://doi.org/10.1109/MS.1984.233702.
2. Burghardt, M. (2002). *Einführung in Projektmanagement: Definition, Planung, Kontrolle, Abschluss* (4., überarb. und erw. Aufl.). Erlangen: Publicis Corp. Publ.
3. Deutsches Institut für Normung. (2009). *Projektmanagement-Netzplantechnik; Beschreibung und Begriffe=Project management-Project network techniques; Descriptions and concepts=Management de projet-Techniques logiques du reseau; Descriptions et concepts/ Normenausschuss Qualitätsmanagement, Statistik und Zertifizierungsgrundlagen (NQSZ) im DIN. Deutsche Norm: DIN 69900*. Berlin: Beuth.
4. European Foundation for Quality Management. (2019). Das EFQM Modell. https://info.dgq.de/acton/attachment/23495/f-6ffbec25-6c91-48f6-9417-9ec04841829b/1/-/-/-/-/EFQM%20Modell%202020%20free%20German_Logo%20neu.pdf?utm_term=Zum%20Download&utm_campaign=EFQM%202020&utm_content=email&utm_source=Act-On+Software&utm_medium=email&sid=TV2:u2lisupCB.
5. Feynman, R. P., Leighton, R., & Summerer, S. (2012). *Kümmert Sie, was andere Leute denken?: Abenteuer eines neugierigen Physikers* (3. Aufl., Serie Piper: Vol. 5156). München: Piper.
6. Gessler, M. (Ed.). (2016). *Kompetenzbasiertes Projektmanagement (PM 3): Handbuch für die Projektarbeit, Qualifizierung und Zertifizierung auf Basis der IPMA Competence Baseline Version 3.0* (8. überarbeitete Aufl.). Nürnberg: GPM Deutsche Gesellschaft für Projektmanagement e. V. https://irf.fhnw.ch/bitstream/handle/11654/24282/AgileKollaboration-Studienbericht-2015.pdf?sequence=1&isAllowed=y.
7. Heinlein, K., Hilka, M., & Hilka, M. (2013). HOAI 2013 Volltext. https://www.hoai.de/online/HOAI_2013/HOAI_2013.php.
8. IT-Beauftragter der Bundesregierung. (2005). V-Modell XT. https://www.cio.bund.de/Web/DE/Architekturen-und-Standards/V-Modell-XT/vmodell_xt_node.html.
9. Konradin Medien GmbH, Leinfelden-Echterdingen. (2014). Panamakanal – Eine Wasserstraße wird 100 Jahre alt. *Wissen.De*. https://www.wissen.de/panamakanal-eine-wasserstrasse-wird-100-jahre-alt.
10. Litke, H.-D., Kunow, I., & Schulz-Wimmer, H. (2015). *Projektmanagement* (3., aktualisierte Aufl., TaschenGuide: Vol. 200). Freiburg: Haufe. https://www.wiso-net.de/document/HAUF,A HAU__9783648073285254.
11. Lufthansa Group. (2017). Lufthansa Innovation Hub: Die Problemlöser der Luftfahrtbranche. https://www.handelsblatt.com/adv/zukunftdesfliegens/lufthansa-innovation-hub-die-problemloeser-der-luftfahrtbranche/20652606-all.html.
12. NDR. (2017). Elbphilharmonie: Die wichtigsten Etappen. https://www.ndr.de/kultur/elbphilharmonie/Elbphilharmonie-Die-wichtigsten-Etappen,elbphilchronologie100.html.

13. Patzak, G., & Rattay, G. (2018). *Projektmanagement: Projekte, Projektportfolios, Programme und projektorientierte Unternehmen* (7., aktualisierte Aufl.). Wien: Linde International.
14. Quality Austria. (2019). Staatspreis Unternehmensqualität: Bewertung. https://www.staatspreis.com/bewertung/.
15. Rauer, K. (2012). *Projektmanagement auf der Überholspur: Grundlagenwissen zur IPMA Zertifizierung*. Norderstedt: Books on Demand GmbH.
16. Ruckdeschel, J. (2013). Das Project Excellence-Modell: Deutsche Version. https://www.gpm-ipma.de/fileadmin/user_upload/ueber-uns/Awards/DPEA/GPM_Project_Excellence_Modell_DEUTSCH.pdf.

Klassische Grundlagen: Es geht los... 2

2.1 Projektstart

> **Lernziele**
> Sie wissen, was SMART bedeutet.
> Sie kennen die fünf Funktionen von Projektzielen.
> Sie können die Rolle von Stakeholdern in Projekten beurteilen.
> Sie kennen die vier Phasen einer Projektumfeldanalyse.
> Sie können die Erkenntnisse der Projektumfeldanalyse nutzen.
> Sie sind in der Lage, eine Nutzwertanalyse anwenden zu können.

2.1.1 Projektbeauftragung

Der Projektauftrag des Vorhabens stellt die Grundlage eines Projektes dar. Er ist als eine Art initiale „Beschreibung des Projekts" anzusehen und zielt darauf ab, die nachfolgenden Aspekte zu erfüllen [14]:

- Definition dessen, was zum Projekt gehört (Ausgrenzung dessen, was nicht Inhalt des Projekts ist),

---

Elektronisches Zusatzmaterial Die elektronische Version dieses Kapitels enthält Zusatzmaterial, das berechtigten Benutzern zur Verfügung steht https://doi.org/10.1007/978-3-658-31194-0_2. Die Videos lassen sich mit Hilfe der SN More Media App abspielen, wenn Sie die gekennzeichneten Abbildungen mit der App scannen.

- eine klare und verbindliche Vereinbarung zwischen Projektauftraggeber und Projektleiter über die Ziele, die Leistung und die Rahmenbedingungen des Projekts,
- ein gemeinsames Verständnis über die wesentlichen Projektzusammenhänge innerhalb des Projektteams herzustellen und
- eine Informationsgrundlage für später dazukommende Teammitglieder, Lieferanten und andere am Projekt beteiligte Personen zur Verfügung zu haben. Dadurch wird der Informationsaufwand im Laufe des Projektes verringert [14].

Eine standardisierte und systematische Vorgehensweise gewährleistet, dass keine wesentlichen Aspekte ausgelassen werden. Aus diesem Grund haben sich in der Praxis die nachfolgenden Checklisten bewährt, nach denen bei der Beauftragung verfahren werden sollte. Die Informationen können aus einem Geschäftsplan abgeleitet werden und müssen vom Auftraggeber erfragt werden. In jedem Fall ist es wichtig,

- dass das Projektteam zweifelsfrei versteht, was das Projekt leisten soll,
- worauf besonders Wert gelegt wird und
- was nicht Gegenstand des Projektes ist (Abb. 2.1).

Im Verlauf der Jahre haben sich einige Hinweise ergeben, die bei der Vorgehensweise nur mittelbar berücksichtigt wurden, jedoch bei einer aussagekräftigen Beauftragung dennoch Einklang finden sollten:

- Es sollten nicht nur die Ziele definiert werden, die auch erreicht werden sollen, sondern auch die „Nicht-Ziele", um diese bewusst auszugrenzen.

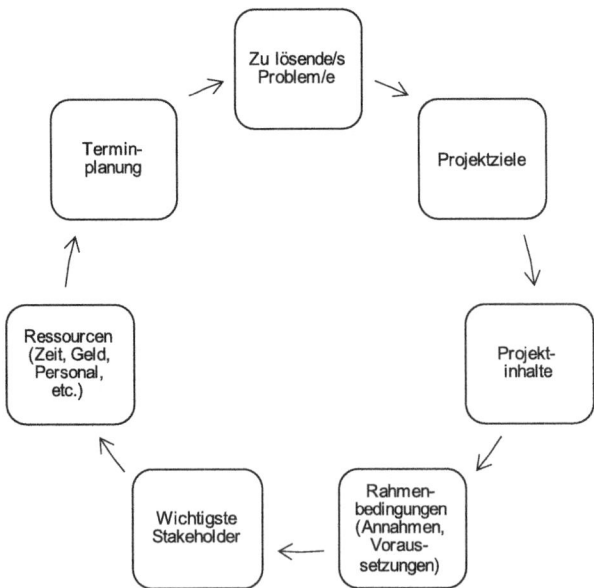

Abb. 2.1 Projektbeauftragung

2.1 Projektstart

- Der Projektauftrag sollte permanent in Absprache mit dem Auftraggeber aktualisiert und auf ggf. veränderte Rahmenbedingungen angepasst werden, idealerweise in einem versionierten, gesonderten Dokument.
- Die Ressourcenbereitstellung sollte bei der Beauftragung berücksichtigt werden.
- Der Projektauftrag sollte gemeinsam mit dem Projektleiter, im Idealfall mit dem Projektteam erarbeitet werden.
- Der Projektauftrag sollte mit dem Auftraggeber abgestimmt werden [14].

Das nachfolgende Beispiel soll einen Überblick darüber geben, wie der Projektauftrag eines Projektes aussehen kann. Dabei ist zu beachten, dass es trotz der Ansätze, eine standardisierte Beauftragung zu gestalten, keine allgemeingültige Projektbeauftragung gibt. Das hängt vor allem mit der Vielzahl an Projektarten zusammen, die jedem Projekt seine Individualität verschafft (Tab. 2.1).

Lehrvideos
Eine Vertiefung und Erläuterung zum Projektstart finden Sie in den Videos Abb. 2.2, 2.3 und 2.4 des Videokurses.

Tab. 2.1 Beispiel Projektbeauftragung

Beispiel	Durchführung eines Hilfsprojektes im Ausland durch das Hammer Forum e. V.	
Projektnummer	1	
Projektbezeichnung	Aufbau eines Gesundheitszentrums im Kongo	
Auftraggeber	Hammer Forum e. V.	
Projektleiter	Max Mustermann	
Mitglieder des Projektteams	Karl Müller	
	Julia Schneider	
Projektanstoß	kein aktuelles Auslandsprojekt	
Projektziele	Beendigung des Projektes spätestens am 05.03.20 mit einem Finanzmitteleinsatz von max. 1,5 Mio. €	
	Mit den vorhandenen Ressourcen sollen nach der Beendigung des Projekts pro Tag mind. 50 Bedürftige behandelt werden	
Termine		
18. März 2019	1. Meilenstein	Konzeption beendet
21. März 2019	2. Meilenstein	Bauplanung beendet
2. Februar 2020	13. Meilenstein	Bau beendet
27. Februar 2020	14. Meilenstein	Übergabe des Kontrollkatalogs an den Verein
Gesamtaufwand	12 Projektmonate	
Budget	1.500.000 €	

Abb. 2.2 Einführung in den Projektstart (https://doi.org/10.1007/000-0s2)

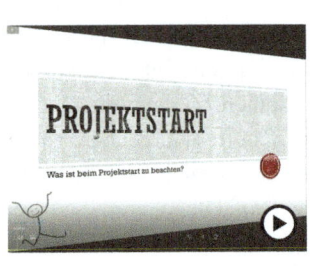

Abb. 2.3 Projektstart mit der Initialisierungsphase (https://doi.org/10.1007/000-0qs)

Abb. 2.4 Inhalte eines Projektauftrages (https://doi.org/10.1007/000-0qt)

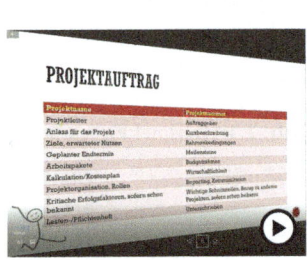

2.1.2 Projektziele

Jedes Projekt ist vor Beginn mit genauen Zielformulierungen zu versehen. Ziele dienen dem Projektleiter als Handlungsgrundlage und sind wesentlicher Ausgangspunkt für weitere Planungen in Bezug auf das Projekt.

Die Ziele sollen der sog. „SMART-Regel" entsprechen. Dieses Akronym steht für insgesamt fünf Anforderungen an die Zielformulierung. Diese sind (Abb. 2.5):

Die SMART-Ziele sollten bei einem erfolgreichen Projekt immer eingehalten werden. Sie dienen als unterstützende Maßnahmen, damit in einem Projekt kontinuierlich gute und unterstützende Ziele formuliert werden.

> **Festivalplanung**
>
> Ziel: Die Veranstalter eines Festivals haben das Ziel gemeinsam gesetzt, die Veranstaltung vom 4. bis zum 6. August mit 40.000 Besuchern in Köln auszutragen. Wurde die SMART-Regel beachtet?

2.1 Projektstart

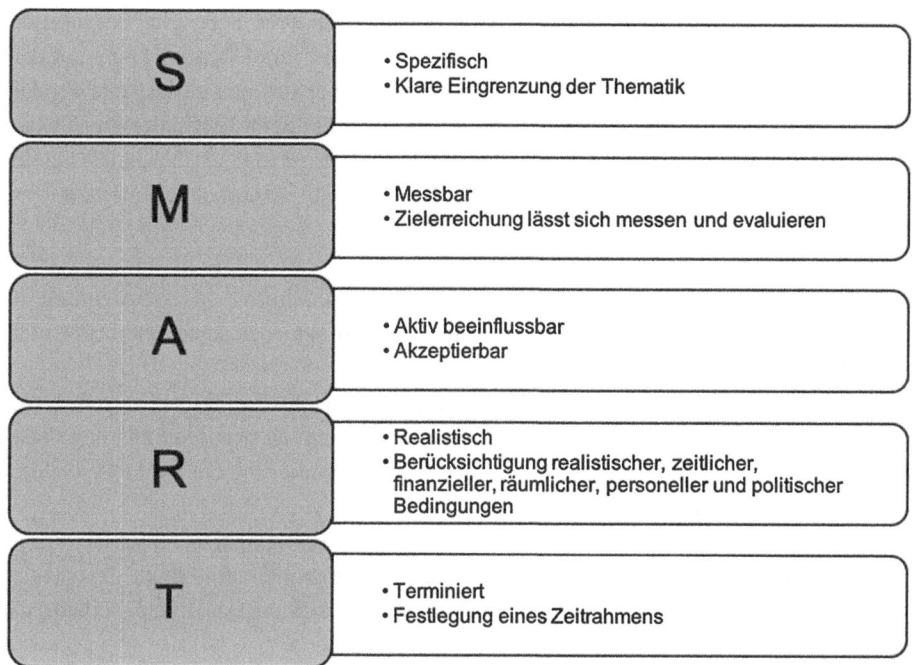

Abb. 2.5 Smarte Ziele

- **spezifisch:** Das Festival ist in der Zielsetzung konkret genannt und beschrieben. Das Event und die Örtlichkeit sind fixiert.
- **messbar:** Die Zielerreichung lässt sich anhand der erwünschten Besucherzahlen messen.
- **akzeptiert:** Das Ziel wurde transparent formuliert.
- **realistisch:** Aufgrund der Tatsache, dass das Festival bereits oft ausgerichtet wurde, ist das Vorhaben als umsetzbar anzusehen.
- **terminiert:** Das Ziel sieht vor, dass das Festival im Zeitraum vom 4. bis zum 6. August stattfinden soll.
- **Ergebnis:** Das o. g. von den Veranstaltern formulierte Ziel erfüllt die Anforderungen der SMART-Regel. ◄

Das Ziel des Projektes ist schriftlich im Projektauftrag zu fixieren. Dies liegt im Verantwortungsbereich des Projektleiters. Mithilfe der Zielformulierung ist es nach Abschluss des Projektes möglich, den Grad der Zielerreichung zu messen. Ferner ist ein anspruchsvolles Niveau des Ziels zu wählen, da dies motivierend wirkt und damit eine effiziente Bearbeitung erreicht wird. Gleichzeitig muss das Ziel für das Projektteam in der vorgegebenen Zeit realisierbar sein. Als weiteres Kriterium an das Projektziel ist die Überprüfbarkeit am Ende des Projektes zu nennen. Auf diese Weise wird sichergestellt, dass für die Beurteilung des Projekterfolges keine weiteren Faktoren außer der Leistung des Projektes herangezogen werden. Wird bspw. ein Projekt zur Produktentwicklung mit dem Ziel durchgeführt, den Umsatz zu steigern, so ist nicht nur das neu entwickelte Produkt für die Umsatzsteigerung ausschlaggebend, sondern ebenfalls das gewählte Preisniveau, begleitende Marketingmaßnahmen etc., die ggf. in weiteren Projekten behandelt wurden (siehe auch Zielsysteme), oder im Rahmen des Tagesgeschäftes bearbeitet werden.

Hohe Bedeutung der genauen Zielformulierung
Der genauen Zielformulierung kommt insbesondere deshalb eine hohe Bedeutung zu, als dass sich einzelne Parameter im Nachgang nur bedingt oder sogar überhaupt nicht ändern lassen.

Während mit dem Projektverlauf die Kenntnisse über das Projekt selbst und dessen tatsächlichen Kostenverlauf zunehmen, nimmt die Möglichkeit der Beeinflussung dieser Kosten zunehmend ab. Aus diesem Grund ist der Zielformulierung ein hohes Gewicht zu Beginn des Projektes beizumessen (Abb. 2.6).

Mit steigender Zeit im Projektverlauf kann man immer weniger Einfluss auf die im Projekt anfallenden Kosten nehmen. Der Entscheidungsspielraum sinkt exponentiell im Verhältnis zum Zeitablauf. Gegensätzlich zum Entscheidungsspielraum verläuft das

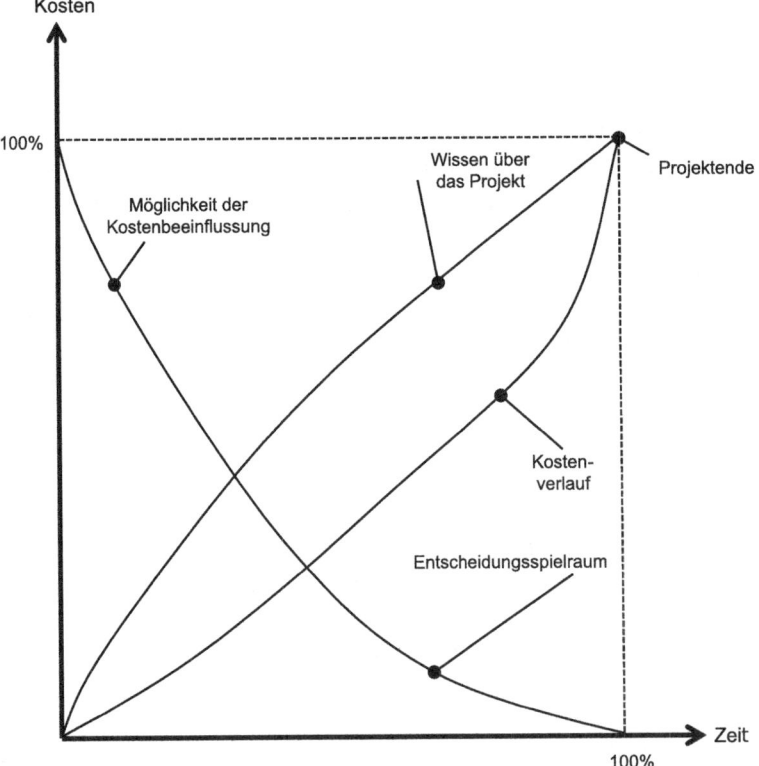

Abb. 2.6 Projektkosten im Verlauf der Zeit [16]

Wissen, welches man über das Projekt angesammelt hat. Man sollte alle Anforderungen nach Möglichkeit immer im Anfangszeitraum eines Projektes genau ermitteln und dokumentieren, um die Kosten des Projektes zuverlässig zu ermitteln und das Änderungsmanagement konfliktfrei durchführen zu können. Dies ist ein großer Unterschied zum agilen Projektmanagement, in dem explizit eine Weiterentwicklung der Anforderungen durch die Bevorzugung des Reagierens auf Veränderung vorgesehen ist (siehe Abschn. 3.2).

▶ **Beeinflussbarkeit der Kosten** Der Kenntnisgrad über Projekte steigt im Laufe des Projektes an, während die Kostenbeeinflussbarkeit mit einem zunehmenden Projektverlauf abnimmt.

Funktionen von Projektzielen
Insgesamt werden durch die Einbeziehung von Projektzielen die nachfolgenden Funktionen sichergestellt und gleichzeitig das Ergebnis des Projektes unmittelbar beeinflusst:

- Orientierungsfunktion: Es werden klare Vorgaben hinsichtlich der Erwartungen geschaffen. Die Erwartungen unterschiedlicher Stakeholder divergieren oft. Die unterschiedlichen Ansichten sind in Abb. 2.7 am Beispiel eines Auftraggebers und Bau-

Erwartung des Auftraggebers an den Bauprojektleiter	Erwartungen des Bauprojektleiters an den Auftraggeber
• Höchst qualifizierte, technische einwandfreie, termingerechte Ausführung • Soll allen Bedingungen der Ausschreibung entsprechen • Reibungsloser Ablauf, keine Probleme • Entsprechende Vorinformationen, um Entscheidungen kompetenzgerecht treffen zu können	• Kooperative Beziehung zum Auftraggeber • Rasche, qualifizierte Entscheidungen • Fachkompetenz • Mithilfe bei Problemlösungen • Gesprächspartner, um gemeinsam Ziele zu erreichen
Maßnahmen • Gutes Arbeitsklima herstellen und pflegen • Ständige Kommunikation miteinander • Intensive Einbindung in das Geschehen pflegen, um Identifikation mit dem Projekt zu erreichen • Gegenseitiges Verständnis und Einfühlungsvermögen fördern	

Abb. 2.7 Erwartungen an Auftraggeber und -nehmer

projektleiters dargestellt. Um das Projektziel gemeinsam zu erreichen, ist eine gute Kooperation sowie Kommunikation notwendig.
- Selektionsfunktion: Bei vorhandenen Alternativen unterstützen Ziele die Auswahlentscheidung.
- Koordinationsfunktion: Sind an einem Projekt mehrere Personen beteiligt, verfolgen nicht immer alle Mitglieder eine identische Zielsetzung. Häufig werden von den einzelnen Personen individuelle Ziele verfolgt und dabei der Teamgeist aus den Augen verloren. Projektziele dienen dabei als allgemeingültiger Maßstab und stärken das „Wir-Gefühl" innerhalb des Projektteams. Durch das Übereinkommen auf gemeinsame Ziele wird das gemeinsame Handeln koordiniert.
- Motivationsfunktion: Ziele schaffen klare Erwartungshaltungen, die das Projektteam motivieren, diese Erwartungshaltung zu erfüllen. Motivationssteigernde Bedürfnisse der Mitarbeiter sind Anerkennung, interessante Arbeit und Verständnis in Bezug auf persönliche Angelegenheiten im Projekt.
- Kontrollfunktion: Ziele dienen als nachvollziehbarer Maßstab hinsichtlich der erwarteten Projekterfolge.
- Leistungsbeurteilungsfunktion des Projektleiters und der Projektmitarbeiter: Die Beurteilung der Leistungen des Projektleiters orientiert sich i. d. R. an dessen Zielerreichungsgraden während des Projektverlaufs.

Zielsystem
Die Ziele im Zielsystem sollten präzise und SMART formuliert werden. Es gibt die verschiedensten Arten von Zielen, die alle dazu beitragen, dass das Projektziel erreicht wird. Bei großen Projekten sollte man die Ziele hierarchisch strukturieren, damit man diese schrittweise und systematisch abarbeiten kann. In Abb. 2.8 ist ein Beispiel für ein Zielsystem dargestellt.

Es wird differenziert nach:

- hierarchischen Einordnungen:
  - Oberziele (leiten sich aus der Unternehmensstrategie oder übergeordneten Projekten ab) und
  - Unterziele (dem Oberziel untergeordnet).
- inhaltlichen Einordnungen:
  - Kostenziele (bezogen auf die monetäre Einhaltung des Budgets),
  - Terminziele (bezogen auf die zeitliche Einhaltung der Meilensteintermine) und
  - Qualitätsziele (bezogen auf die qualitativen Ziele während des Projektverlaufs).

Zielkonflikte
Die oben genannten Ziele lassen sich im sog. „magischen Dreieck" zusammenfassen, dass sich aus den nachfolgenden drei Komponenten zusammensetzt:

2.1 Projektstart

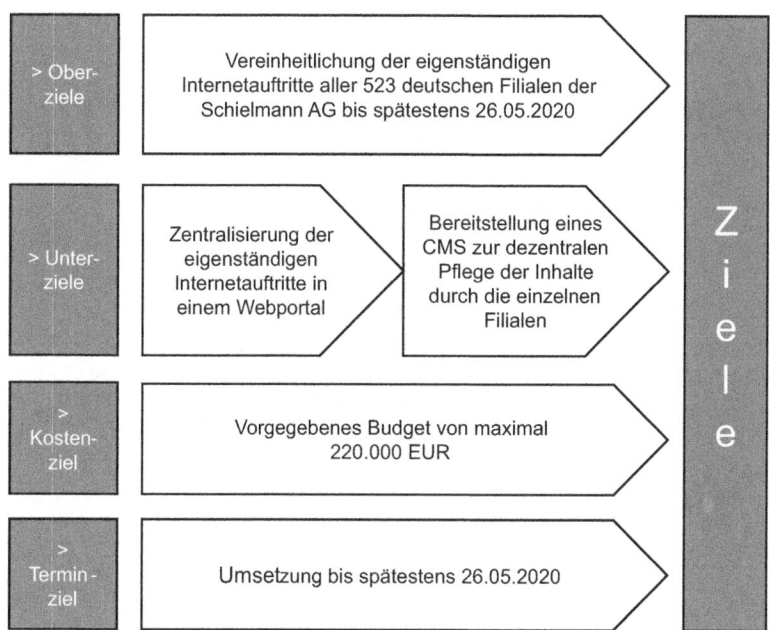

Abb. 2.8 Beispiel eines Projektzielsystems

- Leistung
- Zeit und
- Kosten.

Magisches Dreieck (Abb. 2.9)

Die Leistung spiegelt das quantitative Ergebnis eines Projektes wider. In der Literatur wird ebenfalls oft der Begriff Qualität als dritte Ecke des magischen Dreiecks aufgeführt, die die Leistung mit beinhaltet. Ebenfalls gibt es das magische Quadrat, das die Leistung in einer dritten Ecke und die Qualität als vierte Ecke beinhaltet. Die Leistung spiegelt die quantitative und qualitative Ebene eines Projektes wieder. In diesem Zusammenhang ist es von großer Bedeutung, dass eine Absprache zwischen dem Lenkungsausschuss und dem Projektleiter stattfindet, um Einigkeit darüber herzustellen, was letztendlich das Resultat des Projektes ist. Ebenfalls ist eine Priorisierung der Ziele hilfreich, um im weiteren Verlauf des Projektes Entscheidungen schneller treffen zu können. So wird im Beispiel „Projekt Herzroute" eher mehr Geld als geplant investiert, wenn es dadurch möglich ist, das Qualitätsziel einzuhalten.

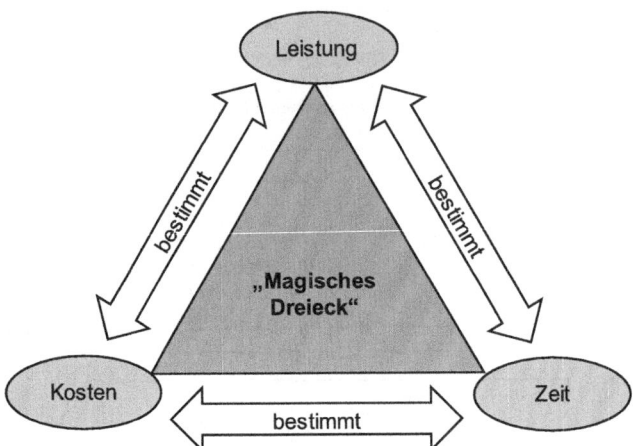

Abb. 2.9 Magisches Dreieck

> **Projekt „Herzroute"**
>
> Bei dem Projekt „Herzroute" handelt es sich um eine geplante Spezialstrecke für E-Bike Touren vom Genfer- zum Bodensee. Ein besonderes Augenmerk liegt für die Verantwortlichen darauf, die ca. 120 km lange Strecke qualitativ hochwertig zu errichten.[1] ◄

Innerhalb eines Projektes existieren unterschiedliche Ausprägungen der Bestimmungsgröße **Zeit.** Neben der Startzeit, die den Zeitpunkt definiert, an dem das Projekt beginnen soll, legt die Endzeit den Zeitpunkt fest, zu dem das Projekt abgeschlossen sein soll. Der Zeitraum zwischen der Start- und der Endzeit ist die Dauer des Projektes (siehe Abschn. 2.3.3).

Das bewilligte Budget für das Projekt „Flexible Electronics" stellt die Ausgangsbasis für die bei dem Projektstart zu berücksichtigenden **Kosten** dar. Tatsächlich kann es im weiteren Verlauf dazu kommen, dass dieses Budget unter- bzw. überschritten wird. Da die Zieldefinition jedoch zu Beginn des Projektes erstmalig erfolgt, ist zunächst von den kalkulierten Kosten auszugehen.

> **Flexible Electronics**
>
> Das US-Verteidigungsministerium Pentagon betrieb zusammen mit Apple, Boeing und weiteren Partnern ein gemeinschaftliches Forschungsprojekt um die Herstellung

---

[1] https://herzroute.ch/de/entdecken/die-herzroute/geschichte.html [04.08.2019].

von Flexible Electronics (faltbare Leiterplatten, hochverdichtete und besonders empfindliche Chips etc.) zu erforschen. Das Budget für das Projekt betrug insgesamt 171 Mio. $ [11]. ◄

Die „Magie" dieser Darstellungsform besteht darin, dass sich die Teilziele gegenseitig beeinflussen und sich damit mindestens eine der anderen Größen verändert, sobald eine Veränderung an einem der drei Parameter vorgenommen wird. Meist besteht ein Zielkonflikt, der eine Priorisierung der Ziele erforderlich macht.

T-Shirt-Produktion

Ein Produzent von T-Shirts hat im Rahmen eines Projektes eine neue Produktionsstätte im osteuropäischen Ausland errichtet, um dort T-Shirts fertigen zu lassen. Ziel war es zunächst die gesamten Produktionskosten gering zu halten. Dies führte dazu, dass nur qualitativ minderwertige Maschinen für die T-Shirt-Produktion angeschafft werden konnten, die hohe Ausfallraten mit sich brachten. Im weiteren Verlauf wurde daher beschlossen, die Qualität zu verbessern. Hierdurch stiegen die Kosten an und das für das Projekt bewilligte Budget musste erhöht werden. Außerdem verlängerte sich die ursprünglich veranschlagte Projektdauer. ◄

Lehrvideos
Eine Vertiefung und Erläuterung zu Projektzielen finden Sie in den Videos Abb. 2.10, 2.11, 2.12 und 2.13 des Videokurses.

Abb. 2.10 Einführung Projektziele (https://doi.org/10.1007/000-0qv)

Abb. 2.11 Beispiel eines Zielmodells (https://doi.org/10.1007/000-0qw)

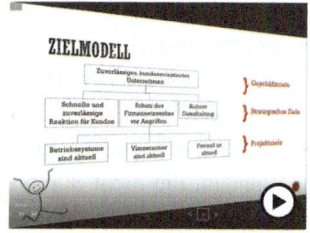

Abb. 2.12 Vorgehens- und Ergebnisziele (https://doi.org/10.1007/000-0qx)

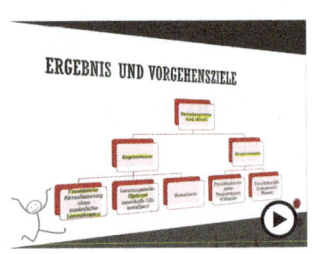

Abb. 2.13 Eigenschaften guter Ziele (https://doi.org/10.1007/000-0qy)

2.1.3 Projektumfeldanalyse

Der Erfolg eines Projektes hängt nicht ausschließlich von der Umsetzung des Projektes selbst ab. Jedes Projekt ist von einem Umfeld umgeben und zugleich mit dessen Einflüssen konfrontiert. Diese Einflüsse können den Projekterfolg mittelbar oder unmittelbar beeinflussen. Aus diesem Grund ist es von hoher Bedeutung, im Vorfeld das Umfeld genau zu analysieren. Dies geschieht im Rahmen der sog. „Projektumfeldanalyse".

▶ **Umfeldanalyse** Eine Umfeldanalyse ist die systematische Auflistung und Analyse aller Umfeldgrößen, die einen Einfluss auf das Projekt haben. Es kann dabei zwischen sozialen und sachlichen sowie internen und externen Einflussgrößen unterschieden werden.

In Abhängigkeit davon, ob es sich bei dem Projektumfeld um das Unternehmen oder Dritte handelt, wird bspw. zwischen internem Umfeld und externem Umfeld unterschieden.
Eine weitere Differenzierung kann zwischen

- organisatorisch-sozialen Einflussgrößen und: Diese Art von Einflussgrößen wird durch einzelne Personen, Personengruppen oder Interessensgruppen an das Projekt herangetragen.
- sachlich-inhaltlichen Einflussgrößen: Darunter werden Einflüsse auf das Projekt verstanden, die nicht durch direktes Einwirken von Personen entstehen (z. B. Gesetze, Entstehung neuer Technologien), siehe auch Tab. 2.2, erfolgen.

2.1 Projektstart

Tab. 2.2 Projektumfelddimensionen

	Intern	Extern
Sachlich-inhaltlich	Betriebsvereinbarung PM-Handbuch Richtlinien Umsatzentwicklung	Gesetze Normen und Standards Request for Comments (RFC) Marktentwicklung
Organisatorisch-sozial	Betriebsrat Beauftragte (z. B. QM, Sicherheit) Vorstand, Abteilungsleiter Mitarbeiter (außerhalb des Projektes)	Auftraggeber (AG) Mitarbeiter der AG-Organisation Lieferanten Kunden

Die Ziele einer Projektumfeldanalyse sind [14]:

- ganzheitliche und frühzeitige Erfassung aller Einflussfaktoren auf ein Projekt,
- Früherkennung von Potenzialen und Problemfeldern eines Projekts zur Risikominimierung und Nutzung von Chancen,
- Beurteilung der Konsequenzen auf die Projektdurchführung,
- Feststellung der Abhängigkeiten zu anderen Projekten im Unternehmen,
- Verbesserung der Kommunikation im Projekt durch z. B. grafische Darstellung von Umfeldbeziehungen und
- Ableitung von Maßnahmen zur Optimierung der Umfeldbeziehungen (Projektmarketing).

Vorgehensschritte:

1. Identifikation des Projektumfeldes (Erfassen aller Einflussgrößen)
2. Gruppierung nach **sachlichen** und **sozialen** Einflussgrößen
3. Bewertung des Umfeldes und detaillierte Analyse einzelner Einflussgrößen
4. Ableitung von Strategien und Maßnahmen [14]

Mögliche Einflüsse auf das Projekt
Tab. 2.2 führt die beiden Dimensionen zusammen und klassifiziert darüber hinaus eine Auflistung von möglichen Stakeholdern und Einflüssen auf das Projekt.

Das folgende Beispiel stellt dar, wie die Umfeldanalyse verwendet wird, um Risiken für das Projekt zu identifizieren und zu minimieren. In dem Beispiel wird deutlich, dass aus bereits abgeschlossenen Projekten und den daraus gewonnenen Erfahrungen standardisierte Prozesse abgeleitet werden können. Oft ist zumindest eine Checkliste verfügbar, um das Lernen aus vergangenen Projekten zu ermöglichen.

> **Kundenrating**
>
> Bei der Finanzierung eines Projektvorhabens muss häufig auf Fremdkapital zurückgegriffen werden. Der Zinssatz der Hausbank für die Fremdkapitalaufnahme kann ggf. durch das individuelle Rating des Kreditnehmers und damit die Schätzung der Kreditausfallwahrscheinlichkeit gesenkt werden. Dies kann einen positiven Effekt auf das Projektergebnis darstellen. Das Kundenrating der Banken stellt eine abgewandelte Form der klassischen Umfeldanalyse dar. Es handelt sich dabei um einen sachlich-inhaltlichen Einfluss auf das Projekt. ◄

Eine weitere Abgrenzung der etwaigen Einflussmöglichkeiten der Stakeholder auf das Projekt erfolgt anhand der Differenzierung von:

- quantitativen Einflüssen (z. B. vereinbarter Zinssatz) und
- qualitativen Einflüssen (z. B. Mitbestimmungsrechte).

Es gilt zu beachten, dass die Einflussgrößen sich sowohl negativ als auch positiv auf den Projekterfolg auswirken können. Dies gilt ebenso für Risiken und Stakeholder (siehe Abschn. 2.1.4). Die Projektumfeldanalyse ist jedoch nicht mit einer Risikoanalyse gleichzusetzen, da Risiken nicht notwendigerweise eintreten müssen, die Einflussfaktoren aber in jedem Fall vorhanden sind. In Abgrenzung zur Stakeholderanalyse werden in der Projektumfeldanalyse die Stakeholder lediglich identifiziert und in der Stakeholderanalyse weiter analysiert, um ggf. Maßnahmen abzuleiten.

Nachfolgend sollen ein paar hilfreiche Tipps zur Verfügung gestellt werden, die sich bei der Erstellung einer Projektumfeldanalyse in der Praxis bewährt haben:

- Versetzen Sie sich in die Lage einer bestimmten Interessengruppe, um deren Erwartungen und Befürchtungen zu erfassen. Fragen Sie ruhig auch direkt nach. Setzen Sie aber nie voraus, dass Sie immer die volle Wahrheit hören.
- Geben Sie der Gesamtsicht Vorrang vor der detaillierten Exaktheit.
- Jede Projektumfeldanalyse ist eine Momentaufnahme. Wichtigkeit und Einfluss je Umfeldgruppe verändern sich im Projektverlauf.
- Formulieren Sie den als Ergebnis einer Umfeldanalyse entstehenden Maßnahmenkatalog so operativ wie möglich. Jede Maßnahme wird einer Person oder Gruppe zur Erledigung bis zu einem definierten Zeitpunkt übertragen. Die Verantwortung für die Aufgabenerledigung ist immer einer einzigen Person zuzuordnen.
- Verwenden Sie die Umfeldanalyse, um Ihren Kunden zu analysieren. Dabei sollten Sie vor allem auf die speziellen Präferenzen des Kunden im Sinne seines sozialen Verhaltens achten. Hohe Kundenorientierung bedeutet, über die Kundenpräferenzen Bescheid zu wissen und sich entsprechend darauf einzustellen.

- Setzen Sie die Projektumfeldanalyse (als Denkmodell) auch außerhalb von Projekten, z. B. in persönlichen Arbeitssituationen ein. Sie ist ein gutes Hilfsmittel zur Vorbereitung von wichtigen Besprechungen und Verhandlungen. Wer schon vor einer Verhandlung gut über die Erwartungen und Befürchtungen seines Gegenübers Bescheid weiß, kann sich präventiv Argumente und passende Antworten zurechtlegen.
- Fügen Sie die aus der Projektumfeldanalyse resultierenden wesentlichen Maßnahmen als zu erledigende Arbeitspakete in den Projektstrukturplan ein.
- Die Umfeldanalyse trägt zur Bewusstmachung des Projekts bei. Durch die Definition des Umfeldes wird das „System Projekt" klarer definiert [14].

Die Umfeldanalyse verläuft in insgesamt vier Phasen, die in Abb. 2.14 dargestellt sind. Zunächst sind alle Einflussgrößen zu identifizieren, die auf jegliche Art und Weise auf das Projekt wirken können. Anschließend sind die Einflussgrößen in Hinblick auf ihre möglichen Folgen auf das Projekt zu bewerten. Im dritten Schritt sind konkrete Strategien und Maßnahmen abzuleiten und zu planen. Abschließend muss regelmäßig im Projektverlauf darauf geachtet werden, ob sich im Vergleich zur letzten Umfeldanalyse Änderungen ergeben haben.

2.1.4 Stakeholderanalyse

Während die Projektumfeldanalyse sich mit der Identifikation der Stakeholder befasst, werden sie in der Stakeholderanalyse in Hinblick auf ihre Bedeutung untersucht und Maßnahmen zur Förderung oder Reduzierung des Einflusses gesucht und implementiert.

Das ist notwendig, da es für ein rundum erfolgreiches Projekt neben einem fachlich hochwertigen Ergebnis einer gewissen allgemeinen Akzeptanz im Projektumfeld bedarf. Bleibt diese aus, so gerät auch ein fachlich gelungenes Projekt in der Praxis häufig

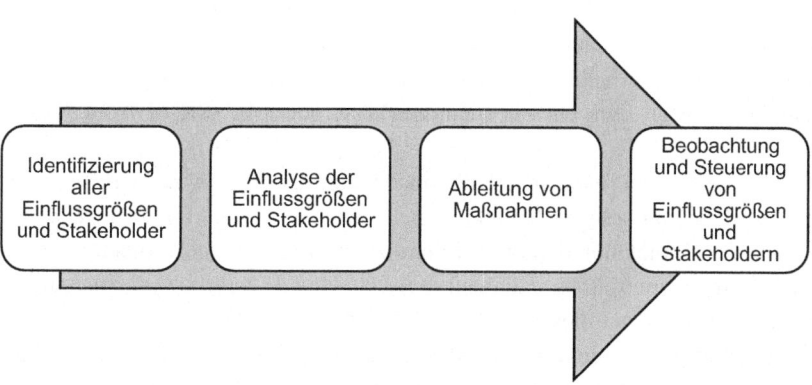

Abb. 2.14 Vier Phasen der Umfeldanalyse

schnell in Vergessenheit. Die Stakeholder bilden daher wichtige Größen, die auf den Erfolg eines Projektes bedeutenden Einfluss nehmen können. Daher werden sie hier ausführlicher betrachtet.

▶ **Stakeholder** Bei Stakeholdern handelt es sich um alle internen und externen Personen oder Personengruppen, die an der Projektdurchführung oder den Projektergebnissen beteiligt oder interessiert oder die davon betroffen sind.

Analog zu den Einflussgrößen können Stakeholder nach externen und internen Stakeholdern kategorisiert werden.

- Beispiele für externe Stakeholder sind:
    - Vertreter des Staates,
    - Mitarbeiter bei Lieferanten und
    - Kunden.
- Beispiele für interne Stakeholder sind:
    - Projektteam im weitesten Sinne,
    - Betriebsräte und
    - Geschäftsführer.

Da gerade die nicht identifizierten Stakeholder dem Projekt unangenehme Überraschungen bereiten können, ist im ersten Schritt eine sorgfältige Identifizierung unbedingt notwendig.

Identifizierung der Stakeholder
Die weit gefasste Definition des Begriffes Stakeholder lässt schon erahnen, dass diese aus zum Teil überraschenden Personengruppen stammen können. Selbstverständlich gehören alle direkt mit dem Projekt verbundenen Personen wie Projektteammitglieder, Projektleiter, Auftraggeber, ggf. Vorgesetzte der Projektteammitglieder etc. zu den Stakeholdern. Auch das Unternehmen, in dem das Projekt umgesetzt wird, liefert einfach zu identifizierende Stakeholder, z. B. Datenschutzbeauftragte, Betriebsrat etc. Dass Stakeholder auch außerhalb des Unternehmens zu finden sind, mag für den ein oder anderen überraschend sein. Dies können die Presse oder Mitbewerber sein, bis hin zum Staat.

Abb. 2.15 zeigt ein Projekt innerhalb einer Bank, die Bank wird hier als das System bezeichnet. Das unmittelbare Umfeld besteht aus den direkt im Projekt Beteiligten, klassischerweise Projektmitarbeiter in Teilprojekten, Projektleiter, Projektoffice, Projektmarketing, Projektcontrolling, Lenkungsausschuss und natürlich weitere Interessengruppen des Projektes, in diesem Fall die Filialen. In der Bank selbst übt des Weiteren die Geschäftsführung Einfluss auf das Projekt aus, z. B. durch Geschäftsziele. Unmittelbar auf das Projekt wirkende Einflüsse von außen sind die Softwareanbieter. Wird z. B. für sicherheitsrelevante Bereiche keine Wartung mehr angeboten, muss auf diese Software

2.1 Projektstart

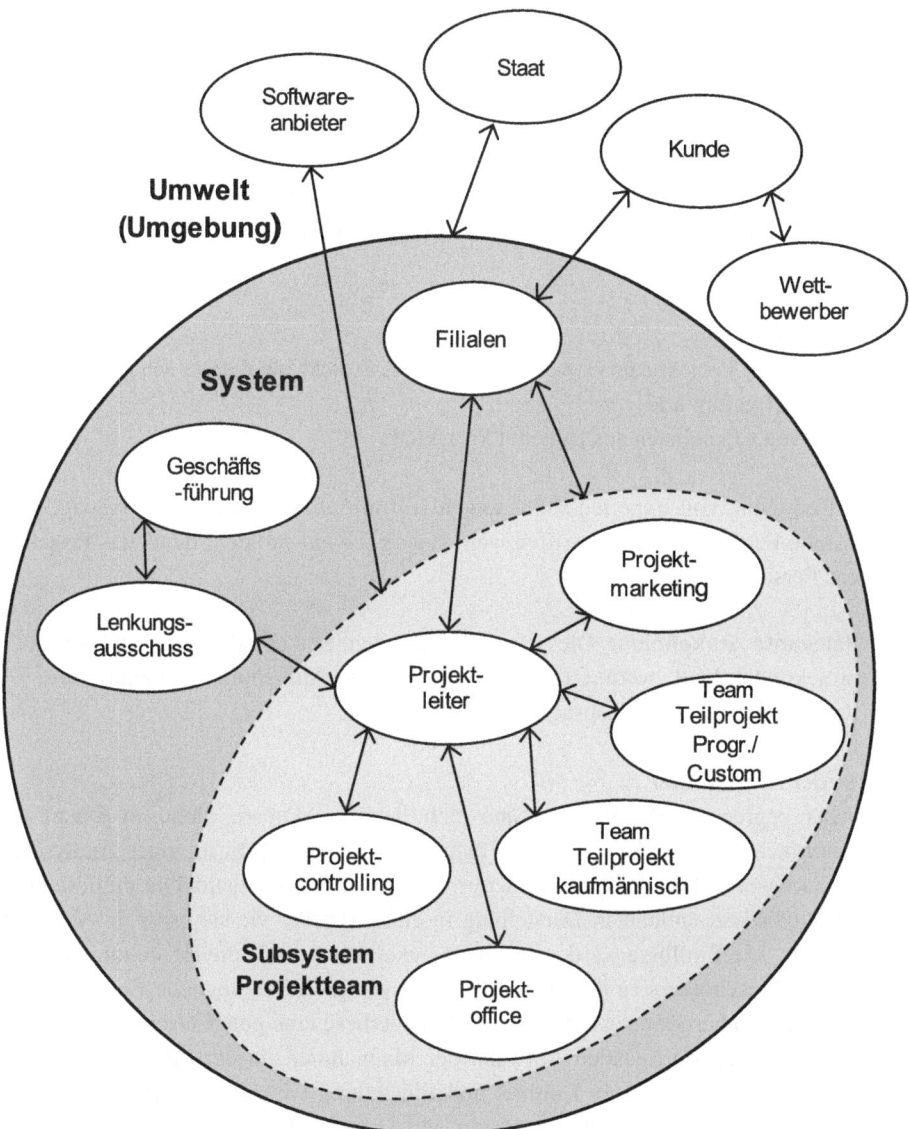

Abb. 2.15 Beispiel einer Stakeholderidentifizierung

verzichtet werden, wie es bei dem Betriebssystem Windows 7 der Fall war [12]. Auf das gesamte System wirkt der Staat von außen ein, da möglicherweise Nutzungseinschränkungen betroffen sein können, wie im Zuge der 5G-Technologie für Huawei diskutiert [4], oder Datenschutzbestimmungen eingehalten werden müssen. Indirekten Einfluss üben die Kunden durch ihre Vorstellungen über den Service in einer Filiale aus, diese Vorstellungen können durch Angebote von Mitbewerbern ausgelöst worden sein, die damit ebenfalls Gegenstand einer Umfeldanalyse werden können. Für einen erfolgreichen Projektabschluss sind alle diese Faktoren zu berücksichtigen.

Es ist wichtig, die Stakeholder vorher zu ermitteln, um sie in das Projekt einzubeziehen. Bei der Ermittlung der Stakeholdergruppen ist es daher von großer Bedeutung, diese möglichst vollständig zu erfassen. Eine systematische Vorgehensweise kann dazu eine wichtige Hilfestellung sein. Mögliche Herangehensweisen zur Identifizierung aller Stakeholder sind:

- Brainstorming,
- Befragung des Projektteams sowie weitere in das Projekt involvierte Mitarbeiter,
- Expertenbefragung und
- Prüfung von Checklisten aus früheren Projekten.

Bei der Befragung von Experten sollte sowohl auf mit allgemeinen Projektmanagement spezialisierte Personen zurückgegriffen werden als auch auf mit dem Inhalt des Projektes erfahrene Personen.

▶ **Relevante Stakeholder** Die jeweils relevanten Stakeholder ergeben sich projektindividuell, wodurch keine abschließende Auflistung sämtlicher für das Projekt relevanter Anspruchsgruppen existiert.

Analyse der Stakeholder

Angesichts begrenzter Ressourcen kann sich das Projektteam nicht im Detail um jeden einzelnen Stakeholder kümmern, daher sind diese auf Basis einer Analyse zu priorisieren. Die Analyse der Stakeholder erfolgt in der Praxis regelmäßig mithilfe einer der Portfolioanalyse entlehnten Darstellung in einer Matrix, wie sie bspw. in Abb. 2.16 dargestellt ist. Die Einflüsse werden in Abhängigkeit davon, wie die Einstellung des entsprechenden Stakeholders zu dem Projekt ist und wie groß die mögliche Einflussnahme ist, in die Matrix übernommen. Anschließend bietet diese eine gute Entscheidungsgrundlage für den zu rechtfertigenden Aufwand der Maßnahmen. In der Literatur existieren neben den Bewertungskriterien Einfluss und Einstellung weitere, z. B. die Legitimität, die mit zwei weiteren Kriterien, der Macht und Dringlichkeit, im Salienz-Modell dargestellt werden kann [15].

Es existieren nur wenige Einflüsse, die quantifiziert in der Matrix klassifiziert werden können, denkbar wäre dies für den Fall, dass eine bestimmte Summe als Finanzierung entfallen könnte oder eben dem Projekt zugeführt wird. In diesem Fall könnte der Einfluss vergleichsweise objektiv bewertet werden, in den überwiegenden Fällen ist die Einordnung allerdings subjektiv geprägt und verändert sich im Laufe des Projektes. Es ist daher abzuwägen, die einzelnen Abstufungen der Dimensionen im Vorfeld möglichst präzise zu definieren, um eine innere Konsistenz bei der Zuordnung zu gewährleisten, oder eine sehr grobe Abstufung zu nutzen, die eine schnellere Abschätzung erlaubt.

2.1 Projektstart

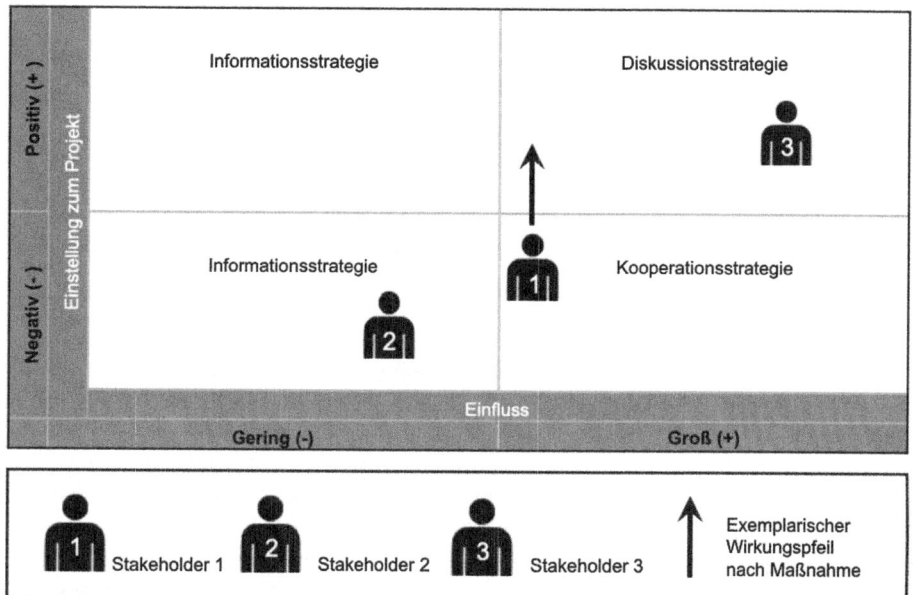

Abb. 2.16 Analyse der identifizierten Stakeholder

▶ **Stakeholderanalyse** Die einzelnen Abstufungen der beiden Dimensionen sollten im Vorfeld möglichst präzise definiert werden, um eine konsistente Zuordnung zu gewährleisten.

Tab. 2.3 zeigt ein exemplarisches Bewertungsschema für die Stakeholdergruppen, die es zumeist in einem Projekt gibt. Zur präziseren Einschätzung der Stakeholder, wurde hier zwischen den Stakeholdern gemäß der Kriterien Macht, Einfluss, Erwartungen differenziert und daraus werden im nächsten Schritt Strategien sowie Maßnahmen abgeleitet.

Im Beispiel wurden die Stakeholdergruppen gemäß der Hierarchieebene im Unternehmen untersucht. Dies ergibt Sinn, denn so kann jede Ebene untereinander klar und deutlich bezüglich der Strategien, Maßnahmen und Erwartungen abgegrenzt werden.

Ableitung Strategien und Maßnahmen
Anschließender Schritt der Stakeholderanalyse ist die Ableitung von Strategien und Maßnahmen auf Basis der zuvor erstellten Analyse. Diese haben eine direkte Auswirkung auf das Projekt und sollten daher genau formuliert werden.

Auch wenn aufgrund der Vielfalt der Projekte keine allgemeingültige Zuordnung von Maßnahmen auf die Quadranten existiert, so werden in der Praxis die Strategien oft wie in Abb. 2.17 gewählt. Diese Zuordnung kann genutzt werden, um sich im nächsten Schritt über die konkreten Maßnahmen zu verständigen.

Tab. 2.3 Beispieleinschätzung für typische Stakeholder

Stakeholder	Macht, Einfluss	Pos. Erwartungen (+)/ Neg. Befürchtungen (−) der Stakeholder	Strategien, Maßnahmen
Konzernvorstand	Sehr hoch	Negative Einstellung, da frühere Projekte nicht erfolgreich verliefen	Setzen von Zwischenzielen Aufzeigen des Einsparpotenzials und Festlegung eines Zeitplanes
Niederlassungsleiter	Hoch	Keine wirtschaftliche Rentabilität durch das neue GPS-System: „Kostet mehr als es bringt"	Aufzeigen der Vorteile für die Niederlassung Aufzeigen von Einsparpotenzialen, Potenzialanalyse
Betriebsrat	Hoch	Ablehnung, da die Befürchtung besteht, Mitarbeiter zu kontrollieren	Einbeziehung des Betriebsrates bei Entscheidungen
Finanzabteilung	Hoch	Investition in neue GPS-Anlagen könnte nicht finanzierbar sein Keine Genehmigung durch die Finanzabteilung	Durchführung einer Potenzialanalyse und Aufzeigen der finanziellen Vorteile, die durch die Projekte entstehen
Kundenmanagement	Niedrig	Akzeptanz unter den Mitarbeitern könnte fehlen Mitarbeiter arbeiten weiterhin wie vorher und nutzen nicht die neuen Möglichkeiten	Mitarbeiterschulungen Einbeziehung der Mitarbeiter in Prozessentscheidungen zur Steigerung der Akzeptanz

Durch die Festlegung der Strategie auf Ebene der Quadranten wird eine gewisse Flexibilität für den Fall gewahrt, dass sich im weiteren Verlauf Änderungen ergeben. Dadurch können Stakeholder in der Matrixdarstellung nachträglich ergänzt und die jeweils für diesen Quadranten angegebene Strategie zielgerichtet durch konkrete Maßnahmen ausgestaltet werden.

Bei Stakeholdern, die keine besonders ausgeprägte negative oder positive Einstellung zu dem Projekt haben und keinen bis mäßigen Einfluss nehmen können, genügt eine kurze Recherche, um die Bewertung des Stakeholders und dessen Einordnung in die Quadranten zu bestätigen und regelmäßig zu überprüfen.

Zusätzlich kann bei Stakeholdern, die eine negative Einstellung zu dem Projekt pflegen und keinen bis mäßigen Einfluss nehmen können, der Informationsfluss aufrechterhalten werden, um die Einstellung nach Möglichkeit ins Positive zu wandeln. Ähnlich verhält es sich bei Stakeholdern mit einer positiven Einstellung zum Projekt und einem ebenfalls beschränkten Einflusshorizont. Hier ist auf den Erhalt der positiven Einstellung

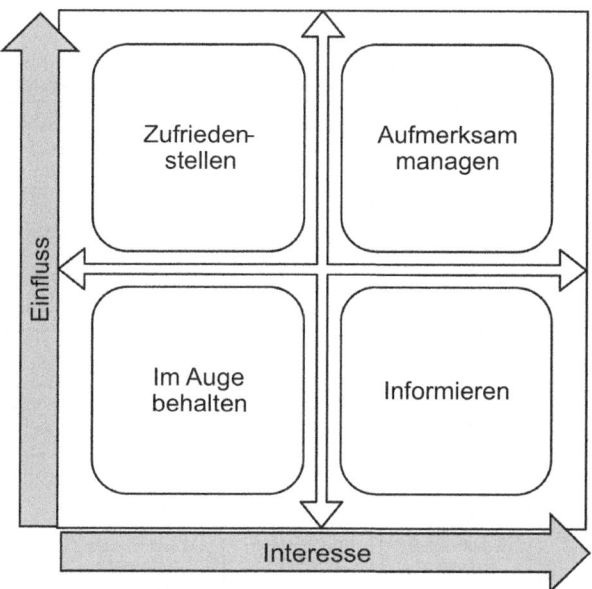

Abb. 2.17 Stakeholderbewertung

zu achten. Eine weitere Strategie ist die Stärkung der Einflussmöglichkeiten positiv eingestellter Stakeholder, die auf diese Weise das Projekt stärker unterstützen können (Abb. 2.18).

Bei Stakeholdern mit stärkeren Einflussmöglichkeiten bedarf es einer intensiveren Berücksichtigung und eine entsprechend sorgfältigere Planung der Maßnahmen. Pflegen diese Stakeholder ein intensives Interesse an dem Projekt, empfiehlt es sich im Rahmen der Diskussionsstrategie einen Dialog zu führen und Möglichkeiten der Einbindung zu prüfen. Eine weitere Möglichkeit besteht darin, den Projektumfang entsprechend der Anforderungen der Stakeholder zu verändern, und die skeptischen Stakeholder auf diese Weise von den Vorteilen des Projektes zu überzeugen. So ist die multimediale Ausstellung lediglich wegen der Stakeholder eingerichtet worden und gehört nicht zum Kern-Projektumfang.

Stuttgart 21 (1)

Im Rahmen des Projektes Stuttgart 21 wurde im Hauptbahnhof am 16. Juni 1998 das Informationszentrum Turmforum zu Stuttgart 21 und der Neubaustrecke Wendlingen–Ulm eröffnet. Die multimediale Ausstellung führt im Bahnhofsturm über vier Etagen und wirbt für das Gesamtprojekt und die damit verbundenen städtebaulichen Entwicklungsmöglichkeiten [1]. ◄

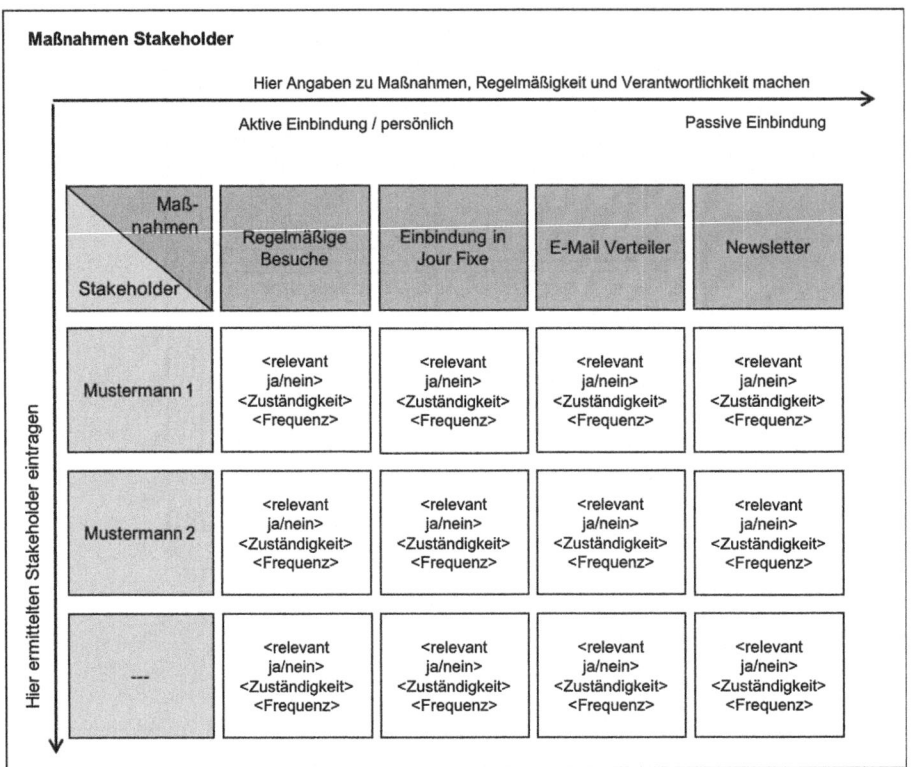

Abb. 2.18 Kommunikationsmaßnahmen Stakeholder

Beobachtung und Steuerung der Stakeholder
Stakeholder sind Personen mit dynamischen und veränderbaren Einstellungen und Verhaltensweisen. Dies gilt es im gesamten Projektablauf zu berücksichtigen. Es ist sicherlich vorteilhaft, wenn die eingeleiteten Maßnahmen die gewünschte Wirkung entfalten, dies ist allerdings nicht garantiert und bedarf einer stetigen Überprüfung und einer rechtzeitigen Anpassung der Maßnahmen, wie am Beispiel Stuttgart 21 deutlich wird.

Stuttgart 21 (2)

Nach langjährigen Planungen von Stuttgart 21, die bereits 1970 starteten, wurde die Machbarkeitsstudie des Projektes bereits im Januar 1995 vorgestellt. Es gingen 13.700 Einwendungen gegen das Projekt ein, die teilweise berücksichtigt wurden und im Raumordnungsverfahren im September 1997 final einflossen.

Die seit der offiziellen Entscheidung für die Umsetzung des Projekts teilnehmenden Demonstranten lösten keinerlei Änderungen in den Planungen aus, auch sonst sind keinerlei Maßnahmen bekannt, die darauf eingingen. Es ist davon auszugehen, dass diese Stakeholder als wenig einflussreich angesehen wurden, möglicherweise wurde auch das Interesse als nur kurzfristig und damit niedrig eingestuft. Jedoch hätte sich diese Einschätzung ändern müssen, als im November 2009 die sog. Montagsdemonstrationen wöchentlich starteten.

Durch die mit Öffentlichkeitsarbeit erfahrenen Organisatoren des Protestes, das Aktionsbündnis gegen S. 21, stiegen die Einflussmöglichkeiten dieser Stakeholder. Diese wurden durch das wachsende Interesse in der Bevölkerung und damit in den Medien weiter gesteigert und gipfelten in Schlichtungsgesprächen unter der Leitung von Heiner Geißler (Oktober/November 2010). Zu diesem Zeitpunkt war nicht klar, ob das Projekt weiter umgesetzt werden könnte [3]. ◄

Am Beispiel von Stuttgart 21 wird deutlich, dass die gewählten Maßnahmen keine Garantie für den Erfolg sind und dass die Einschätzung der Stakeholder sich im Verlaufe des Projektes stark verändern kann. Dies ist in Abb. 2.19 dargestellt, das gleichzeitig deutlich macht, wie mit der unterschiedlichen Positionierung in der Matrix die Maßnahmen geändert werden müssen.

Lehrvideos
Eine Vertiefung und Erläuterung zum Stakeholdermanagement finden Sie in den Videos Abb. 2.20, 2.21 und 2.22 des Videokurses.

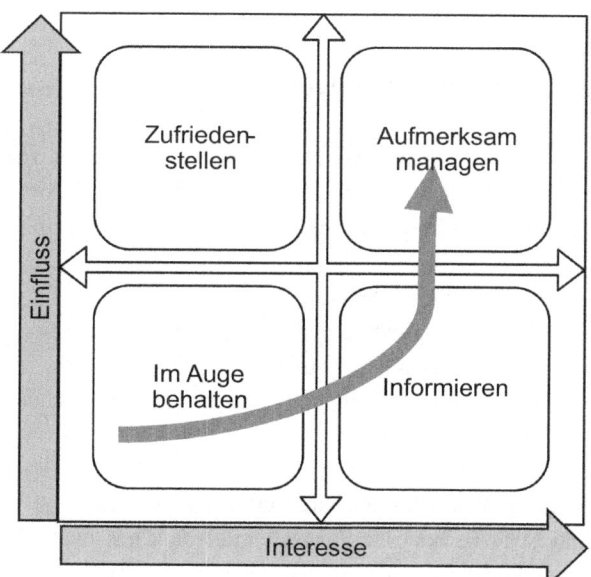

Abb. 2.19 Entwicklung der Stakeholder im Projekt Stuttgart 21

Abb. 2.20 Einführung in das Stakeholdermanagement (https://doi.org/10.1007/000-0qz)

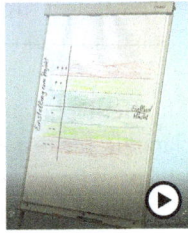

Abb. 2.21 Identifizierung und Analyse der Stakeholder (https://doi.org/10.1007/000-0r0)

Abb. 2.22 Maßnahmen für das Stakeholdermanagement (https://doi.org/10.1007/000-0r1)

2.1.5 Nutzwertanalyse

Die Nutzwertanalyse ist ein bewährtes Instrument zur initialen Entscheidungsfindung bei der Projektauswahl, aber auch zur stetigen Überprüfung. Sie findet während der gesamten Laufzeit des Projektes Anwendung, z. B. im Rahmen der

- Auswahl eines Projektes,
- Wahl der Eingliederung des Projektteams in die Unternehmensstruktur,
- Wahl des Projektleiters und
- Entscheidungsfindung zu unterschiedlichen Handlungsalternativen während des Projektes.

Es handelt sich bei der Nutzwertanalyse um eine Entscheidungsmethode zur Bewertung unterschiedlicher Handlungsalternativen. Dies unterstützt den Entscheidungsträger insbesondere dann, wenn es sich um nicht-quantifizierbare Zielsetzungen handelt und deren Vergleich somit erschwert wird.

Die Analyse lässt sich insgesamt in die in Abb. 2.23 dargestellten fünf Bestandteile zerlegen, auf die nachfolgend im Einzelnen eingegangen wird:

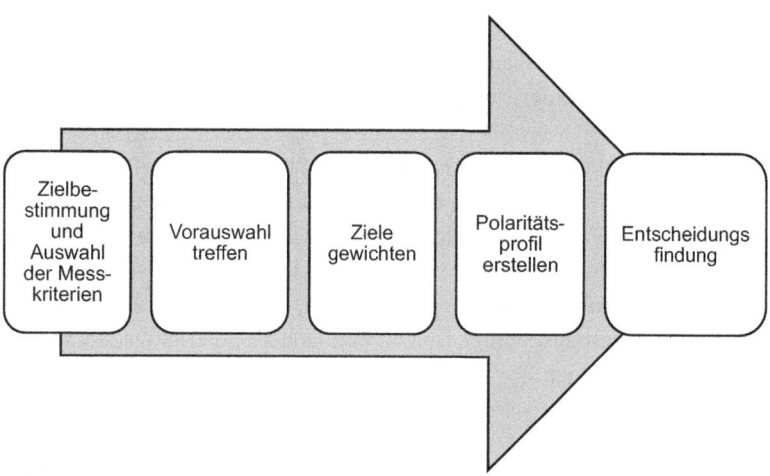

Abb. 2.23 Schritte der Nutzwertanalyse

Zielbestimmung und Auswahl der Messkriterien

Jede Entscheidung basiert auf Zielsetzungen, die mit der Entscheidung erreicht werden sollen. Daher ist es im Vorfeld unabdingbar, diese Ziele zu definieren und darüber hinaus messbare Kriterien zu konkretisieren, mit dessen Hilfe der Zielerreichungsgrad gemessen werden kann.

Es werden natürliche und künstliche Messkriterien unterschieden. Ein Kriterium natürlichen Ursprungs wäre bspw. eine Angabe in Euro, Anzahl usw. Künstlich wird ein Niveau durch eine subjektive Einschätzung geschaffen. Damit ein künstliches Kriterium messbar ist, wird häufig ein Messbereich zwischen „0" und „10" festgelegt und der höchste Zielerreichungsgrad mit „10" definiert. Einhergehend mit der Entscheidung über die Messkriterien wird über das Skalen-Niveau entschieden. Hierbei sind drei unterschiedliche Skalenarten zu unterscheiden:

- Nominalskala: Es handelt sich um ein nominalskaliertes Ziel, wenn es einer Kategorie zugeordnet werden kann, die sich nicht in eine natürliche Reihenfolge bringen lassen. Auch wenn Ausprägungen nur in der Form erfüllt oder nicht-erfüllt bzw. vorhanden oder nicht-vorhanden vorliegen, handelt es sich um nominalskaliertes Ziel.
- Ordinalskala: Ordinal skalierte Merkmalsausprägungen liegen vor, wenn die Zielausprägungen in eine eindeutige Reihenfolge gebracht werden können, z. B. Schulnoten.
- Kardinalskala: Kardinalskalierte Ziele bieten den meisten Informationsgehalt. Hier lassen sich die Differenzen zwischen den Zielausprägungen exakt berechnen. Zwischen zwei Merkmalsausprägungen bestehen unendlich viele Zwischengrößen z. B. Angabe in Euro.

Vorauswahl treffen

Eine Vorauswahl ist kein zwingender Bestandteil einer Nutzwertanalyse, kann jedoch dazu führen, dass im weiteren Verlauf die Anzahl der Alternativen verringert und damit der Umfang der Analyse geschmälert wird. Grundsätzlich ist eine Vorauswahl vor allem dann sinnvoll, je mehr Alternativen zur Auswahl stehen.

Sie kann insgesamt auf drei Arten erfolgen:

- **K.O.-Kriterium:** Erfüllt eine Alternative ein bestimmtes nominalskaliertes Kriterium nicht, wird es in der weiteren Vorgehensweise nicht miteinbezogen.
- **Anspruchsniveau:** Falls eine Alternative ein bestimmtes ordinal oder kardinal skaliertes Niveau nicht erfüllt, wird sie nicht weiter in Betracht gezogen.
- **dominierte Handlungsalternativen:** Sofern eine Alternative in allen Zielen schlechter oder gleich ausgeprägt ist wie eine andere Alternative, so wird sie nicht weiter in Betracht gezogen.

Ziele gewichten

Bei der Gewichtung der Ziele gilt es herauszufinden, welche Bedeutung sie für den Gesamtnutzen haben. Diese ist jeweils von den individuellen Präferenzen des Entscheidungsträgers abhängig. Um sie zu quantifizieren bieten sich verschiedene Zielgewichtungsverfahren an. Ein sehr gängiges Verfahren ist der sog. „Paarvergleich". Dabei werden die Ziele dem Entscheidungsträger jeweils paarweise gegenübergestellt und verglichen, welche der beiden für ihn die höhere Bedeutung hat. Daraus werden anschließend die Zielgewichte ermittelt, indem jeweils die relativen Anteile der Anzahl an höheren Bedeutungen im Paarvergleich in Bezug auf die Gesamtanzahl der Paarvergleiche ermittelt werden (Abb. 2.24).

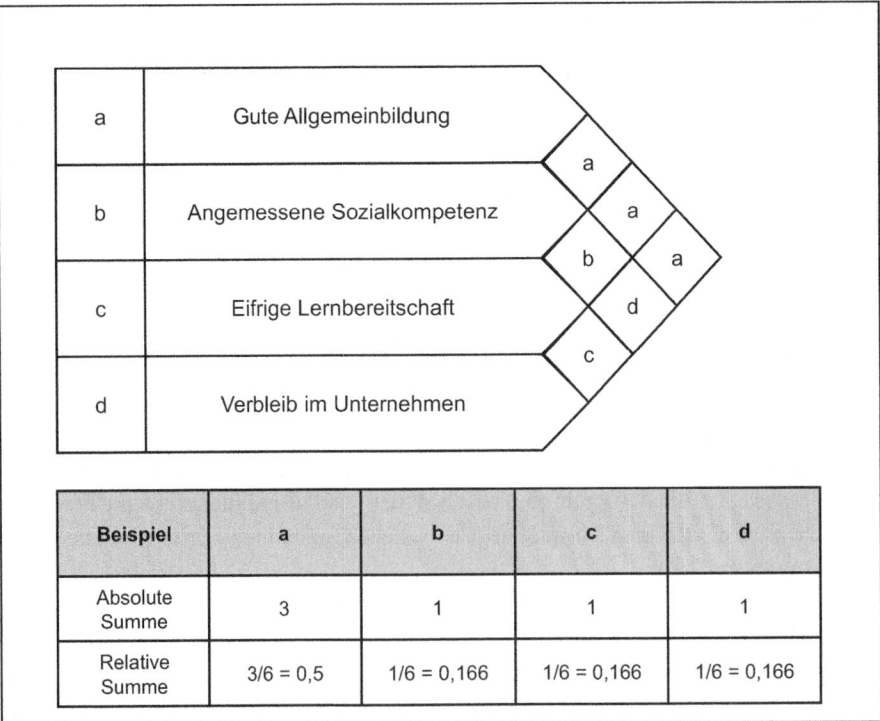

Abb. 2.24 Paarvergleich einer Bewerberauswahl

Polaritätsprofil erstellen

Ein Polaritätsprofil dient dazu, die unterschiedlichen Zielerreichungsgrade der Handlungsalternativen grafisch darzustellen. Auch für eine Vorauswahl definierte Restriktionen und Anspruchsniveaus können in dieser Darstellungsform (siehe Abb. 2.25) abgebildet werden. Ebenfalls kann die Vorauswahl anhand dieser Darstellung erfolgen.

Insbesondere für eine Vergleichbarkeit der Abbildungen ist die Darstellung der Skalen einheitlich zu gestalten. Andernfalls sieht man sich schnell mit dem Vorwurf konfrontiert, die Aussage der Grafik verfälschen zu wollen.

▶ **Optimale Zielerreichung** Die gewünschte optimale Zielerreichung ist stets an oberster Stelle der Skala anzugeben. Dies bedeutet allerdings nicht zwingend, dass dieser Wert durch die Auswahlmöglichkeiten erreicht wird.

Entscheidungsfindung

Zum Abschluss der Analyse wird der Gesamtnutzen jeder Alternative errechnet und sich auf dieser Basis für die Alternative entschieden, die den höchsten Wert annimmt. Dazu werden jeweils die Zielerreichungsgrade mit der zuvor für das jeweilige Ziel ermittelten Gewichtung multipliziert und jeweils sämtliche Produkte der Zielerreichungsgrade einer Handlungsalternative summiert (siehe Tab. 2.4).

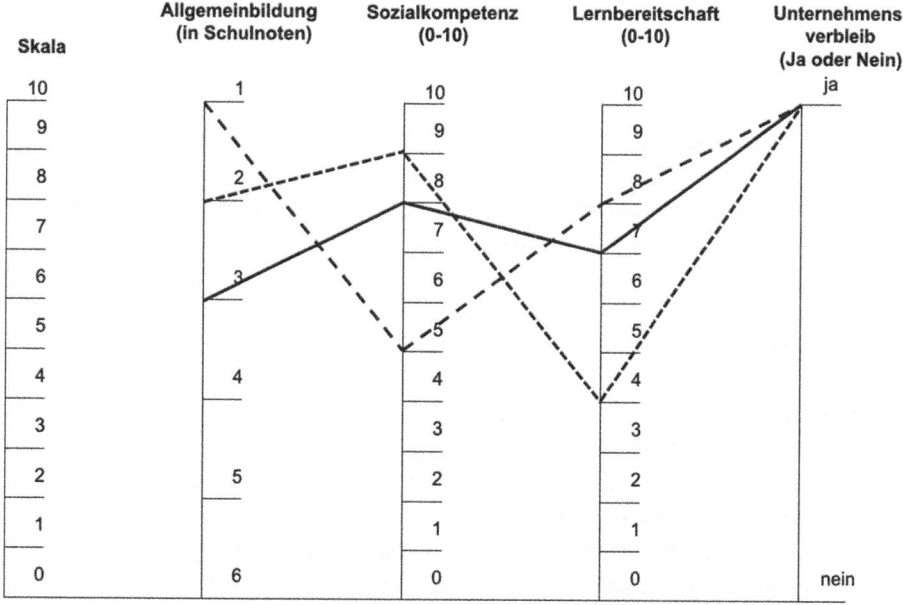

Abb. 2.25 Polaritätsprofil einer Bewerberauswahl

Tab. 2.4 Nutzwertanalyse

Ziel	Gewichtung	Ausprägung Müller	Nutzwert Müller	Ausprägung Schmitz	Nutzwert Schmitz	Ausprägung Meier	Nutzwert Meier
Gute Allgemeinbildung	0,5	6	3	8	4	10	5
Hohe Sozialkompetenz	0,166	8	1,33	9	1,49	5	0,83
Gute Lernbereitschaft	0,166	7	1,16	4	0,66	8	1,33
Verbleib im Unternehmen nach Beendigung	0,166	10	1,66	10	1,66	10	1,66
Summe			7,15		7,81		8,82

Die dargelegte Vorgehensweise hat gezeigt, dass die Nutzwertanalyse streng genommen eine Methode zur Entscheidungsfindung unter Sicherheit darstellt. Das bedeutet, dass der Entscheidungsträger in der Lage ist, Zielausprägungen der einzelnen Alternativen verlässlich einschätzen zu können. Dies ist in der Praxis jedoch nicht immer möglich, zumal sich aufgrund der dynamischen Umwelt die gegebenen Parameter permanent verändern können.

▶ **Methode der Nutzwertanalyse** Die Nutzwertanalyse stellt eine nützliche Methode dar, um die Entscheidungsfindung zu erleichtern. Die Subjektivität bei der Messung der Zielerreichung bei künstlichen Kriterien und dem Paarvergleich, sowie die Annahme einer Entscheidung unter Sicherheit können das Ergebnis nichtsdestotrotz verzerren.

Kontrollfragen
1. Erläutern Sie die SMART-Regel.
2. Nennen Sie die fünf Funktionen von Projektzielen.
3. Welche Rolle spielen Stakeholder in Projekten?
4. Nennen Sie die vier Phasen einer Projektumfeldanalyse.
5. Wofür werden die Erkenntnisse der Projektumfeldanalyse genutzt?
6. Worin unterscheiden sich die Skalenniveaus bei der Zielbestimmung einer Nutzwertanalyse?

2.2 Projektorganisation

> **Lernziele**
> Sie wissen, welche Funktionen ein Projektkoordinator in einer Stabsprojektorganisation übernimmt.
> Sie kennen die verschiedenen Projektorganisationsformen.
> Sie können anhand der Vorteile der verschiedenen Projektorganisationen eine Empfehlung für Ihr Projekt abgeben.
> Sie kennen die bedeutendsten Rollen in einem Projekt.
> Sie wissen, was man unter dem AKV-Prinzip versteht.

Organisatorische Einbindung des Projektes in die Gesamtorganisation
Unter Projektorganisation sind jene Regeln, Werte und Normen zu verstehen, die nötig sind, die Zusammenarbeit aller am Projekt Beteiligten möglichst effizient zu gestalten. Darüber hinaus wird mit einer Projektorganisation sowohl die Festlegung von Verantwortung und Kompetenzen als auch die Eingliederung des Projekts in die bestehende Unternehmensorganisation vereinbart. Auch der Informationsfluss in einem Projekt und zwischen Projekt und Umfeld wird im Rahmen der Projektorganisation definiert.

Die Deutsche Gesellschaft für Projektmanagement versteht die Projektorganisation als Kompetenzelement zur Zielerreichung, da hier die für den Projekterfolg notwendigen Funktionen, Organisationsstrukturen, Zuständigkeiten und Fähigkeiten definiert werden und zusammenlaufen. Die Projektorganisation unterteilt sich in die

- **projektexterne** Aufbauorganisation, d. h. die Eingliederung des Projektes in die bestehende Organisationsstruktur des Unternehmens und
- **projektinterne** Aufbauorganisation, d. h. die interne Gestaltung des Projektes. Hierzu zählen beispielsweise die Projektleiterauswahl sowie die Festlegung der Teamstruktur.

Projektexterne Aufbauorganisation
Die Organisationsform beschreibt die organisatorische Eingliederung des Projektes in die Organisationsstruktur des ausführenden Unternehmens. Grundsätzlich wird dabei zwischen drei unterschiedlichen Organisationsformen unterschieden:

- Stabsprojektorganisation,
- Reine Projektorganisation und
- Matrix-Projektorganisation.

Die Unterschiede liegen im Wesentlichen in den Machtbefugnissen der Projektleitung, dem Kommunikationsweg zu den ausführenden Mitarbeitern und der Stärke der

Zuordnung der Mitarbeiter zum Projekt. Die Organisationsformen werden nachfolgend näher erläutert und es wird auf die jeweiligen Vor- und Nachteile eingegangen.

a) Stabsprojektorganisation

In Abb. 2.26 werden die Beziehungen zwischen den einzelnen Akteuren der Staborganisation sowie die Befugnisse des Projektleiters dargestellt. Geht man von einer vereinfacht dargestellten Aufbauorganisation eines Unternehmens aus, sind die einzelnen Fachabteilungen der Geschäftsführung untergeordnet. Die Projektleitung kann als Stabsorganisation direkt der Geschäftsleitung unterstellt sein, oder ist selbst Mitarbeiter einer Fachabteilung. Gerade Letzteres ist eine herausfordernde Konstellation für die Projektleitung, da damit geringere Einflussmöglichkeiten und oft Konflikte mit den Interessen der eigenen Abteilung verbunden sind. Liegen Aufgaben für das Projekt an, so werden diese an die entsprechenden Führungskräfte der Fachabteilung herangetragen, dargestellt mit gestrichelten Linien. Im Anschluss tragen sie für die Umsetzung in ihrem Bereich Sorge. Die Umsetzung hängt folglich von den weiteren Tätigkeiten ab, die in einem Bereich anliegen und über die Prioritäten entscheidet der jeweiligen Führungskräfte. Entsprechend gering sind die Befugnisse der Projektleitung in der Stabsprojektorganisation. Der Projektleiter (häufig nur als Projektkoordinator bezeichnet):

- Koordiniert die Tätigkeiten,
- agiert als Informationszentrum,
- informiert den Bereichsleiter über den Projektstatus,
- soll Abteilungsleiter dazu bringen, ihre Aufgaben zu erledigen,
- hat keine formelle Kompetenz und
- überzeugt durch kommunikative Kompetenz.

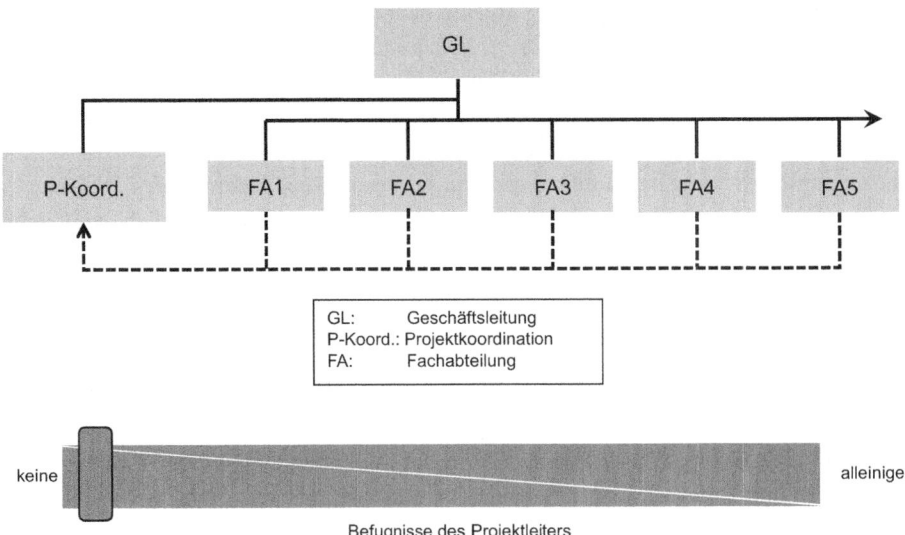

Abb. 2.26 Stabsprojektorganisation

2.2 Projektorganisation

Die Vorteile dieser Organisationsform sind:

- keine Änderung der Basisorganisation,
- Akzeptanz bei den Führungskräften und
- kostengünstig.

Die Nachteile dieser Organisationsform sind:

- keine klare Zuordnung der Gesamtverantwortung, da der Projektkoordinator keine Entscheidungskompetenz hat (keine personifizierte Verantwortung),
- lange Bearbeitungsdauer,
- Schwierigkeit bei Koordination und
- langatmige Entscheidungsfindung.

b) Reine Projektorganisation
Das wesentliche Merkmal einer reinen Projektorganisation (manchmal auch autonome Projektorganisation genannt) ist die hohe Befugnis des Projektleiters. Die Mitarbeiter aus den verschiedenen Fachabteilungen sind dem Projekt für einen bestimmten Zeitraum fest zugeordnet und gehen keinen anderweitigen Tätigkeiten nach. Der Projektleiter hat gegenüber den Teammitgliedern sowohl disziplinarische als auch fachliche Weisungsbefugnis (Abb. 2.27). Die Vorteile dieser Organisationsform sind:

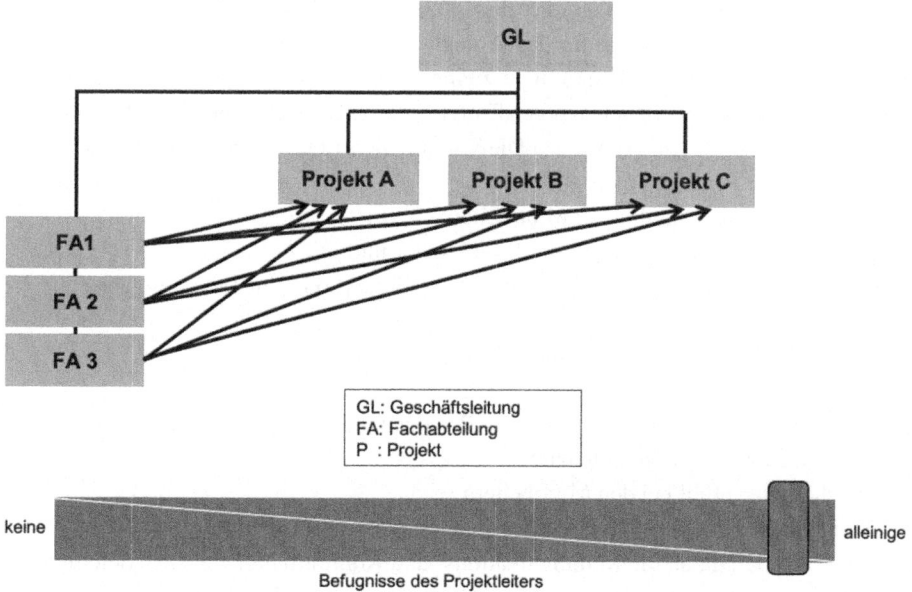

Abb. 2.27 Reine Projektorganisation

- Vermeidung von Autoritätskonflikten dank Machtzentralisierung,
- Mitarbeiter arbeiten ausschließlich für den Projektleiter,
- ermöglicht schnelles (re-)agieren/entscheiden,
- hohe Projektidentifikation,
- relativ einfache Koordination und
- Verantwortung eindeutig beim Projektleiter.

Die Nachteile dieser Organisationsform sind:

- Mitarbeiter werden aus der Grundstruktur herausgelöst,
- Reintegration der Mitarbeiter problematisch,
- auf Grund schwankender Auslastung kostenintensiv und
- Kapazitäten werden oft am Spitzenbedarf ausgerichtet.

c) Matrix-Projektorganisation

Die Organisation eines Projektes in Form einer Matrixstruktur ist in der Praxis aufgrund der Vielfältigkeit der Projekte und einem entsprechend vielfältigen Personalbedarf eine geläufige Methode. Bei dieser Art der Projektorganisation wird hinsichtlich der Zuständigkeiten unterschieden zwischen:

- Linienvorgesetzten, dargestellt durch die vertikalen, gestrichelten Linien und
- Projektleitung, dargestellt durch die horizontalen, gestrichelten Linien.

Dem Linienvorgesetzten obliegt die disziplinarische Weisungsbefugnis, die Projektleitung trägt die Verantwortung für das Projekt. Die Projektmitarbeiter, die in der Matrix dem Projekt zugeordnet sind, sind nicht zwingend permanent zugeteilt, sondern können während der Projektdauer auch anderen Tätigkeiten, z. B. in anderen Projekten oder dem Tagesgeschäft nachgehen (Abb. 2.28).Die Vorteile dieser Organisationsform sind:

- größeres Sicherheitsgefühl bei Mitarbeitern,
- Gesamtprojektverantwortung beim Projektleiter und
- flexible Organisation je nach Arbeitsanfall im Projekt oder im Tagesgeschäft.

Die Nachteile dieser Organisationsform sind:

- Projektmitarbeiter sind gegenüber zwei Personen weisungsgebunden,
- systembedingtes Konfliktpotenzial,
- Unsicherheitsgefühl bei den Mitarbeitern,
- Verantwortlichkeiten sind nicht immer eindeutig geregelt und
- hohe Anforderung an die Kommunikations- und Konfliktfähigkeiten der Beteiligten.

2.2 Projektorganisation

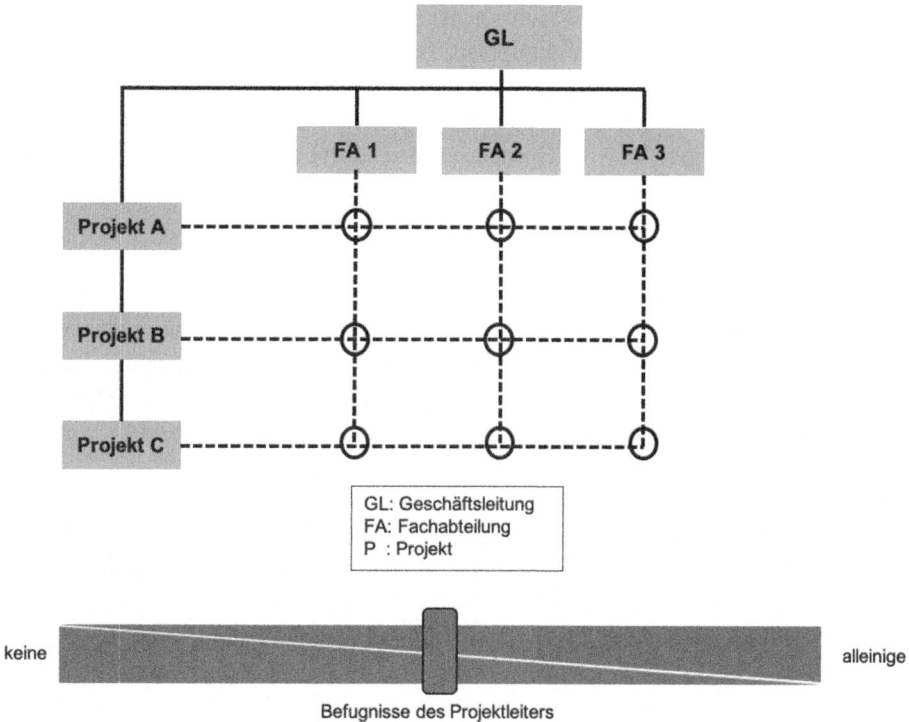

Abb. 2.28 Matrix-Projektorganisation

Den klassischen Herausforderungen beim Etablieren einer Matrixstruktur kann begegnet werden, indem:

- Grad der Kompetenzteilung präzise definiert wird,
- Projektleiter (Teil- oder Vollzeit) eindeutig und schriftlich benannt wird,
- die Projektmitarbeiter (Teil- oder Vollzeit) eindeutig und schriftlich dem Projekt mit dem benötigten Arbeitsaufwand zuordnet werden,
- regelmäßige Kommunikation mit den Vorgesetzten vereinbart und eingehalten wird und
- die Autorität des Projektleiters präzise und schriftlich, z. B. im Projektauftrag, dokumentiert wird.

d) Wahl der Organisationsform

Es gibt nicht die eine „richtige" Variante. Linien- und Projektinteressen und unternehmerische Zielsetzungen müssen abgewogen werden. Generelle Aussagen hierzu sind schwierig. Je größer und bedeutender ein Projekt ist und je länger ein Projekt dauert, desto eher ist die „reine Projektorganisation" empfehlenswert. Je variantenreicher die

Bedürfnisse des Projektes an die Kompetenzen der Projektteammitglieder sind, desto eher wird die Matrixorganisation empfohlen. Hat das Projekt keine sehr hohe Priorität oder ist der Einfluss der hierarchischen Vorgesetzten hoch, wird man eher auf die Stabsprojektorganisation zurückgreifen.

Darüber hinaus gibt es verschiedenen Mischformen von Matrixorganisationsstrukturen, die sich je nach Ausprägung eher der Stabsprojektorganisation oder der reinen Organisationform zuordnen lassen.

Projektinterne Aufbauorganisation
Die projektinterne Aufbauorganisation beschreibt die hierarchische Eingliederung der Projektteilnehmer in das gesamte Projektteam. Weiterhin werden die Rahmenbedingungen, Aufgaben, Kompetenzen und Verantwortlichkeiten festgelegt. Die interne Aufbauorganisation wird beeinflusst von

- den Aufgaben und deren zugewiesenen Mitarbeitern,
- der Beteiligung weiterer Organisationseinheiten und
- den projektbezogenen Gremien, die involviert sind oder aufgebaut werden müssen.

Abb. 2.29 zeigt das Verhältnis der Akteure zueinander. Im Zentrum steht die Projektleitung, die zum einen die Arbeiten für das Projekt im Projektteam koordiniert, auf der anderen Seite dem Auftraggeber/Lenkungsausschuss berichtet und Entscheidungen

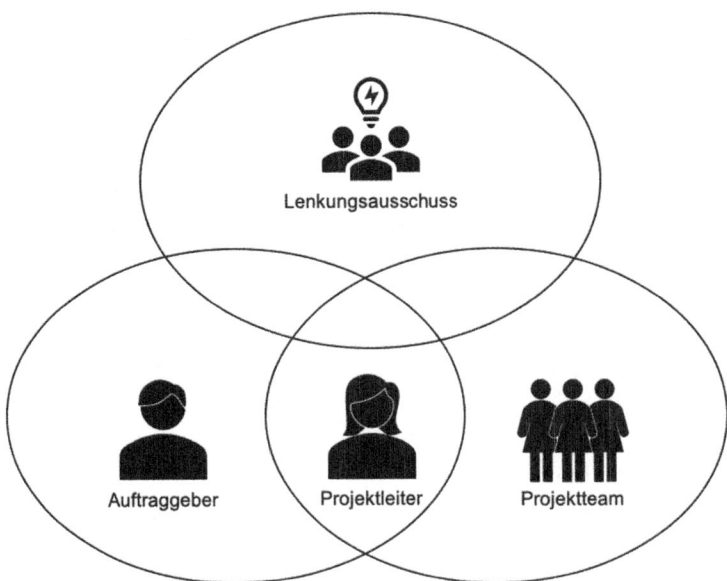

Abb. 2.29 Kernrollen im Projekt

2.2 Projektorganisation

herbeiführt. Je nach Größe des Projektes und je nach Entscheidungsbedarf sind weitere beteiligte Stellen in Entscheidungen einzubinden und in Form eines Lenkungsausschusses zu organisieren. Entsprechend sind die bedeutendsten Rollen in einem Projekt:

- der Lenkungsausschuss/Das Steuerungsgremium,
- der Auftraggeber,
- die Projektleitung und
- das Projektteam.

Lenkungsausschuss
Dieser in der Praxis alternativ als Steuerungsgremium bezeichnete Ausschuss wird für die Dauer des Projektes gebildet. Es ist das höchste beschlussfassende Gremium im Projekt.

Oft existieren in der Praxis beide Gremien, der Lenkungsausschuss und das Steuerungsgremium. In diesem Fall werden diese dahingehend unterschieden, dass es sich um einen Lenkungsausschuss handelt, wenn dieser für ein einzelnes Projekt zuständig ist. Wesentliche Aufgabe des Lenkungsausschusses ist es, gemeinsam mit dem Auftraggeber den ordnungsgemäßen Ablauf des Projektes zu überwachen. Hingegen steuert das übergeordnete, ständige und strategische Steuerungsgremium die gesamte Projektlandschaft in einer Unternehmung. Oft liegt dann das übergeordnete Portfoliomanagement ebenfalls in der Hand des Steuerungsgremiums. Die zentrale Aufgabe des Steuerungsgremiums ist die Auswahl der für das jeweilige Unternehmen passenden Projekte und Programme.

▶ **Lenkungsausschuss/Steuerungsgremium** Existieren sowohl Lenkungsausschuss als auch Steuerungsgremium, sorgt das Steuerungsgremium dafür, dass die richtigen Projekte getan werden, wohingegen der Lenkungsausschuss dafür sorgt, dass das Projekt richtig getan wird.

Die folgende Tabelle stellt die Aufgaben und die Befugnisse von Lenkungsausschuss und Steuerungsgremium tabellarisch gegenüber (Tab. 2.5).

Auftraggeber
Der Auftraggeber ist die Person bzw. Organisation, welche das Projekt beauftragt hat. i. d. R. wird durch ihn auch das für dieses Projekt vorgesehene Budget bereitgestellt und das Ergebnis in Empfang genommen. Der Auftraggeber ist meist der Vorsitzende des Lenkungsausschusses. In Abstimmung mit dem Lenkungsausschuss sind die Aufgaben des Auftraggebers:

- Auswahl des Projektleiters,
- Treffen projektbezogener, strategischer Entscheidungen,
- Wahrnehmung strategischer Controlling-Aufgaben,

Tab. 2.5 Aufgaben und Befugnisse Lenkungsausschuss und Steuerungsgremium

	Lenkungsausschuss	Steuerungsgremium
Aufgaben	Projektleiter ernennen Genehmigung der Projektplanung Unterstützung des Projektleiters Überwachung des Projektfortschritts Berichterstattung gegenüber Unternehmensleitung Abschlussberichte genehmigen Projektleiter entlasten	Notwendige Projekte und Programme identifizieren Projekte und Programme auswählen und genehmigen Unterstützung der Lenkungsausschüsse Überwachung des Fortschritts aller Projekte und Programme im Unternehmen Zuweisung und Freigabe von Projekt- und Programmbudgets Projekte/Programme anhalten, abbrechen und Ende genehmigen
Befugnisse	Entscheidung über Korrekturmaßnahmen Entscheidung über Änderungen der Projektinhalte, -termine, -kosten Entscheidung über Prioritäten von Projektaufgaben	Entscheidung über Wertigkeit von Projekten und Programmen (Priorisierung) und Steuerung der Projektlandschaft auf Basis dieser Entscheidung (Regulierung)

- Freigabe finanzieller Mittel und sonstiger Ressourcen, ggf. nach Absprache mit dem Lenkungsausschuss,
- Durchführung von Projektmarketing,
- Einnehmen der Position des kritischen Hinterfragens und
- wird aktiv, wenn Entscheidungen außerhalb des Kompetenzrahmens der Projektleitung getroffen werden müssen.

Projektleitung
Der Leiter des Projektes ist im Wesentlichen für die Planung und Steuerung des Projektteams zuständig. Daneben zählt insbesondere zu seinen Aufgaben:

- Projektdefinition in der Startphase,
- Gestaltung der Projektorganisation und -kultur,
- Erstellung und Wartung der Projektpläne,
- Management interner und externer Schnittstellen,
- Gestaltung des Projektinformationssystems und der Kommunikation,
- Projektsteuerung,
- Projektdokumentation und
- Projektabschluss.

Die Projektleitung ist für Erfolg und Misserfolg des Projektes verantwortlich und vertritt das Projekt nach außen. Dementsprechend kommt der Rolle des Projektleiters die

2.2 Projektorganisation

Tab. 2.6 Aufgaben und Befugnisse eines Projektleiters

	Projektleiter
Aufgaben	Abstimmung Projektauftrag und -planung mit Lenkungsausschuss Beschaffung geeigneter Ressourcen Koordination, Führung und Motivation des Projektteams Planung, Steuerung und Überwachung der Termine, Kosten und Leistung und Zielerreichung Repräsentation des Projekts nach außen Durchführung des Projektabschlusses
Befugnisse	Mitwirkung bei Bestimmung der Projektziele Mitwirkung bei der Besetzung der Projektrollen Fachliche Weisungsbefugnis Je nach Projektorganisationsform auch disziplinarische Weisungsbefugnis Entscheidungsbefugnis für alle Aufgaben im Projekt Ressourcenzusagen einfordern

wichtigste Bedeutung bei einem Projekt zu und die Besetzung hat entscheidenden Einfluss auf den Erfolg des Projekts. Der Projektleiter ist für die Erreichung der vereinbarten Projektziele verantwortlich und koordiniert die Projektaufgaben und das Projektteam im Rahmen der ihm zugeteilten Entscheidungs- und Weisungsbefugnisse. Tab. 2.6 fasst empfohlene Aufgaben und die entsprechend notwendigen Befugnisse der Projektleitung zusammen.

In folgendem Beispiel wird eine typische Stellenanzeige für eine Projektleitung dargestellt, die auf der einen Seite die Aufgaben und auf der anderen Seite die dazu gehörigen Charakteristika des Profils aufzeigt.

Technischer Projektleiter (m/w/d) gesucht

Aufgabengebiet

- technische Abwicklung von Aufträgen im Bereich Messen und Events
- selbstständige Planung, Organisation und Umsetzung von Technik und Personal bei nationalen und internationalen Projekten
- Einholen von internen und externen Offerten sowie das Erstellen von Kalkulationen
- Projektleitung und Verantwortung für die wirtschaftliche Ausführung von zugewiesenen Projekten inkl. Führung und Motivation des Projektteams
- technische Beratung und Unterstützung der Kundenberater bei der Angebotserstellung
- verantwortlich für die Einhaltung der Sicherheit bei Veranstaltungen

Profil

- hohe Fachkompetenz in der Veranstaltungstechnik und mindestens in einem zusätzlichen Fachgebiet wie Audio, Licht oder Video
- mindestens 3–5 Jahre Berufserfahrung und Praxis im Umgang mit Projektteams
- anerkannte Zertifizierung im Projektmanagement erforderlich
- Ausbildung zum Veranstaltungstechniker von Vorteil
- selbstständig, lösungsorientiert, belastbar, flexibel, teamfähig

Angebot
Wir bieten Ihnen einen anspruchsvollen und vielseitigen Arbeitsbereich, in welchem Sie selbstständig und in einem motivierten und dynamischen Team arbeiten. Sind Sie kunden- sowie lösungsorientiert und Ihnen liegen unregelmäßige Arbeitszeiten im Blut?

Beispielhaft wird in dieser Stellenanzeige ein Projektleiter in der Veranstaltungsbranche gesucht. In obigem Beispiel wird deutlich, dass ein Projektleiter – neben Projektmanagementwissen- technisches Verständnis für die ausgeschriebene Stelle mitbringen sollte. Grundsätzlich lässt sich feststellen, dass neben den Methodenkenntnissen im Projektmanagement, abhängig von der Größe des Projektes, unterschiedlich hohe Anforderungen an die Fachkompetenz und Projektmanagementkompetenz (inkl. Führungskompetenz) der Projektleitung gestellt werden (siehe Abb. 2.30).

Ergänzend werden oft Kompetenzen im Rahmen der Strategieplanung gefordert. Dies soll eine bestmögliche Ausrichtung des Projektes an die übergeordnete Strategie des Unternehmens sowie den entsprechend zielgerichteten Nutzenaufbau des Projektes sicherstellen. Diese drei Elemente, die Projektmanagementmethoden, Führung, strategisches und geschäftliches Management, sind im Talent Triangle von PMI definiert, und wurden zuletzt um die digitalen Kompetenzen erweitert und als zentrale Projektleitungskompetenzen angesehen. Diese sind im Folgenden kurz umrissen [15]:

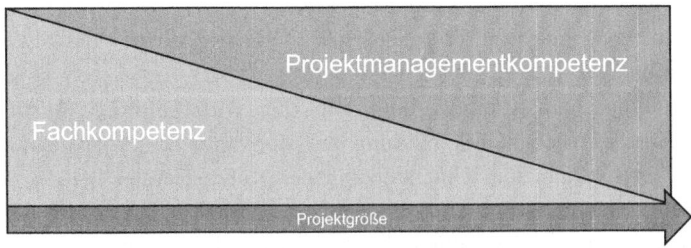

Abb. 2.30 Verhältnis von Fach- und Führungskompetenzen eines Projektleiters zur Projektgröße

2.2 Projektorganisation

- Projektmanagementmethoden: die grundlegenden Kenntnisse, wie ein Projekt zu bearbeiten ist, um erfolgreich zu sein,
- Führung: die Fähigkeit, mit Menschen umgehen zu können, im Projekt zu motivieren und ein Team bilden zu können und
- Strategisches und geschäftliches Management: Branchenwissen und Kenntnisse der Organisation sind insbesondere für das Erreichen und Berücksichtigen der strategischen Ziele der Organisation, in die das Projekt eingebettet ist, von Bedeutung.

Projektteam

Die Zusammensetzung der Mitglieder des Projektes obliegt dem Projektleiter. Um einen erfolgreichen Projektverlauf sicherzustellen, ist es wichtig, eine bedachte Auswahl der Projektteammitglieder durchzuführen. Grundlage für die Auswahl sind die technischen Anforderungen des Projektes. Es ist sicherzustellen, dass durch die Mitglieder sämtliche Kompetenzfelder abgedeckt sind, die das Projekt benötigt. Jedoch ist ebenfalls darauf zu achten, dass die Teamgröße ca. zehn Personen nicht überschreitet, ggf. sind Teilprojekte zu bilden.

Der Projektleiter steht ebenfalls vor der Herausforderung, sich bei der Auswahl der potenziellen Teammitglieder Gedanken über die möglichen Vor- und Nachteile von externen bzw. internen Ressourcen machen. Ein weiterer Aspekt ist das effiziente Miteinander im Team. So hat der Projektleiter bei der Zusammensetzung des Teams darauf zu achten, dass die vier Kompetenzfelder:

- Fachkompetenz,
- Sozialkompetenz,
- Entscheidungskompetenz und
- Anwendungskompetenz

durch die Mitglieder des Projektteams abgedeckt werden. Idealerweise liegt bereits der Projektstrukturplan vor, sodass die benötigten fachlichen Kompetenzen abgeleitet und entsprechende Teammitglieder identifiziert werden können. Zusätzlich ist es erforderlich, sich bereits im Vorfeld einen möglichst umfangreichen Überblick über die potenziellen Mitglieder zu verschaffen und diese jeweils einem der Kompetenzfelder zuzuordnen. In Tab. 2.7 sind die Anforderungen an die einzelnen Personen sowie die Charakterisierung für jedes Kompetenzfeld dargestellt.

AKV-Prinzip

Bei der Delegation von Aufgaben an die Mitglieder in dem Projektteam durch den Projektleiter ist darauf zu achten, dass die Aufgaben, Kompetenzen und Verantwortungen der einzelnen Projektmitglieder aufeinander abgestimmt sind. Das **AKV-Prinzip** ist dabei eine gute Hilfe [10]. AKV steht für:

Tab. 2.7 Die vier Kompetenzformen bei der Teamzusammensetzung

Kompetenzfeld	Anforderungen	Charakter
Fachkompetenz	Fachliches Know-how Berufserfahrung	Experten für die spezifisch fachlichen Problemstellungen im Rahmen des Projektes
Sozialkompetenz	Fähigkeit zum Führen und Folgen Informelle Macht Projektzusammenhang	Mitarbeiter mit Anerkennung Positive Kontakte zu wichtigen Personen
Entscheidungskompetenz	Formelle Macht und Entscheidungsbefugnis Verfügungsmacht über Zeit, Geld, Infrastruktur	Personen, die gewährleisten, dass Projektergebnisse auch umgesetzt werden Offizielle Machthaber im jeweiligen sozialen Umfeld
Anwendungskompetenz	Anwender Nutzer	Zukünftige Anwender und Nutzer müssen in die Projektvorbereitung einbezogen werden

- **A** – Aufgaben
- **K** – Kompetenzen
- **V** – Verantwortungen

Aufgaben

Unter einer Aufgabe versteht man jede Tätigkeit, die in einem mittelbaren oder unmittelbaren zu dem Projekt steht. Üblicherweise finden sich diese im Projektstrukturplan wieder.

Kompetenzen

Mit Kompetenzen sind hier die Weisungsbefugnisse gemeint, mit denen sowohl die einzelnen Projektteammitarbeiter als auch der Projektleiter ausgestattet sind. Diese müssen auf den Aufgabenumfang und die jeweilige Verantwortung abgestimmt sein.

Verantwortung

Die Übernahme von Verantwortung bedeutet, Rechenschaft über das eigene Tun ablegen zu müssen und hinsichtlich des Erfolges und Misserfolges zur Rechenschaft gezogen werden zu können.

So erfordert die Übergabe von zusätzlichen Aufgaben an den Mitarbeiter auch ein zusätzliches Maß an Kompetenz für den Projektmitarbeiter, ansonsten werden ineffiziente organisatorische Rückversicherungen beim Projektleiter notwendig und die Motivation beim Mitarbeiter sinkt. Gleichermaßen kann sich die Übernahme von Verantwortung immer nur auf die durchgeführten Aufgaben und die zugestandenen Kompetenzen beziehen. Während in der Praxis häufig beobachtet wird, dass

2.2 Projektorganisation

ausschließlich Aufgaben delegiert werden, sind viele Motivationstheorien von dem Gedanken getragen, dass die Leitung ihren Mitarbeitern Entscheidungsfreiheiten gewährt und der Mitarbeiter durch diese Freiheiten zusätzliche Motivation zeigt und die Aufgabe ausfüllt. Auch wenn Arbeitssituationen vorstellbar sind, in denen dieses Grundprinzip bewusst außer Kraft gesetzt wird (reduzierte Kompetenz bei einem neu einzuarbeitenden Mitarbeiter) und eine exakte Zuordnung von Aufgaben, Kompetenz und Verantwortung nicht immer vorgenommen werden kann, so sollte das Delegieren seitens des Projektleiters von diesem Kongruenzanspruch der drei Elemente getragen sein.

Durch suboptimale Zuweisung von Aufgaben, Kompetenzen und Verantwortungen an einzelne Projektmitarbeiter haben sich in der Praxis mit dem „Wasserträger", dem „Sündenbock" und dem „Frühstücksdirektor" drei „fiktive Figuren" entwickelt, welche die Folgen der Missachtung des AKV-Prinzips aufzeigen. Diese sind in Abb. 2.31 mit ihren Anteilen bzgl. Aufgaben, Kompetenz und Verantwortung dargestellt. In der obersten Darstellung ist das Ausmaß und das optimale Verhältnis dieser drei Komponenten dargestellt. Darunter erkennt man, dass der „Wasserträger" von zu vielen Aufgaben überwältigt wird, für die ihm zudem die Kompetenz fehlt und auch keine ausreichende Verantwortung übertragen wurde. Genau umgekehrt verhält es sich mit dem

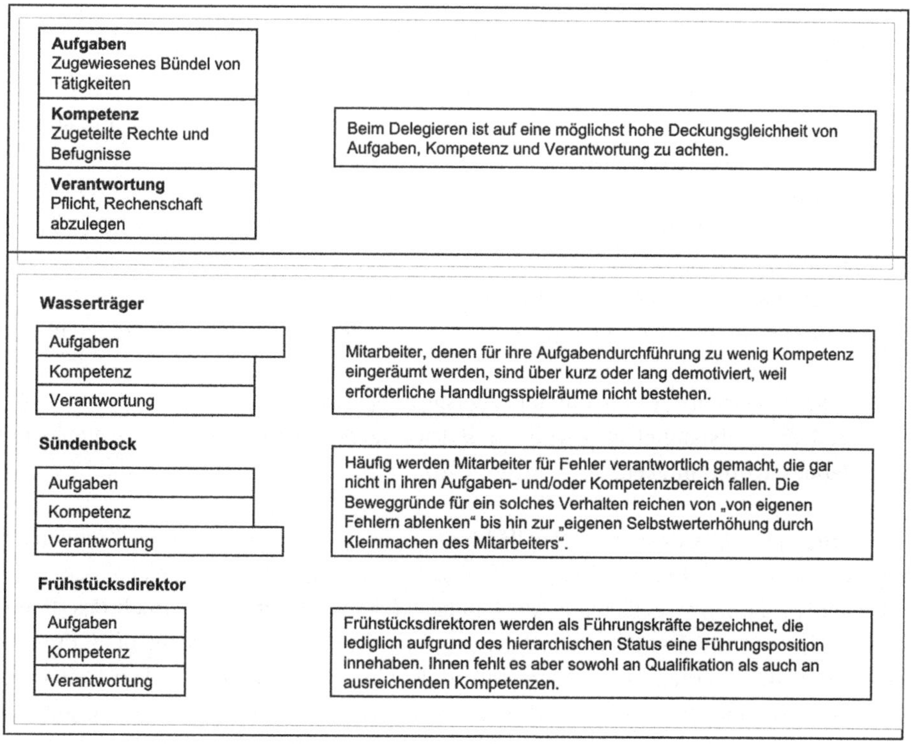

Abb. 2.31 Folgen der Missachtung des AKV-Prinzips

„Sündenbock". Im Fall des „Frühstücksdirektors" ist zwar das Verhältnis ausgeglichen, jedoch sind weder Verantwortung noch Kompetenz ausreichen vorhanden und er erfüllt zu wenig Aufgaben.

Man kann an diesem Beispiel erkennen, dass im Optimalfall alle vier Komponenten im Gleichgewicht stehen. Aufgaben, Kompetenzen, Verantwortlichkeiten und Qualifizierung müssen mindestens ausreichen, um das Projekt erfolgreich zu beenden. So können mit dem AKV-Prinzip sowohl Überversorgungen als auch Unterversorgungen aufgedeckt werden.

Interne Mitarbeiter vs. Externe Berater
Der Leiter des Projektes hat oft die Wahl zwischen internen und externen Mitarbeitern. Insbesondere stehen sich die bei dieser Betrachtungsweise in der Praxis häufig die i. d. R. geringe Einarbeitungszeit von internen Mitarbeitern und der breitere Erfahrungshorizont von externen Mitarbeitern gegenüber.

Die nachfolgenden Auflistungen sollen einen Überblick über die Vorteile von internen bzw. externen Mitarbeitern geben.

- **Vorteile interner Mitarbeiter**
    - Kenntnis des Unternehmens,
    - Einsichten auch in die informelle Organisation,
    - preiswerter, da auf Gehaltsbasis,
    - auch nach Einführung des Projektes noch erreichbar und
    - bei guten persönlichen Beziehungen große Aufgeschlossenheit der Betroffenen.
- **Vorteile externer Mitarbeiter**
    - Ergänzung intern fehlender Kompetenzen,
    - fehlende Betriebsblindheit,
    - breitere Erfahrungsbasis,
    - Objektivität und Neutralität wird bei ihm eher vermutet,
    - Vertrauen in fachliche Qualifikation häufig größer („Der Prophet gilt nichts im eigenen Land"),
    - keine Fixkostenbelastung durch Gehaltsanspruch und
    - größere Unabhängigkeit – will im Betrieb keine Karriere machen – und damit stärkere Kritikfähigkeit.

Zu beachten gilt, dass es sich bei der Wahl zwischen externen und internen Kompetenzträgern nicht um eine Entscheidung auf Ebene des gesamten Projektteams handelt. Vielmehr sind es die zuvor genannten Abwägungen für jede Position innerhalb des Teams durchzuführen. Oftmals obliegt eine derartige Entscheidung auch nicht dem Projektleiter allein. Bei internen Mitarbeitern ist i. d. R. eine Abstimmung mit dem Linienvorgesetzten notwendig, bei externen Mitarbeitern ist der Einkauf einzubeziehen, ggf. die Rechtsabteilung und weitere. Idealerweise erfolgt eine solche Entscheidung daher im Lenkungsausschuss.

2.2 Projektorganisation

Phasen der Teamentwicklung

Nachdem ein Team gebildet wurde, treten die Dynamiken in unterschiedlichen Ausprägungen während des Projektverlaufes in Kraft. Das Projektteam durchläuft verschiedene Phasen, um sich auf die jeweiligen Herausforderungen vorzubereiten und in den einzelnen Phasen angemessen zu handeln.

Die jeweiligen Phasen haben unterschiedliche Ausprägungen von Motivation und Leistungsvermögen bei den Teammitgliedern und entsprechend werden unterschiedliche Anforderungen an die Führung durch die Projektleitung gestellt. In Tab. 2.8 sind die wesentlichen Punkte zusammengefasst.

Tab. 2.8 Tuckman Modell der Teamentwicklung [20]

Phase	Beschreibung	Aufgabe im Team
Forming	Die Anfangsphase eines Teams, dass sich vorher noch nicht kannte, ist geprägt von Schüchternheit und Zurückhaltung. So wirkt das Neue zu Beginn zwar inspirierend und motivierend, die Unsicherheit führt aber zu einer geringeren Leistung	Das Wichtigste in dieser Phase ist jemand, der selbstbewusst den nächsten Schritt moderiert, um den Teammitgliedern die Unsicherheit und Zurückhaltung zu nehmen. Diese Aufgabe kann von jedem Teammitglied zu jeder Zeit wahrgenommen werden
Storming	Die Schüchternheit verfliegt nach einiger Zeit und es gibt erste, möglicherweise unbewusste Grenzüberschreitungen, Kompetenzgerangel und Missverständnisse, die am Ende zu ernsthaften Konflikten führen können	Hilfreich sind gleich zu Beginn aufgestellte Regeln zur Zusammenarbeit, die viele unnötige Konflikte gar nicht erst entstehen lassen. Da niemals alle Konflikte ausgeschlossen werden können, ist darüber hinaus für eine vertrauensvolle, offene Atmosphäre zu sorgen, die bei der frühzeitigen Konfliktlösung hilft
Norming	Die Arbeitsbeziehungen entwickeln sich und das Konfliktniveau sinkt	Kennen die Teammitglieder im Vorfeld die Stärken und Kompetenzen der anderen, wird das die Bildung effizienterer Subteams unterstützen
Performing	Im Idealfall ist das Team im Flow und arbeitet motiviert und effizient	Das Team muss notwendige Formalien im Auge behalten, wie z. B. das Daily (siehe Abschn. 3.6.5), das Ende des Sprints und ähnliches
Adjourning	Das Projekt neigt sich dem Ende zu und damit die Zusammenarbeit in einem sich inzwischen gut verstehenden Team. Die Motivation für die einzelnen kleineren Abschlussarbeiten schwindet	Unterstützend wirken Verabredungen für die Zeit nach dem Projekt und der gemeinsame Blick auf den letzten Erfolg

Ziel der ersten drei Phasen ist es, sie schnell zu durchlaufen und schnell in die effiziente und motivierte Performing-Phase zu kommen. Dreh und Angelpunkt ist die Durchführung des Kickoffs, in dem die Grundlagen für die produktive Zusammenarbeit gelegt werden. Wesentliches Element des Kickoffs ist die Erläuterung der Projekthintergründe:

- Darstellung der Projektstruktur mit Programmzuordnung und Teilprojekten,
- Rollen- und Verantwortungsdefinitionen,
- genaue Kompetenzabgrenzungen und
- Spielregeln für die gemeinsame Zusammenarbeit.

Die Performing-Phase ist die Phase, zu der alles hinstrebt. Leistung und Motivation sind auf dem Höhepunkt und die Arbeit geht allen leicht von der Hand. Das Team funktioniert und die Zusammenarbeit ist produktiv. Alle fühlen sich für den Projekterfolg verantwortlich, sehen ihren Anteil daran und pflegen eine ungezwungene Zusammenarbeit. Dies ist im Grunde die „bequemste" Phase für den Projektleiter, hier läuft alles wie von selbst. Um die Teammitglieder nicht aus dem Tritt zu bringen, sollte der Projektleiter sehen, was das Team braucht und Rahmenbedingungen schaffen, in denen es ungehindert arbeiten kann. Nichtsdestotrotz besteht immer die Gefahr eines „Rückfalls" in eine der anderen Phasen, der Projektleiter muss also auch in dieser Zeit die Augen offenhalten.

Vorbereitend auf die wieder abflauende Produktivität und Motivation in der Adjourning-Phase muss der Projektleiter die Arbeitsergebnisse genau definieren und für die präzise Ausführung sorgen. Im Gegensatz zur vorherigen Phase ist hier mehr Kontrolle des Projektleiters notwendig, um für einen geordneten und vollständigen Projektabschluss zu sorgen. Gleichzeitig soll der Projektleiter die Sorge der Projektmitarbeiter über ihre Zukunft auffangen und sich aktiv um die Rückführung in die Linie kümmern. Dazu gehören auch Rückmeldungen über die Leistung des Mitarbeiters in der Projektarbeit. Dies entlastet und wirkt motivierend.

Kontrollfragen
1. Welche Funktionen übernimmt ein Projektkoordinator in einer Stabsprojektorganisation?
2. Welche Projektorganisationsformen der externen Aufbauorganisation gibt es?
3. Nennen Sie je einen Vorteil der verschiedenen Projektorganisationen?
4. Welche sind die bedeutendsten Rollen in einem Projekt?
5. Was versteht man unter dem AKV-Prinzip?

2.3 Projektplanung

Lernziele

Sie wissen, wofür ein Projektstrukturplan benötigt wird.
Sie können einen Projektstrukturplan nach verschiedenen Aspekten aufbauen.
Sie kennen die Rolle der Arbeitspakete in einem Projektstrukturplan.
Sie kennen die Vorteile der Meilensteine im Rahmen der Terminplanung.
Sie können die gesamte Pufferzeit in Ihren Planungen sinnvoll einsetzen.
Sie kennen die grundlegenden Aufgaben einer Ressourcenplanung.
Sie können unterschiedliche Kostenarten in Ihren Projekten berücksichtigen.
Sie kennen die möglichen Risiken, die bei einer Risikoplanung zu berücksichtige sind.

2.3.1 Definitionsphase und Planungsphase

Definitionsphase

Die Definitionsphase dient der methodischen Konkretisierung der Initialisierungsphase (Abschn. 1.4.1). Während sich in der Initialisierungsphase im Wesentlichen auf die Kunden konzentriert wurde, um ein tieferes Verständnis darüber zu erlangen, welche Probleme gelöst und welche Ziele erreicht werden sollen, werden nun die notwendigen Arbeiten in den Blick genommen.

Im Rahmen der Definitionsphase werden die genauen Vorgehensweisen festgelegt. Dabei ist es wichtig zu prüfen, ob im Umfeld des geplanten Projektes und in Abhängigkeit vom Inhalt des Projektes Anpassungen vorgenommen werden müssen. Diese können durch das Unternehmen selbst, in dem das Projekt umgesetzt wird, vorgegeben sein, oder durch eigene Erfahrung begründet werden. Beispiele sind ein Kommunikationsmanagementplan, Risikomanagementplan etc. Diese Dokumente können einzeln vorliegen, oder in einem Gesamtdokument zusammengefasst werden.

Planungsphase

Ziel der Planungsphase ist die inhaltliche Detaillierung der Initiierungsphase und ist im Ergebnis ein detaillierter Projektplan, der verschiedene Detailpläne enthält (z. B. Aufgabenplanung, Risikoplanung, Aufwandsplanung, Termin- und Meilensteinplanung, Kosten- und Ressourcenplanung).

Im Rahmen der Diskussion über die Aufgaben der Projektleitung wurde bereits deutlich, dass ein Projektleiter nicht zwingend über das für das Projekt notwendige fachliche Wissen verfügt. Dieses Wissen muss durch das Projektteam bereitgestellt werden. Eine erste grobe Aufgabenplanung hilft bei der Identifizierung der benötigten Fähigkeiten.

Im sog. Kick-Off-Meeting wird diese Planung weiter detailliert. Auf der Agenda stehen im Wesentlichen die Inhalte des Projektauftrags, der nochmals gemeinsam abgestimmt und weiter konkretisiert wird. Die detaillierte Planungsarbeit wird dann wiederum in kleineren Teams erfolgen und durch den Projektmanager koordiniert.

Lehrvideos
Welche Themengebiete abgedeckt werden, zeigt das Video Abb. 2.32.

2.3.2 Aufgabenplanung

Ziel der Aufgabenplanung ist die vollständige Identifikation der Arbeiten, die in einem Projekt zu bearbeiten sind. Wesentliche Hilfsmittel sind der Projektstrukturplan zur strukturierten Analyse und die Arbeitspakete zur genauen Definition der Arbeiten. Grundsätzlich wird angestrebt, ein neuartiges Vorhaben so weit zu zergliedern, dass in den Arbeitspaketen am Ende des Detaillierungsprozesses nur bekannte Arbeiten definiert sind.

Projektstrukturplan
Bei der Organisation des Projektinhaltes geht es primär um die Festlegung der einzelnen Arbeitspakete und die Schnittstellen zwischen diesen. Das verwendete Hilfsmittel ist der Projektstrukturplan (PSP). Ein Projektstrukturplan ist die Gliederung der Gesamtaufgabe in plan- und kontrollierbare Teilaufgaben (Arbeitspakete). Als Faustregel für die Zahl von Arbeitspaketen (AP) im Projekt haben sich folgende Größen bewährt (Tab. 2.9):

Eine weitere Faustregel besagt, dass die Größe eines Arbeitspaketes zwischen 40 und 80 Personenstunden liegen soll. Teilweise wird dies explizit in unternehmensweiten Projektmanagementleitfäden gefordert.

▶ **Projektstrukturplan** Laut DIN 69901 ist ein Projektstrukturplan die vollständige und hierarchische Darstellung aller Elemente (Teilprojekte, Arbeitspakete) der Projektstruktur als Diagramm oder Liste. Jedes darin übergeordnete Element muss durch die ihm untergeordneten Elemente jeweils vollständig beschrieben sein. Das kleinste Element des Projektstrukturplans ist das Arbeitspaket.

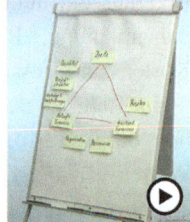

Abb. 2.32 Magisches Dreieck und Inhalte des Projektmanagements (https://doi.org/10.1007/000-0r2)

2.3 Projektplanung

Tab. 2.9 Volumen von Arbeitspaketen

Volumen in Euro	Anzahl Arbeitspakete
100.000 €	ca. 20 AP
1.000.000 €	ca. 60–80 AP
10.000.000 €	ca. 300–500 AP

Der Projektstrukturplan erfüllt eine Vielzahl an Aufgaben in einem Projekt. Nachfolgend werden einige dieser Funktionen aufgezählt:

- systematische Erfassung (durch Zerlegung/Sammlung) aller Projektaufgaben,
- Untergliederung des Projekts bis hin zu plan- und kontrollierbaren Arbeitspaketen,
- Übersichtliche Darstellung des Projektinhalts als Kommunikationsinstrument und
- Definition einer Struktur, die für das gesamte Projekt gilt und Basis für nachfolgende Managementaktivitäten ist: Terminplanung, Aufgabenverteilung, Personal- und Kostenplanung, Sitzungsagenda, Controlling-Checklisten, Archivierung, Ablageordnung etc.

▶ **Projektstrukturplan** Der Projektstrukturplan berücksichtigt ausdrücklich keine zeitliche oder logische Abfolge der Einzelelemente.

Wie der Abb. 2.33 zu entnehmen ist, steigt der Umfang und der Detailierungsgrad des PSP mit jeder Ebene an. Weiterhin ist die Abgrenzung zwischen den Teilaufgaben und der untersten Ebene, den Arbeitspakten zu erkennen. Jede der drei großen Teilaufgaben des Projektes lässt sich in kleinere Teilaufgaben zerlegen, welche sich wiederum in die kleinsten Einheiten, die Arbeitspakete, zerlegen lassen. Die Arbeitspakete sind immer die Elemente im Projektstrukturplan, die nicht weiter untergliedert wurden.

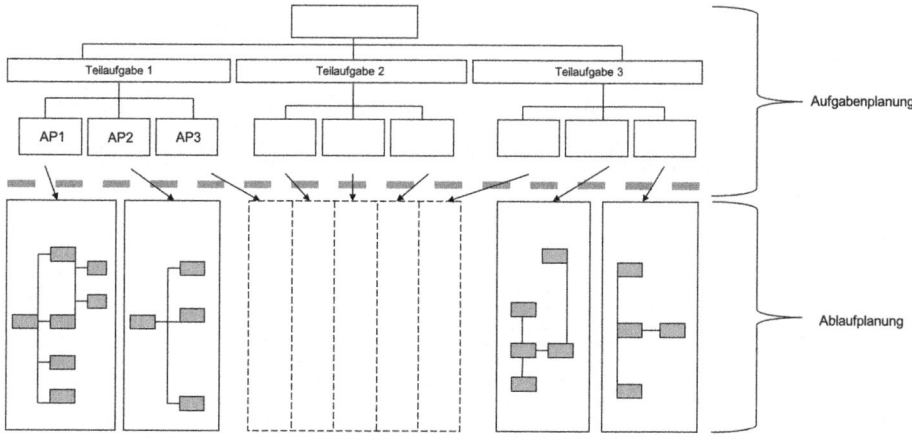

Abb. 2.33 Teilaufgaben in den Projektphasen

In der praktischen Anwendung fällt es oft schwer, die Elemente eines Projektstrukturplans zu identifizieren. Das beginnt mit der Frage, welche Elemente auf der obersten Ebene angesiedelt sind, bis hin zur Überlegung, welcher Teilaufgabe ein Element zuzuordnen ist, oder ob das Element selbst schon eine Teilaufgabe ist. Orientierung kann dazu eine Zergliederung des Projektstrukturplanes nach den Gesichtspunkten

- Objektorientierung,
- Funktionsorientierung,
- Phasenorientierung oder
- als Mischform

geben.

Die nachfolgenden Beispiele geben einen Überblick darüber, wie sich die Darstellungsformen unterscheiden. Häufig ist es abhängig vom Projekt, welche dieser Formen sinnvoll ist.

In Abb. 2.34 liegt ein objektorientierter Projektstrukturplan vor, alle Elemente des Projektstrukturplanes sind ein Objekt, welches fertiggestellt werden soll und jedes Objekt ist in weitere Objekte unterteilt.

Diese Darstellungsweise empfiehlt sich, wenn im Rahmen des Projektes ein Produkt hergestellt werden soll, das aus mehreren identifizierbaren Komponenten besteht, beispielsweise ein Auto, das in Motor, Karosserie, etc. aufgeteilt werden kann, oder wie hier ein Gebäude, welches in weitere Teilbereiche untergliedert werden kann.

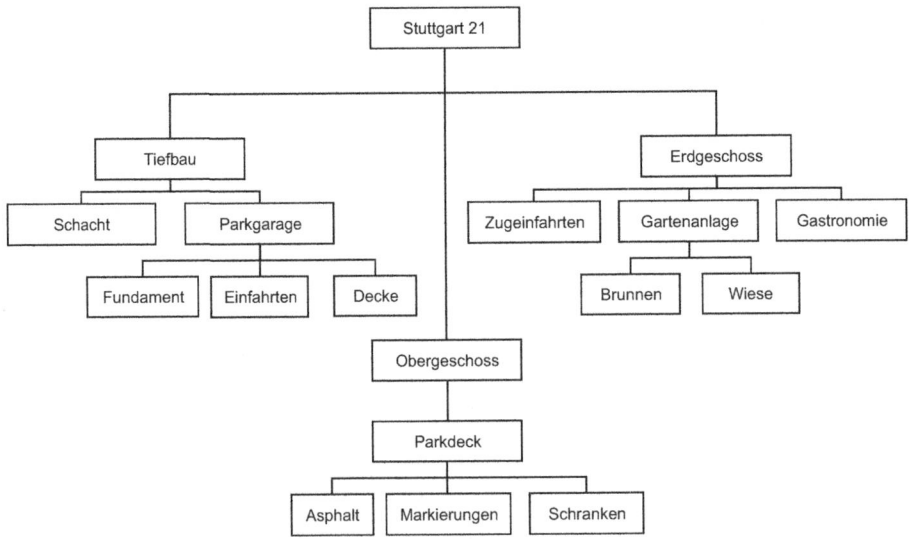

Abb. 2.34 Objektorientierter Projektstrukturplan

2.3 Projektplanung

Die in Abb. 2.35 dargestellte mischformartige Projektstruktur wird vor allem verwendet, wenn die beteiligten Funktionen oder Abteilungen feststehen und deren Aufgaben gebündelt im Projektstrukturplan dargestellt werden sollen. So können diese Teilbereiche des Projektes -je nach Größe- als Teilprojekte in die Verantwortung einer bestimmten Abteilung gegeben werden, oder an spezialisierte Lieferanten.

Auch hier werden die Funktionen weiter detailliert und in kleinere Arbeitspakete zerlegt. Im Beispiel ist die erste Zerlegung funktionsorientiert und die weitere Ebene objektorientiert, es liegt also eine Mischform vor.

Eine Orientierung an zeitlich hintereinander folgenden Abschnitten, den Phasen, führt zu einem phasenorientierten Projektstrukturplan (siehe Abb. 2.36).

Aufgrund der zumeist ähnlichen Projektthemen sind die Projektphasen in großen Unternehmen oft vorgegeben. Die Zerlegung erfolgt nach einem groben zeitlichen Verlauf des Projektes. In Abb. 2.36 erkennt man zunächst die Zerlegung nach der DIN

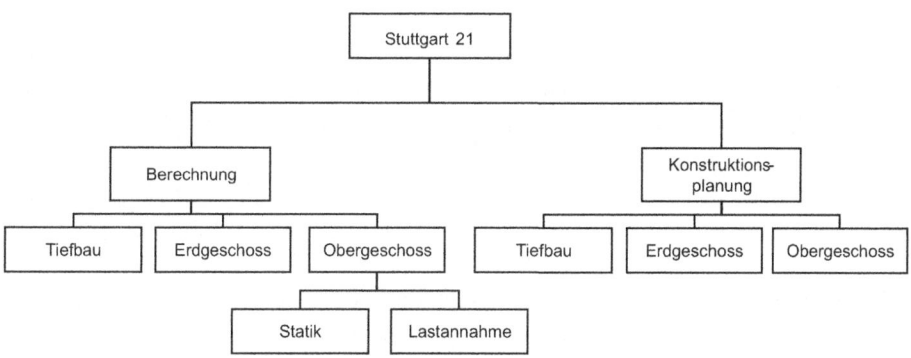

Abb. 2.35 Mischformartiger Strukturplan

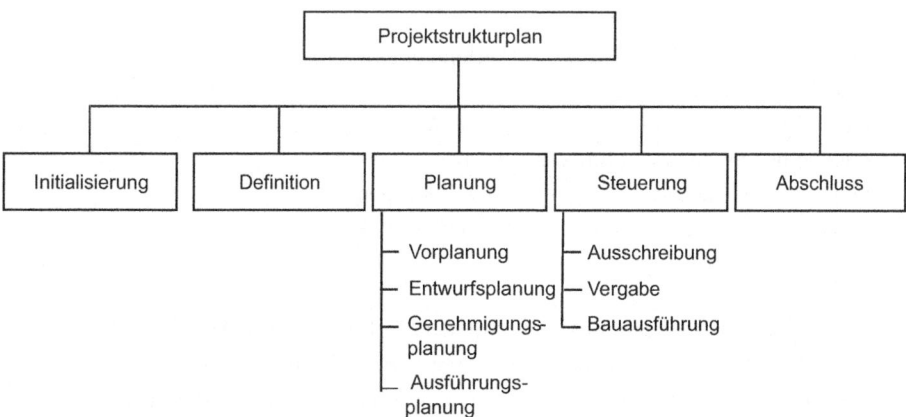

Abb. 2.36 Phasenorientierter Projektstrukturplan

69901-2 in der ersten Ebene, die weitere Zerlegung erfolgt gemäß der Honorarordnung für Architekten und Ingenieure (HOAI). Auch hier sind existierende Standards genutzt worden, um eine erste Orientierung bei der Zerlegung des Projektstrukturplanes zu haben.

Die phasenorientierte Detaillierung ist gut geeignet, um das im Lauf des Projektes wachsende Wissen in die Planung einfließen zu lassen. So können die ersten Phasen sehr detailliert geplant werden, während die späteren Phasen erst im Projektablauf weiterentwickelt werden. Man spricht in diesem Fall von rollierender Planung, d. h. eine schrittweise Verfeinerung der Phasen.

Arbeitspakete
Die unterste Gliederungsebene des PSP bilden die Arbeitspakete (AP). Sie geben an, welche Aktivitäten auszuführen und welche Ergebnisse zu erzielen sind. Ein Arbeitspaket

- sollte einen Umfang von 40–80 Personenstunden haben und
- möglichst vollständig von einer Organisationseinheit, einer Arbeitsgruppe oder einem Einzelnen ausgeführt und einem Arbeitspaketverantwortlichen geleitet werden, um eine eindeutige Verantwortungszuordnung zu erreichen.

Dem Arbeitspaketverantwortlichen muss ausreichender Handlungsspielraum zugestanden werden, damit Aktivitäten eigenverantwortlich durchgeführt werden können.

▶ **Arbeitspaket** Definition nach DIN 69901: Ein Arbeitspaket ist Teil des Projektes, das im Projektstrukturplan nicht weiter aufgegliedert ist und auf einer beliebigen Gliederungsebene liegen kann.

Ein Arbeitspaket

- enthält als einziges Projektstrukturplanelement eine Leistung,
- schließt mit einem Ergebnis ab,
- kann auf allen Gliederungsebenen liegen,
- hat einen beherrschbaren und kontrollierbaren Umfang,
- ist einer Organisationseinheit eindeutig zuzuordnen,
- besitzt einen definierten Arbeitspaketverantwortlichen und
- ist eindeutig identifizierbar.

▶ **Zerlegung von Arbeitspaketen** Mit der Zerlegung eines Arbeitspaketes in weitere Arbeitspakete wandert die gesamte Arbeit in die neuen Arbeitspakete, das ursprüngliche Arbeitspaket verliert damit seinen Status als Arbeitspaket und enthält keine Arbeiten mehr.

2.3 Projektplanung

Im PSP werden die AP nur stichwortartig bzw. numerisch aufgenommen. Die exakten Beschreibungen erfolgen in den sogenannten „Arbeitspaketbeschreibungen". Darin sind sowohl Angaben zur Identifizierung der Pakete als auch zum Inhalt festzuhalten.

- Angaben zur Identifizierung:
  - Projektnummer und -name,
  - Nummer bzw. Bezeichnung im PSP und
  - Arbeitspaketverantwortlicher.
- Angaben zum Inhalt:
  - Leistungsumfang,
  - Vorleistungen,
  - Ergebnisse und
  - Aufgaben.

▶ **Aufgabe von Arbeitspaketen** Arbeitspakete werden erst im letzten Schritt der Aufgabenplanung gebildet und stellen die Ausgangsbasis für die Erstellung eines Netzplanes, einer Aufwandsschätzung und Ressourcenplanung dar.

Entwicklung des Projektstrukturplanes
Bei der Entwicklung des PSP werden drei unterschiedliche Vorgehensweisen unterschieden:

- Top-Down-Verfahren,
- Bottom-Up-Verfahren und
- Gegenstromverfahren.

Top-Down-Verfahren
Beim **Top-Down-Verfahren** stellt das Gesamtprojekt die erste Ebene dar. Diese wird in Teilprojekte aufgegliedert und jedes einzelne Teilprojekt weiter heruntergebrochen. Dieser Prozess wird so lange fortgeführt, bis auf der untersten Ebene plan- und kontrollierbare Arbeitspakete vorliegen.

Bottom-Up-Verfahren
Beim **Bottom-Up-Verfahren** werden zunächst mittels eines Brainstormings sämtliche mit dem Projekt verbundene Teilaufgaben auf beliebigen Aggregationsebenen aufgelistet. Diese Teilaufgaben werden anschließend gruppiert und mögliche hierarchische Beziehungen identifiziert. Die auf diese Weise entstandene Baumstruktur kann anschließend um ggf. beim Brainstorming nicht berücksichtigte Aufgaben ergänzt werden, etwaige Redundanzen werden aufgelöst.

Gegenstromverfahren

In der Praxis verläuft die Bildung des PSP meist in Form eines **Gegenstromverfahrens**. Dabei handelt es sich um eine Kombination der beiden zuvor genannten Vorgehensweisen. Ist das Projektthema bei den Projektbeteiligten bereits bekannt, wird oftmals Bottom-Up gestartet und die Aufgaben, die bearbeitet werden müssen, werden aufgelistet und strukturiert. Ein Abgleich mit dem Projektauftrag fördert Top-Down ggf. weitere Bestandteile des Projektes zu Tage. Ist das Thema für die Beteiligten neu, wird oft Top-Down gestartet, um schrittweise das Verständnis des Projektes zu vertiefen. Sobald eine Ebene mit bekannteren Inhalten angelangt wurde, werden oft weitere Aufgaben identifiziert, die sich in die bisherige Projektstruktur ggf. nicht eingliedern lassen und entsprechend Bottom-Up eingefügt werden. Die abschließende Prüfung auf Umsetzbarkeit und Vollständigkeit kann sowohl Bottom-Up als auch Top-Down zu weiteren Aufgaben führen.

Die nachfolgende Gegenüberstellung soll einen Überblick über die jeweiligen Vor- und Nachteile geben, die mit den jeweiligen Verfahren verbunden sind. Das Gegenstromverfahren ist hier bewusst außen vor, da es die Vorteile der beiden anderen Verfahren vereint. Nur in den seltensten Fällen ist daher ausschließlich das Top-Down- bzw. das Bottom-Up-Verfahren zu empfehlen (Tab. 2.10).

Aus der Erkenntnis, dass keines der beiden Verfahren (Top-Down/Bottom-Up) optimal ist, wurde das Gegenstrom-Verfahren entwickelt, um die Vorteile der beiden genannten Verfahren zu nutzen.

> **Einführung neuer Produkte**

Ein typisches Projektziel, das in diesem „Gegenstromverfahren" geplant wird, ist die Einführung neuer Produkte:

1. Das Oberziel „Produkt bis zum 31.12. einzuführen", wird von der Geschäftsleitung der Projektleitung vorgegeben.
2. Von der Projektleitung wird ein erster, grober Top-Down-Entwurf des Projektstrukturplanes erstellt und auf Basis der identifizierten notwendigen Kompetenzen den Abteilungen Forschung und Entwicklung, Produktion, Marketing/Vertrieb,

Tab. 2.10 Gegenüberstellung Top-Down und Bottom-Up Verfahren [9]

	Vorteile	Nachteile
Top-Down	Widerspruchsfrei Berücksichtigung weitreichender, zukunftsträchtiger Aspekte	Geringe Motivation der Mitarbeiter Vernachlässigung des Wissens der Mitarbeiter, u. U. mangelnde Realitätsnähe
Bottom-Up	Berücksichtigung des Wissens der Mitarbeiter, durch Realitätsnähe Hohe Motivation der Mitarbeiter	Zentrifugale Kräfte (auseinanderstrebende Meinungen) Teilweise geringes Anspruchsniveau Vergangenheitsorientiert

2.3 Projektplanung

Rechtsabteilung weitergegeben mit der Bitte, die einzelnen Teilprojekte weiter in Form eines Projektstrukturplanes zu entwickeln.
3. Die Fachexperten werden dies voraussichtlich Bottom-Up umsetzen und ggf. weitere Vor- oder Nacharbeiten identifizieren, die ggf. zu weiteren Teilprojekten führen. ◄

Lehrvideos
Eine Vertiefung und Erläuterung zum Projektstrukturplan finden Sie in den Videos Abb. 2.37, 2.38, 2.39 und 2.40 des Videokurses.

Abb. 2.37 Einführung in die Projektstrukturplanung (https://doi.org/10.1007/000-0r3)

Abb. 2.38 Nutzen des Projektstrukturplanes (https://doi.org/10.1007/000-0r4)

Abb. 2.39 Entwicklung des Projektstrukturplanes (https://doi.org/10.1007/000-0r5)

Abb. 2.40 Inhalte der Arbeitspaketbeschreibungen (https://doi.org/10.1007/000-0r6)

2.3.3 Ablauf- und Terminplanung

Die Terminplanung fußt auf der Ablaufplanung und ist ein zentrales Element innerhalb der Planungsphase. Durch die Einbeziehung der zeitlichen Komponente in den Planungsprozess soll insbesondere:

- eine frühzeitige Koordination ermöglicht,
- eine vorläufige Projektdauer ermittelt,
- die Projektlaufzeit optimiert und
- den Projektbeteiligten verbindliche Vorgaben

gegeben werden können.

Die finale Terminplanung baut auf der Ablaufplanung auf und ergänzt diese um die Termine. Damit kann eine geplante Projektdauer ermittelt werden. Darüber hinaus kann die Ablauf- und Terminplanung durch alternative Planungen weiter optimiert und dadurch letztendlich die Gesamtprojektdauer weiterverkürzt werden.

> **Hochhausbau in China**
>
> Was eine optimale Terminplanung alles möglich macht beweist der Bau eines Hochhauses in China. Der Bau des Gebäudes mit 57 Stockwerken wurde nach nur 19 Tagen abgeschlossen. Unter dem QR-Code Abb. 2.41 finden Sie ein Video mit weiteren Informationen zum diesem rekordverdächtigen Bau. ◄

Im Einzelnen sind die Schritte:

1. Identifikation und Definition der Meilensteine
2. Ablaufplanung
3. Bestimmung der Dauer für die einzelnen AP
4. Ermittlung der zentralen Termine und des kritischen Weges

Schritt 1: Identifikation und Definition der Meilensteine
Meilensteine markieren den Beginn einer Projektphase, die Phasenfreigabe, oder das Ende einer Phase, den Phasenabschluss. Auch innerhalb einer Projektphase können Meilensteine liegen. Diese werden bei Ereignissen mit hoher Wichtigkeit genutzt.

Abb. 2.41 Hochhausbau in China

2.3 Projektplanung

Ereignisse mit einer hohen Wichtigkeit sind etwa vorhanden, wenn es sich zu diesem Zeitpunkt um:

- Zwischenergebnisse,
- Überprüfungen,
- wichtige Bestellungen
- wichtige Entscheidungen oder
- Phasenübergänge

handelt.
Die Meilensteine erfüllen innerhalb eines Projekts unterschiedliche Aufgaben:

- Instrument zur Messung des Projektfortschritts,
- Dokumentation von Zwischenergebnissen,
- Kommunikationsinstrument zwischen Projektauftraggeber, Projektleiter und Projektteam,
- Strukturierung des Arbeitsablaufes und
- (Abrechnung des Projektes).

Im Rahmen der Terminplanung eignen sich die Meilensteine besonders, um den groben Ablauf des Projektes zu strukturieren, was die Übersichtlichkeit im Zuge der Netzplanentwicklung wesentlich erhöht. Zu diesem Zweck werden sie in eine sinnvolle, ggf. vorläufige Reihenfolge gebracht.

Daneben eignen sie sich im weiteren Verlauf des Projekts, um den Fortschritt zu messen. Da sie im Rahmen der Terminplanung an strategisch wichtigen Punkten platziert werden, kann durch deren Erreichungsgrad auch darauf geschlossen werden, ob der zuvor erstellte Zeitplan eingehalten werden kann oder ggf. Anpassungen erforderlich sind.

▶ **Dauer eines Meilensteins** Die Dauer eines Meilensteins innerhalb eines Terminplans beträgt stets 0.

Lehrvideos
Eine Vertiefung und Erläuterung zu Meilensteinen finden Sie in den Abb. 2.42, 2.43, 2.44 und 2.45 des Videokurses.

Abb. 2.42 Einführung Meilensteinplanung (https://doi.org/10.1007/000-0r7)

Abb. 2.43 Meilensteine und Gates (https://doi.org/10.1007/000-0r8)

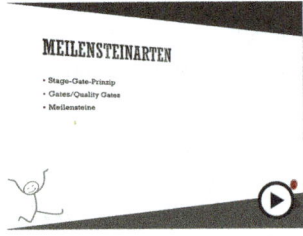

Abb. 2.44 Phasenunabhängige Meilensteine (https://doi.org/10.1007/000-0r9)

Abb. 2.45 Phasenplanung in MS Project (https://doi.org/10.1007/000-0ra)

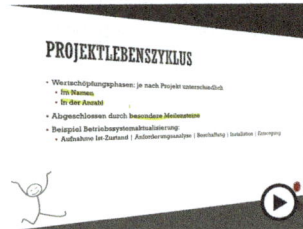

Schritt 2: Ablaufplanung
Die Ablaufplanung wird mithilfe der Netzplantechnik realisiert.

▶ **Ablaufplan** Der Ablaufplan ist laut DIN 69901 eine Übersicht über den geplanten sachlichen, unter Umständen auch zeitlichen Ablauf des Projektgeschehens, orientiert am Projektziel, den Realisierungsbedingungen und den geplanten Ergebnissen.

a) Netzplantechnik

▶ **Netzplan** Nach DIN 69900 Teil 1 ist der Netzplan die grafische oder tabellarische Darstellung von Abläufen und deren Abhängigkeiten.

In der Vergangenheit existierten drei unterschiedliche Arten von Netzplänen, von denen sich der Vorgangsknotennetzplan (VKN) letztlich durchgesetzt hat.

Beim VKN stellen die Knoten die Vorgänge des Projektes dar. Es werden Vorgangsbezeichnung, Vorgangsnummer und Vorgangsdauer in die Knoten eingetragen. Die Verbindungspfeile repräsentieren die Anordnungsbeziehungen, die sachlogischen (technologischen) Abhängigkeiten zwischen dem End- und Anfangsereignis des bedingten Vorgangs (Vorgänger) und dem Anfangs- oder Endereignis des bedingten Vorgangs (Nachfolger) beschreiben. In Anbetracht der mannigfaltigen Vorteile sowie der am Markt verfügbaren EDV-Software werden im Projektmanagement heute praktisch ausschließlich Vorgangsknotennetze verwendet.

Für die Erstellung eines Netzplans sind die einzelnen Arbeitspakete zunächst in Vorgänge aufzulösen und die sogenannten Anordnungsbeziehungen herzustellen.

▶ **Anordnungsbeziehungen** Anordnungsbeziehungen geben laut DIN 69900 die quantifizierbare Abhängigkeit zwischen Ereignissen oder Vorgängen an.

Die zu berücksichtigenden Ereignisse eines Projektes werden in der Netzplantechnik als Meilensteine dargestellt.

Die Erstellung eines Netzplans verläuft in insgesamt zwei Schritten. Grundlage für den Netzplan sind die Meilensteine sowie der Projektstrukturplan und dessen Arbeitspakete. Letztere werden meist in Vorgänge untergliedert, um diese Tätigkeiten jeweils einzeln terminieren zu können. Die im Netzplan aufgeführten Elemente werden einheitlich als Vorgänge bezeichnet.

Konkret ist bei der Erstellung wie folgt vorzugehen:

1. grobe Zuordnung der Vorgänge zu den Meilensteinen
2. Ermittlung der jeweiligen Vorgänger und Nachfolger

b) Grobe Zuordnung der Vorgänge zu den Meilensteinen

Die einzelnen Vorgänge werden den definierten Meilensteinen zugeordnet. Dies kann gemäß den folgenden Fragestellungen geschehen:

- Muss der Vorgang abgeschlossen sein, wenn der Meilenstein erreicht wird?
- Kann der Vorgang erst nach Erreichung des Meilensteines bearbeitet werden?

Beide Fragen können durchaus gleichzeitig für einen Vorgang beantwortet werden, damit ist bekannt, zwischen welchen Meilensteinen ein Vorgang bearbeitet werden muss oder es wird festgestellt, dass ein Vorgang mehrfach oder in Teilschritten umgesetzt werden muss. Letzteres macht eine weitere Aufteilung des Vorganges notwendig. So entsteht bereits eine grobe Ablaufplanung der Vorgänge, die für eine weitere Präzisierung untereinander in eine sinnvolle Reihenfolge gebracht werden müssen.

c) Ermittlung der jeweiligen Vorgänger und Nachfolger
Im nächsten Schritt werden die Vorgänge zwischen den Meilensteinen auf Abhängigkeiten untereinander untersucht und aufgebaut. Zur formalen Kontrolle, ob die Logik korrekt abgebildet wurde, kann der folgende Merksatz herangezogen werden.

Die verwendeten Anordnungsbeziehungen zwischen den Vorgängen gilt es genauer zu bestimmen. Es gibt verschiedene Abhängigkeiten zwischen zwei Tätigkeiten. Die in der Realität am häufigsten vorkommenden Abhängigkeitsbeziehungen sind:

Ende-Anfang-Beziehung
Der Anfangstermin des Nachfolgers ist abhängig vom Endtermin des Vorgängers. Typisches Beispiel aus dem Umzugsleben: Erst wird die alte Tapete abgerissen, dann tapeziert.

Seltene, aber durchaus vorkommende Beziehungen sind die Ende-Ende- oder Anfang-Anfang Beziehungen. Diese bedeuten allerdings nicht, dass zwei Vorgänge gleichzeitig zu Ende sein oder anfangen müssen:

Anfang-Anfang-Beziehung
Der Anfangstermin des Nachfolgers ist hier abhängig vom Anfangstermin des Vorgängers. Ein Beispiel aus dem Fernsehen: Die beiden Vorgänge „Formel 1-Rennen durchführen" und „Live-Übertragung senden" sind insofern voneinander abhängig, dass der Start der Live-Übertragung vom Start des Rennens abhängt. An diesem Beispiel wird ebenfalls deutlich, dass es nicht zwangsläufig um Gleichzeitigkeit geht, denn oftmals wird bereits vor dem Start des Rennens die Liveberichterstattung begonnen. Allerdings verschiebt sich die Liveberichterstattung mit dem Zeitpunkt des Rennens, das angesichts von Zeitzonenunterschieden auch am frühen Morgen oder späten Abend stattfinden kann.

Ende-Ende-Beziehung
Der Endtermin des Nachfolgers ist abhängig vom Endtermin des Vorgängers. Auch hier gibt es ein typisches Beispiel aus dem täglichen Leben: Gänsebraten zuzubereiten dauert erheblich länger, als das Kochen der Kartoffeln, üblicherweise richtet sich die Fertigstellung (das Ende) der Kartoffeln also nach dem Ende des Gänsebratens.

Anfang-Ende-Beziehung
Der Endtermin des Nachfolgers ist abhängig vom Anfangstermin des Vorgängers. Diese Situation liegt beispielsweise bei Wachablösungen vor: der erste Wachmann darf seinen

2.3 Projektplanung

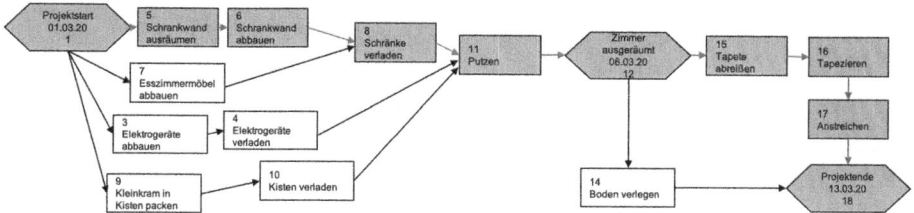

Abb. 2.46 Beispiel eines Netzplanes

Dienst beenden, wenn sein Nachfolger seinen Dienst angetreten/angefangen hat. Eine Beziehung, die so gut wie nie vorkommt, aber der Vollständigkeit halber erwähnt werden sollte.

Jede dieser grundlegenden Beziehungen kann durch Zeitabstände variiert werden, die positiv oder negativ sein können. Ein positiver Zeitabstand drückt eine Wartezeit aus, die mindestens eingehalten werden muss. Beispielsweise kann der Boden erst einige Wochen nach dem Ausbringen des Estrichs gefliest werden.

Ein negativer Zeitabstand bedeutet, dass eine Tätigkeit schon anfangen kann, obwohl die Voraussetzungen vom Vorgänger noch nicht erfüllt sind. Dies ist beispielsweise der Fall bei der Livesendung des Formel1-Rennens. Diese startet vor dem eigentlichen Rennstart, der aber bestimmend für die Livesendung ist (Abb. 2.46).

Die Netzplantechnik vereint die nachfolgenden Vorteile:

- Die übersichtliche Darstellungsweise ermöglicht eine zweifelsfreie Verständigung aller Beteiligen.
- Der Netzplan liefert in der Planungs- und Steuerungsphase des Projektes einen raschen, allgemein verständlichen Überblick und lässt Engpässe und mögliche Störungsquellen frühzeitig erkennen.
- In der Planungsphase eines Projektes besteht die Notwendigkeit, Aufgaben klar zu gliedern und ihre gegenseitigen Abhängigkeiten eindeutig darstellen zu müssen.

Schritt 3: Bestimmung der Dauer für die einzelnen Arbeitspakete
Engpässe und Störungsquellen können noch genauer identifiziert werden, wenn die Dauer der einzelnen Arbeitspakete bekannt und eingeplant sind. Dazu wird zunächst die Vorgangsliste um eine Spalte erweitert und die jeweils prognostizierte Dauer für jedes Arbeitspaket vermerkt, wie in Tab. 2.11 dargestellt. Die Dauer hängt darüber hinaus auch von den verwendeten Ressourcen, sowie deren Menge und Qualität ab. Die wird im Rahmen der Ressourcenplanung weiter vertieft (siehe Abschn. 2.3.4).

Schritt 4: Ermittlung der zentralen Termine und des kritischen Weges
Die in der Ablaufplanung identifizierten Abhängigkeiten und die Dauern der einzelnen Vorgänge sind die Grundlage für die Ermittlung des kritischen Weges und der

Tab. 2.11 Vorgangsablaufplan mit Abschätzung der Dauer

Vorgang Nr.	Vorgang	Vorgänger	Nachfolger	Dauer (Tage)
7-01	Kick Off Meeting durchführen	6-XX	02	0
7-02	Dokumenten-analyse durchführen	01	03/04	2
7-03	Modellierungs-methode festlegen	02	05	5
7-04	Prozess-metamodell entwickeln	02	05	7
7-05	Fachkonzept modellieren	03/04	06	1
7-06	Detailmodell ableiten	05	07/08	2
7-07	Workflowmodell modellieren	06	10	2
7-08	Workflow testen	06	09	4
7-09	Workflow implementieren	08	10	2
7-10	Workflow nach Frist kontrollieren	07/09	8-XX	1

Pufferzeiten. Es hat sich folgende Notation für die Bezeichnung der Elemente eines Vorganges eingebürgert. Die Ermittlung der einzelnen Elemente wird im weiteren Verlauf genauer beschrieben (Abb. 2.47).

Mithilfe der Dauer der einzelnen Vorgänge und damit auch der AP kann der Netzplan terminiert werden. Hinsichtlich der Notation wird in der Praxis eine in weiten Teilen standardisierte Vorgehensweise verfolgt.

Zur Ermittlung des kritischen Weges, wird zunächst:

- eine **Vorwärtsterminierung** und im Anschluss
- die **Rückwärtsterminierung**

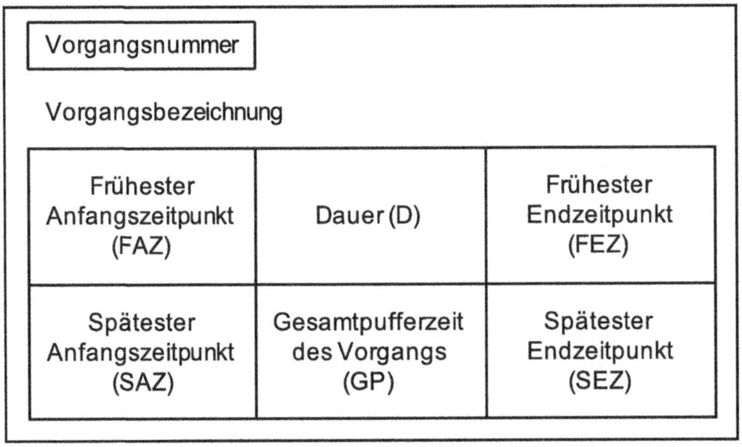

Vorgangsnummer		
Vorgangsbezeichnung		
Frühester Anfangszeitpunkt (FAZ)	Dauer (D)	Frühester Endzeitpunkt (FEZ)
Spätester Anfangszeitpunkt (SAZ)	Gesamtpufferzeit des Vorgangs (GP)	Spätester Endzeitpunkt (SEZ)

Abb. 2.47 Vorgangsbezeichnungen

2.3 Projektplanung

durchgeführt.

Bei der **Vorwärtsterminierung** werden die frühesten Zeitpunkte (Frühester Anfangszeitpunk, FAZ und Frühester Endzeitpunkt, FEZ) eines Vorgangs mithilfe der Dauer D ermittelt.

1. Der Startknoten erhält den Frühesten Anfangszeitpunkt „0", dies wird in das linke, obere Feld eingetragen.
2. Zum Frühesten Anfangszeitpunkt wird die Dauer addiert. So erhält man den Frühesten Endzeitpunkt, dies wird in das rechte, obere Feld eingetragen:

$$\text{FEZ} = \text{FAZ} + D. \tag{2.1}$$

3. Der Nachfolger, für deren Vorgänger bereits alle Frühesten Endzeitpunkte berechnet wurden, wird gesucht.
4. Für diesen Nachfolger wird als Frühester Anfangszeitpunkt der Endzeitpunkt desjenigen Vorgängers übernommen, der den spätesten Frühesten Endzeitpunkt hat:

$$\text{FAZ}(n) = \max. (\text{FEZ}(v)). \tag{2.2}$$

Dieser wird als frühesten Anfangszeitpunkt in das linke, obere Feld eingetragen.
5. Die Schritte 3–4 werden für alle Nachfolger wiederholt.

Legende:

- FAZ: Frühester Anfangszeitpunk
- FEZ: Frühester Endzeitpunkt
- D: Dauer
- n: Nachfolger
- v: Vorgänger (Abb. 2.48)

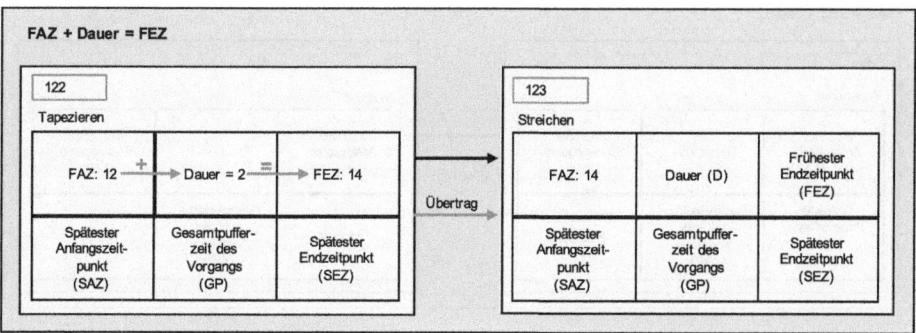

Abb. 2.48 Vorwärtsterminierung

Bei der **Rückwärtsterminierung** werden die spätesten Zeitpunkte (Spätester Anfangszeitpunk, SAZ und Spätester Endzeitpunkt, SEZ) eines Vorgangs mithilfe der Dauer D ermittelt.

1. Der Endknoten erhält als Spätesten Endzeitpunkt den Frühesten Endzeitpunkt, d. h. die Zahl aus dem rechten, oberen Feld wird in das rechte, untere Feld übertragen.
2. Vom Spätesten Endzeitpunkt wird die Dauer subtrahiert, so erhält man den Spätesten Anfangszeitpunkt, dies wird in das linke, untere Feld eingetragen:

$$SAZ = SEZ - D. \qquad (2.3)$$

3. Suche den Vorgänger, für dessen Nachfolger bereits alle Spätesten Anfangszeitpunkte berechnet wurden,
4. übernehme für diesen Vorgänger als den Spätesten Endzeitpunkt den Anfangszeitpunkt desjenigen Nachfolgers, der den frühesten Spätesten Anfangszeitpunkt hat:

$$SEZ(v) = \min.(SAZ(n)). \qquad (2.4)$$

Trage diesen als Spätesten Endzeitpunkt in das rechte, untere Feld ein.
5. Die Schritte 3–4 werden für alle Nachfolger wiederholt.

Legende:

- SAZ: Spätester Anfangszeitpunk
- SEZ: Spätester Endzeitpunkt
- D: Dauer
- n: Nachfolger
- v: Vorgänger (Abb. 2.49)

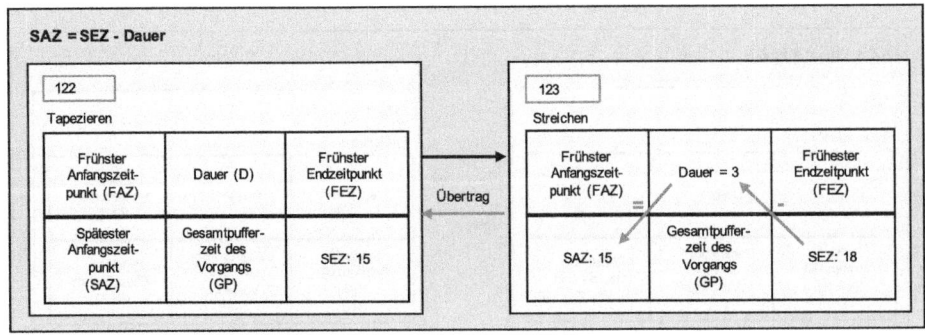

Abb. 2.49 Rückwärtsterminierung

2.3 Projektplanung

Ermittlung der Pufferzeiten

Anschließend können die:

- gesamte Pufferzeit und die
- freie Pufferzeit

ermittelt werden.

Die **gesamte Pufferzeit** ist der Zeitraum, der für die Verzögerung der Vorgänge bzw. des Arbeitspaketes bestenfalls zur Verfügung steht, ohne das Projektende oder einen anderen festen Termin zu gefährden. Wird die gesamte Pufferzeit beim Arbeitsgang voll ausgenutzt, so bleibt für die nachgeordneten Arbeitsgänge auf dem Weg zum Endpunkt kein Spielraum mehr, da diese jeweils maximal nach hinten verschoben werden. Jede weitere Verzögerung würde das Projektende verzögern. Die gesamte Pufferzeit GP wird als Zeitspanne zwischen dem Frühesten und Spätesten Anfangszeitpunkt, bzw. Endzeitpunkt eines Vorgangs berechnet:

$$GP = SEZ - FEZ, \text{ bzw. } GP = SAZ - FAZ. \qquad (2.5)$$

Abb. 2.50 zeigt die Berechnung im Netzplan. Ebenfalls ist nachvollziehbar, dass sich eine Verschiebung des Vorgangs 122 um einen Tag (also innerhalb der Pufferzeit) auf einen entsprechend um einen Tag Späteren Frühesten Endzeitpunkt in Vorgang 123 auswirkt. Der Früheste Anfangszeitpunkt wäre dann nicht mehr 14, sondern 15 und damit ist mit dem Verbrauch der Gesamten Pufferzeit in Vorgang 122 auch die gesamte Pufferzeit im Nachfolgevorgang verbraucht.

Ein AP kann jeweils um die **freie Pufferzeit(FP)** verschoben werden, ohne dass der frühestmögliche Anfangstermin eines nachgeordneten Vorgangs beeinflusst wird. Bei der Berechnung der freien Pufferzeit wird zunächst nach dem am frühesten startenden Nachfolger gesucht. Von dessen Frühestem Anfangszeitpunkt wird der Früheste Endzeitpunkt

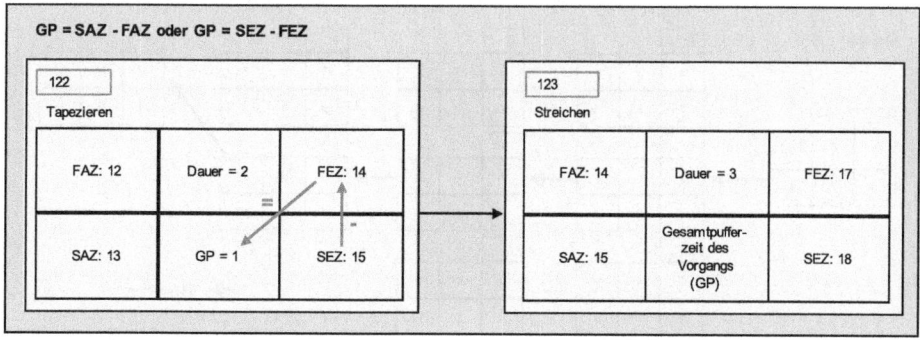

Abb. 2.50 Berechnung der Gesamtpufferzeit

des aktuellen Vorgangs abgezogen, um die freie Pufferzeit des aktuellen Vorgangs zu erhalten. Die freie Pufferzeit berechnet sich wie folgt:

$$FP = \min. (FAZ(n)) - (FEZ(v)). \tag{2.6}$$

Kritischer Pfad

Es empfiehlt sich darüber hinaus den sogenannten „kritischen Pfad" zu identifizieren und in dem Terminplan kenntlich zu machen. Auf diesem Pfad liegen sämtliche Vorgänge innerhalb des Projektes, bei denen kein Gesamtpuffer existiert. Aus diesem Grund wirkt sich jede Verzögerung bei Aktivitäten auf diesem Pfad unmittelbar auf den Endtermin des Projektes aus. In der Praxis wird der kritische Pfad im Terminplan häufig durch eine farbliche Kennzeichnung in Rot hervorgehoben.

Die Methodik eines klassischen Netzplanes wird in der nachfolgenden Abbildung zusammengefasst (Abb. 2.51).

Gantt-Diagramm

Das Gantt-Diagramm ist eine weitere Darstellungsform des Terminplans. In der ursprünglichen Version sind die Abhängigkeiten zwischen den Vorgängen nicht dargestellt, in der aktuellen, modernen Planungssoftware sind diese ergänzt worden.

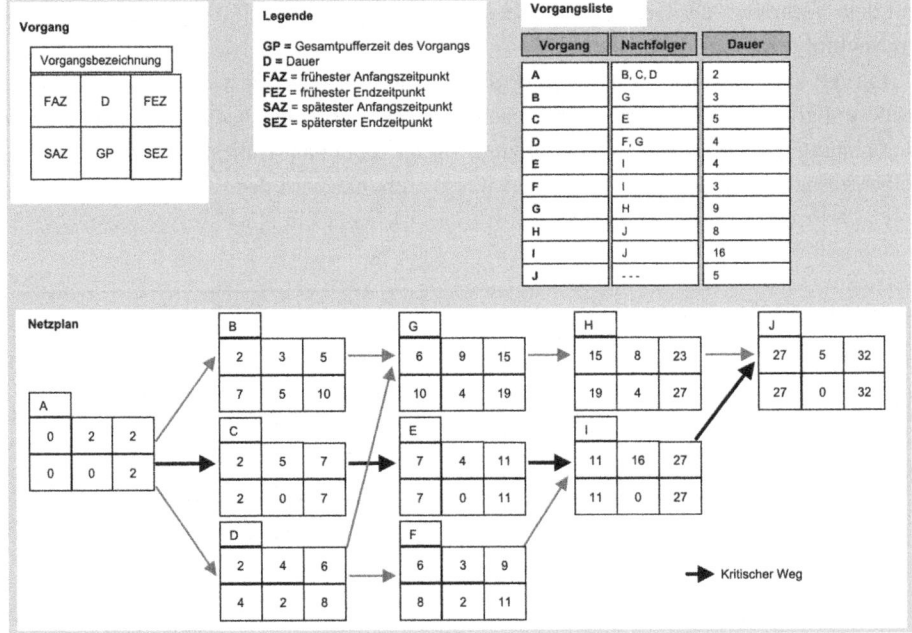

Abb. 2.51 Methodik des Netzplanes [2]

2.3 Projektplanung

Ein großer Vorteil des Gantt-Diagramms ist die Visualisierung der Terminierung und die zeitliche Abfolge der einzelnen Vorgänge. So kann der Anordnung entnommen werden, ob die einzelnen Vorgänge

- **simultan** (gleichzeitig) oder
- **sequenziell** (nacheinander)

zu den vor- und nachgelegenen Vorgängen stattfinden (Abb. 2.52).

Sowohl der Netzplan als auch das Gantt-Diagramm bieten je nach Fragestellung Vorteile. So kann der Netzplan in erster Linie aufgrund der Interdependenzen verdeutlichen, welche Vorgänge von Änderungen der Dauer, von Hinzufügen oder Entfernen von Vorgängen betroffen sind. Hingegen wird das Gantt-Diagramm genutzt, um einen Überblick über den kritischen Pfad und die Auslastungen der Ressourcen festzustellen und Termine zu kommunizieren. Besonders in kleineren und weniger komplexen Projekten wird daher fast nur mit dem Gantt-Diagramm gearbeitet. Dies wird durch die gängigen Softwarepakete für das Projektmanagement unterstützt, die eine gemeinsame Darstellung von Abhängigkeiten und Terminen, sowie weiterer interessanter Informationen ermöglichen. In Abb. 2.53 sind beispielsweise zusätzlich die Vorgangsnamen dargestellt, was bei einer Darstellung über mehrere Blätter oder Seiten hinweg eine große Unterstützung sein kann.

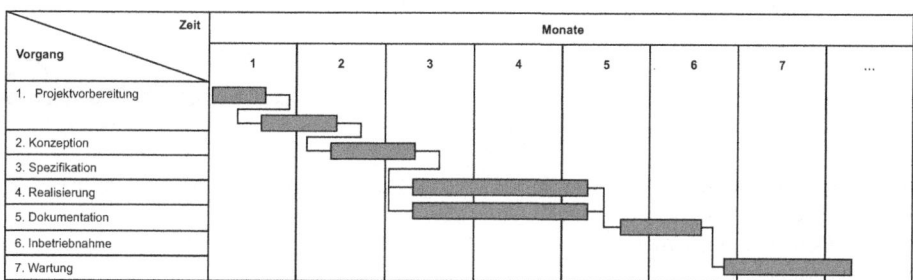

Abb. 2.52 Gantt-Diagramm

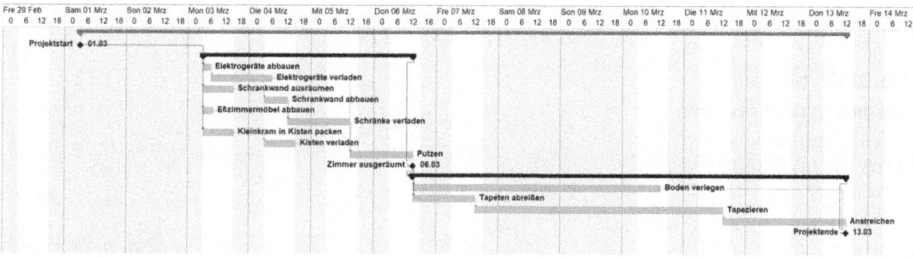

Abb. 2.53 Gantt-Diagramm am Beispiel von MS Project

▶ **Einfluss der Projektgröße** Bei der Festlegung der Art, der Darstellung und der Vorgänge ist die Projektgröße und dessen Komplexität einzubeziehen und Aufwand/Nutzen einander abzuwägen.

Lehrvideos
Eine Vertiefung und Erläuterung zur Ablauf- und Terminplanung finden Sie in den Videos Abb. 2.54, 2.55, 2.56, 2.57, 2.58 und 2.59 des Videokurses.

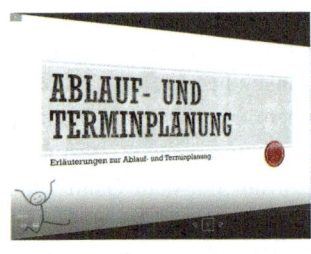

Abb. 2.54 Einführung Ablauf- und Terminplanung

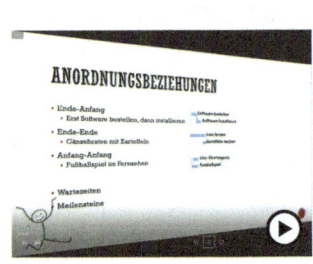

Abb. 2.55 Die Anordnungsbeziehungen (https://doi.org/10.1007/000-0rc)

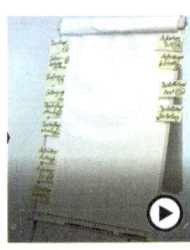

Abb. 2.56 Entwicklung des Netzplanes aus dem Projektstrukturplan (https://doi.org/10.1007/000-0rd)

Abb. 2.57 Manuelle Berechnung des kritischen Pfades (https://doi.org/10.1007/000-0re)

2.3 Projektplanung

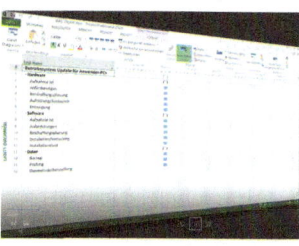

Abb. 2.58 Planungsschritte in MS Project

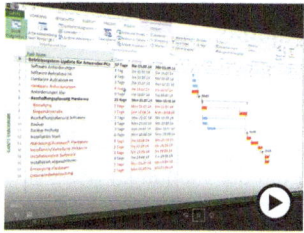

Abb. 2.59 Der kritische Pfad in MS Project (https://doi.org/10.1007/000-0rg)

2.3.4 Ressourcenplanung

Bei der Planung der Einsatzmittel bzw. Ressourcen werden die während des Projekts benötigten Ressourcen bestimmt und deren Verfügbarkeit sichergestellt.

▶ **Ressourcen** DIN 69901 definiert Ressourcen als abgrenzbare Gattung bzw. Einheit von Personal, Finanzmitteln, Sachmitteln, Informationen, Naturgegebenheiten, Hilfs- und Unterstützungsmöglichkeiten, die zur Durchführung oder Förderung von Vorgängen, Arbeitspaketen oder Projekten herangezogen werden können [5].

Ressource ist ein vielfältiger Begriff. Oft bezieht er sich auf die notwendigen Materialien, jedoch sind ebenfalls benötigte Mitarbeiter gemeint. Mit fortschreitendem Gebrauch der englischen Sprache verschwindet immer mehr der etwas despektierliche Beiklang bei der Nutzung des Begriffes „Ressourcen" für Menschen. Insgesamt ist eine Einschätzung der nachfolgend aufgelisteten Ressourcen in der Planung sinnvoll:

- Menschen,
- Maschinen,
- Sachmittel und
- Finanzmittel.

Der Ressourcenbedarf ist über das gesamte Projekt niemals konstant, sondern verändert sich abhängig von der jeweiligen Projektphase. So werden zu Beginn zumeist planerische Kompetenzen benötigt, während im späteren Verlauf verstärkt

Umsetzungskompetenzen erforderlich sind. Um diese unterschiedlichen Anforderungen zu berücksichtigen, verläuft die Ressourcenplanung regelmäßig in vier Schritten:

1. Ermittlung des Bedarfs
2. Ermittlung der Kapazitäten
3. Abweichungsanalyse
4. Optimierung

Ermittlung des Bedarfs
Die Bedarfsermittlung erfolgt inhaltlich auf Basis der Arbeitspakete aus dem PSP sowie zeitlich auf Basis der Ablauf- und Terminplanung. Für die Bedarfsermittlung sind unterschiedliche Informationen interessant, je nach Art der betrachteten Ressource oder der Tätigkeit, aber auch abhängig von der Verfügbarkeit der Informationen und dem Detailgrad der Planung.

Dies wird bei der Ressource „Mensch" deutlich. Insbesondere einfache Tätigkeiten, die von mehreren Personen parallel bearbeitet werden können, beschränken sich oft auf die Angabe der Personenanzahl oder Arbeitsstunden. Spezialisierte Tätigkeiten geben die notwendige Rolle an, bis hin zu einer detaillierten Beschreibung der Fähigkeiten mit abgestuften Erfahrungslevels oder erforderlichen Zertifizierungen. Diese Informationen werden nicht in allen Unternehmen strukturiert verwaltet, und nicht immer wird Zeit in den detaillierten Abgleich der Ressource mit der erforderlichen Tätigkeitsanforderung investiert. Dies ist gerade in einer Matrixorganisation auch nur eingeschränkt möglich, da es oft ein harter Verhandlungsprozess ist, die geeignetsten Mitarbeiter zu bekommen, was nicht immer gelingt.

Im Folgenden sind einige Beispiele für Ressourcen und deren Charakteristika aufgeführt:

- Menschen (z. B. Anzahl, Arbeitsstunden, Rolle, Fähigkeiten, Erfahrung …),
- Maschinen (z. B. Menge, Maschinenstunden, Kapazität…),
- Material, Sachmittel (z. B. Menge, Eigenschaften…) und
- Finanzmittel (z. B. Währungseinheiten, mit/ohne Mehrwertsteuer…) (Tab. 2.12).

Ermittlung des Ressourcenangebots
In Bezug auf die für das Projekt erforderlichen Ressourcen sind die Kapazitäten zu ermitteln, die zur Verfügung stehen. Um die verfügbaren Ressourcen möglichst realitätsnah aufzunehmen, sind etwaige Sondereffekte zu berücksichtigen (z. B. Urlaubstage bei der Personalkapazität).

Abweichungsanalyse
Im Anschluss an die Kapazitätsaufnahme werden diese der Ressourcenplanung gegenübergestellt, um etwaige Unter- oder Überkapazitäten zu identifizieren. Diese können aus den APs abgeleitet werden oder aus dem Terminplan.

2.3 Projektplanung

Tab. 2.12 Ressourcenplanung

PSP	Vorgang	Dauer	Arbeit	Ressource/Menge
A.2	Phase 2 – Prozess-modellierung			
A.2.10	Dokumenten-analyse durchführen	30	10 40 12	TE 2 BA 2 PC 1
A.2.12	Interviews mit den Stakeholdern führen	10		
A.2.1	Prozessentwurf fertigen	45	10	PJ 2
A.2.2	Rücksprache mit den Prozess-beteiligten	30	10 20 5	TE 1 BA 1 PC 1
A.2.3	Modellierung eines ausführbaren Prozesses	15	10 10	TE 1 PC 1
…				

Abkürzungen:
TE: Techniker
BA: Business Analyst
PC: Projektcontroller

Abb. 2.60 zeigt ein Ressourcenhistogramm mit dem Zeitablauf auf der X-Achse und der Zahl der benötigten Mitarbeiter auf der Y-Achse. Dem Histogramm mit den benötigten Ressourcen steht die Verfügbarkeit der Ressourcen gegenüber, hier als dicke Linie eingezeichnet. Die grafische Umsetzung dient insbesondere dazu, einen schnellen Überblick über etwaige Über- bzw. Unterkapazitäten zu erhalten, um so die zuvor genannten Gegenmaßnahmen entsprechend gezielt einzusetzen und durch Optimierung der Ressourcen einen positiven Einfluss auf die Terminierung und Kosten und damit auf den Erfolg des Projektes zu nehmen.

Mögliche Maßnahmen, um etwaige Unter- oder Überkapazitäten zu bereinigen, sind:

- Verschiebung von Aktivitäten,
- Verschiebung von Endterminen,
- zusätzliche Ressourcen bzw. Abbau von Ressourcen,
- Einsatz externer Ressourcen und
- Einsatz Ressourcensparender Methoden oder Werkzeuge.

Ausbau einer Bahnstrecke in China

Durch eine optimale Planung der Kapazitäten kann sich an den vorgegeben Terminplan gehalten werden. Wenn die richtigen Ressourcen zur richtigen Zeit am richtigen Ort bereitgestellt werden, kann das Projekt reibungslos umgesetzt werden wie dieses Beispiel (siehe Abb. 2.61) zeigt: In China wurde so der Bau einer neuen Bahnstrecke in nur neun Stunden Bauzeit ermöglicht. ◄

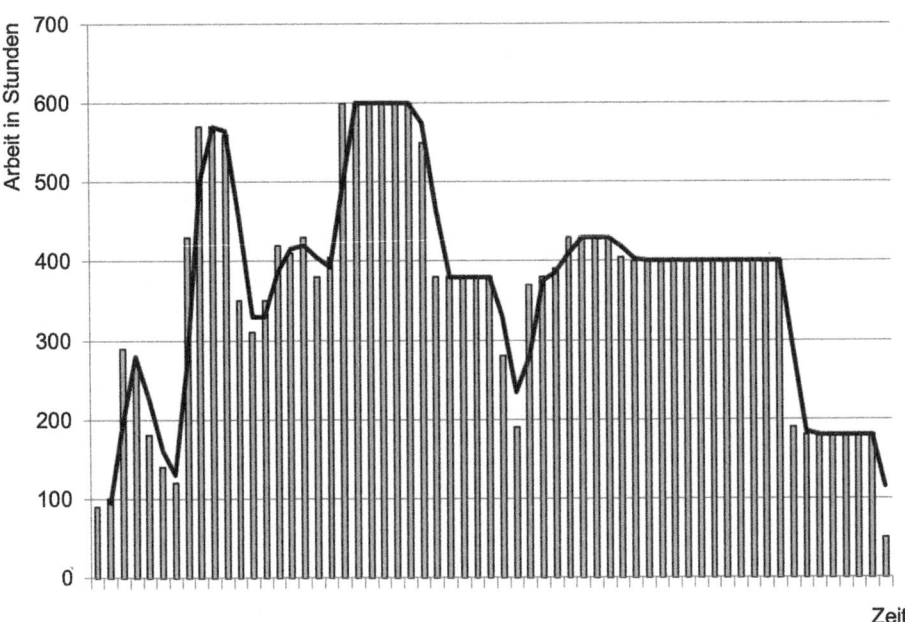

Abb. 2.60 Ressourcenbedarf im Zeitverlauf

Abb. 2.61 Bahnstreckenbau in China

2.3.5 Kostenplanung

Die Kostenplanung zeigt die durch die Durchführung von dem Projekt entstehenden Kosten. Die Planung der Kosten besteht aus zwei wesentlichen Bestandteilen:

1. Kostenschätzung
2. Kostenverlaufsplan

Kostenschätzung
Die Kostenschätzung kann in zwei Teilschritten durchgeführt werden:

1. Ermittlung und Bewertung der im Projekt anfallenden Kostenarten
2. Feststellung der Kostenarten der Arbeitspakete

2.3 Projektplanung

Für eine verlässliche Ermittlung der entstehenden Kosten empfiehlt es sich zunächst, die Arbeitspakete zu analysieren und daraus die zu berücksichtigenden Kostenarten zu ermitteln. Die eingeplanten Ressourcen geben bereits erste Hinweise darauf, welche Kostenart zu berücksichtigen ist. So sind für Mitarbeiter in aller Regel Personalkosten anzusetzen, im Detail wird es aber notwendig zu überprüfen, ob neben den Verrechnungssätzen zusätzliche Kosten für Fortbildung oder Prämienzahlungen entstehen. Weitere Beispiele sind in Tab. 2.13 zu finden.

Zu jeder Kostenart sind Kostensätze je Ressource und Einheit für die weitere Berechnung der Kosten zu ermitteln, ebenso können Einmalkosten anfallen. Tab. 2.14 erhebt dabei keinen Anspruch auf Vollständigkeit insbesondere können die Kostenarten bei anderen Projektarten andere sein.

Für die Verrechnungssätze muss zwingend geklärt werden, ob bereits Gemeinkosten eingerechnet wurden, um später eine doppelte Berücksichtigung zu vermeiden. Bei unternehmensinternen Verrechnungssätzen ist das oft der Fall.

Kostenarten der Arbeitspakete

Die Schätzung von Kosten und Aufwänden wird umso präziser, je kleiner die zu schätzenden Einheiten sind und je bekannter die Tätigkeiten. Wurde der Projektstrukturplan so geplant, dass die Arbeitspakete die Idealgröße von 40–80 Personenstunden umfassen, kann bei sorgfältiger Schätzung damit gerechnet werden, am Ende eine Abweichung von 5–10 % zu erreichen. Grundlage der Kostenschätzung sollte folglich ein so gut wie möglich detaillierter Projektstrukturplan sein. Die Schätzung wird dann für die einzelnen Arbeitspakete vorgenommen. Mit der Bestimmung der Kosten für die Arbeitspakete sind die Einzelkosten prognostiziert. Die Sparkassenversicherung zeigt auf, dass die Arbeitspakete unterschiedlich geschätzt werden, abhängig davon, ob die

Tab. 2.13 Kostenarten

Kostenart	Beispiel
Personalkosten	Verrechnungssätze für Löhne Fortbildung Prämien
Sachkosten	Mieten Hardware Lizenzen Externe Mitarbeiter
Materialkosten	Büromaterial Betriebsstoffe
Kapitalkosten	Zinsen Abschreibungen Versicherungen
Kalkulatorische Kosten	Risikozuschläge

Tab. 2.14 Verrechnungssätze von Kostenarten [16]

Kostenart	Verrechnungssatz	Bezugseinheit
Personalkosten		
Projektleiter	1000 €	Tag (acht Stunden)
Stellvertretender Projektleiter	800 €	Tag (acht Stunden)
Programmierer	700 €	Tag (acht Stunden)
Tester	700 €	Tag (acht Stunden)
Sachkosten		
Tester (extern)	1000 €	Tag (acht Stunden)
Lizenz Software	10.000 €	Einmalig
Materialkosten		
Verrechnungssatz Gemeinkosten	200 €	Tage je Mitarbeiter
Kapitalkosten		
Bereitstellungskosten	3,5 % p.a.	Einmalig
Kalkulatorische Kosten		
Risikozuschlag	12.000 €	Einmalig

jeweilige Kostenart bereits Gemeinkosten enthält oder Kosten ausschließlich direkt dem Projekt zugeordnet werden können.

> **Sparkassenversicherung**
>
> Bei der Sparkassenversicherung ist die SV Informatik als IT-Service-Dienstleister in ein anderes Unternehmen ausgegliedert. Wird im Zuge eines Projektes entsprechendes Personal benötigt, wird dieses zu bestimmten vorgegebenen Verrechnungssätzen dem Projekt überlassen. In diesen sind bereits alle weiteren Gemeinkosten enthalten, wie beispielsweise die Nutzung von PCs mit den Lizenzen der zu nutzenden Software, die dem Projekt damit nicht gesondert in Rechnung gestellt werden. Anders verhält es sich, wenn nur für das Projekt eine bestimmte Software, z. B. für die Projektplanung, angeschafft werden muss, ggf. mit Wartungsverträgen. Diese lassen sich nicht einzelnen APs konkret zuordnen, und können dann prozentual den nutzenden Arbeitspaketen oder dem Projekt als Ganzes zugeschlagen werden [19]. ◄

Aus dem Beispiel lässt sich der folgende Merksatz ableiten:

▶ **Kostenarten** Einzelkosten entstehen durch die ursächliche Durchführung eines Arbeitspaktes innerhalb eines Projektes und können diesen unmittelbar zugeordnet werden. Bei Gemeinkosten dagegen ist eine ursächliche Zuordnung

2.3 Projektplanung

nicht unmittelbar möglich, deswegen werden sie mithilfe eines Gemeinkostenschlüssels verteilt.

Im darauffolgenden Schritt sind die Gemeinkosten zu ermitteln, die mittels eines Verteilungsschlüssels den einzelnen Arbeitspaketen zugeordnet werden, sofern in den angesetzten Verrechnungssätzen nicht bereits Gemeinkosten berücksichtigt wurden (Tab. 2.15 und 2.16). Eine Struktur für die Schätzung der gesamten Projektkosten ist in Abb. 2.62 dargestellt.

Tab. 2.15 Kosten nach Kostenart

Kostencode	Kostenart	Einheit	Kosten/Einheit
1000	Personal	h	400 €
2000	Material	m^2	300 €
3000	Sonstiges		180.000 €

Tab. 2.16 Kosten für ein Arbeitspaket

Arbeitspaket 1 „Verputzen"		
Kostenart	Einheit	Kosten/Einheit
Personal	800 h	400 € * 800 h = 320.000 €
Material	1000 m^2	300 € * 1000 m^2 = 300.000 €
Sonstiges	–	180.000 €
Summe		800.000 €

Abb. 2.62 Beispiel einer Projektkalkulation

```
                    Projektkalkulation

1. Direkte Kosten:
1.1 Arbeitspaket 1:              € 800.000,-
1.2 Arbeitspaket 2:              …
1.3 Arbeitspaket 3:              …
Summe Direkte Kosten             …
2. Gemeinkosten
2.1 Management                   …
2.2 Infrastruktur                …
2.3 Hilfsmittel                  …
Summe Gemeinkosten               …
3. Risikozuschlag lt.            …
Summe                            …
```

Im Ergebnis sind dann nicht nur die summierten, absoluten Kosten des Projekts bekannt, sondern darüber hinaus die Kosten für jedes einzelne AP. Zusammen mit ihren terminlichen Planungen können damit Kostenverlaufspläne erstellt werden.

Kostenverlaufsplan

Nachdem die Kosten näher bestimmt sind, werden diese in Form einer Grafik dargestellt. Bei der Darstellung von Kostenverläufen werden regelmäßig zwei unterschiedliche Darstellungsformen für den Kostenverlaufsplan angewandt:

- nach Projektphasen und
- kumuliert.

Bei der phasenorientierten Darstellungsweise werden die Kosten entsprechend dem gewählten Projektlebenszyklus den jeweiligen Phasen zugeteilt (siehe Abschn. 1.4.2), z. B. die Phasen:

1. Startphase
2. Analysephase
3. Synthesephase
4. Implementierungsphase
5. Einführung in Operativbetrieb
6. Kontrollphase

Mit der phasenweisen Darstellung der Kosten lässt sich übersichtlich darstellen, in welchen Phasen die höchsten Kosten verursacht werden, dies ist in Abb. 2.63 dargestellt. Aus der phasenweisen Darstellung kann die kumulierte Darstellung in Abb. 2.64 abgeleitet werden. Daraus gehen im Anschluss die gesamten Kosten zu jedem beliebigen Zeitpunkt hervor.

Die durch das Projekt verursachten Kosten werden i. d. R. nicht in einer Summe, sondern in Teilzahlungen beglichen. Häufig sind diese nach erfolgreichem Abschluss zuvor gesetzter Meilensteine fällig. In Abb. 2.65 ist dargestellt, wie die kumulierte Kostenkurve dazu genutzt werden kann, mögliche Unter- und Überdeckungen zu identifizieren. Zu diesem Zweck wird die kumulierte Kostenkurve den Zahlungszeitpunkten/Meilensteinen gegenübergestellt und der voraussichtliche Kapitalbedarf zu bestimmten Zeitpunkten bestimmt.

Lehrvideos

Eine Vertiefung und Erläuterung zur Projektschätzung von Ressourcen und Kosten finden Sie in den Videos Abb. 2.66, 2.67, 2.68, 2.69, 2.70, 2.71 und 2.72 des Videokurses.

2.3 Projektplanung

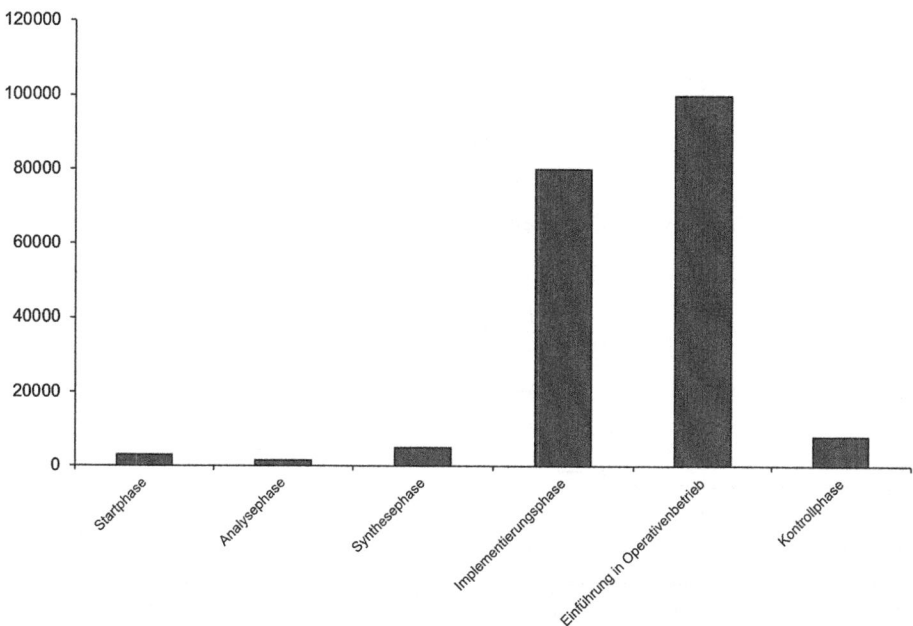

Abb. 2.63 Kosten nach Projektphasen

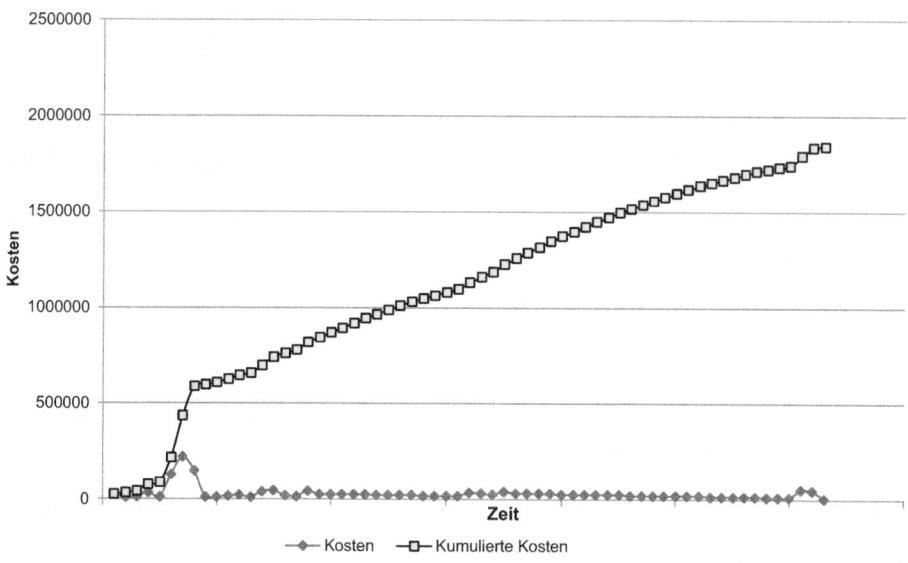

Abb. 2.64 Projektkosten im Zeitverlauf

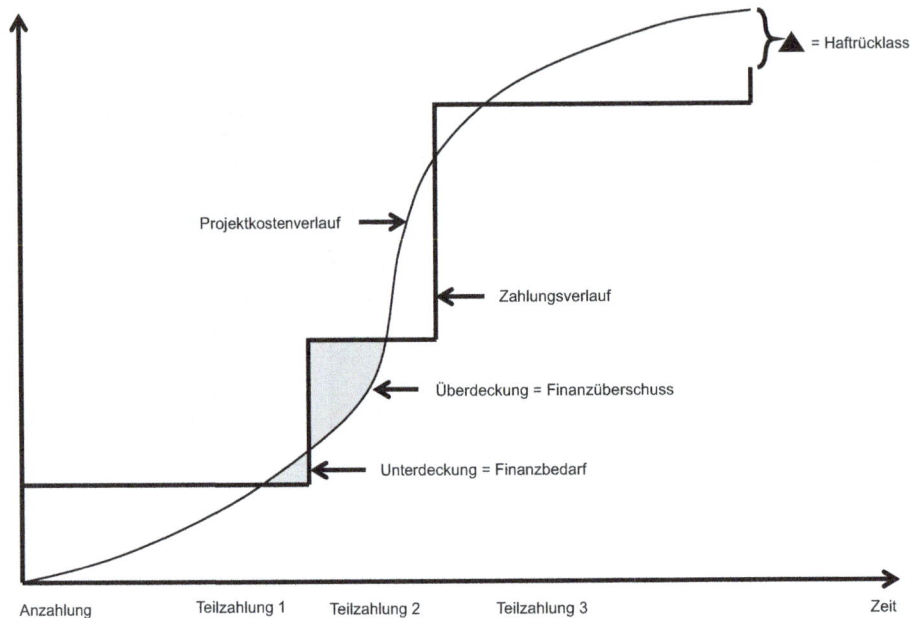

Abb. 2.65 Teilzahlungen im Projektverlauf

Abb. 2.66 Einführung Schätzungen

Abb. 2.67 Einführung in die Schätzmethoden (https://doi.org/10.1007/000-0rj)

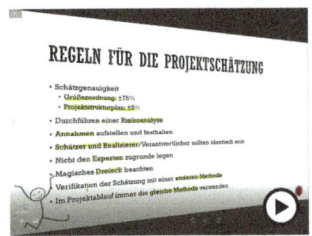

Abb. 2.68 Regeln für eine realistische Projektschätzung (https://doi.org/10.1007/000-0rk)

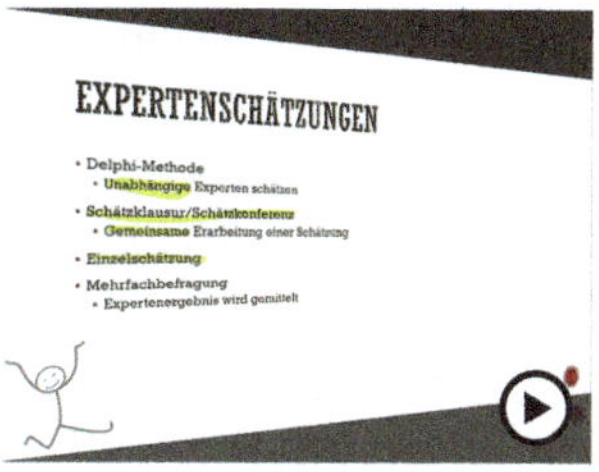

2.3 Projektplanung

Abb. 2.69 Schätzverfahren (https://doi.org/10.1007/000-0rm)

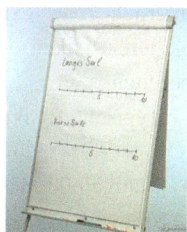

Abb. 2.70 Schätzungen großer und kleiner Stücke

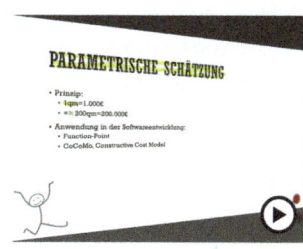

Abb. 2.71 Parametrische Schätzung (https://doi.org/10.1007/000-0rp)

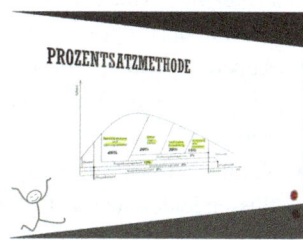

Abb. 2.72 Schätzen mit der Prozentsatzmethode

2.3.6 Risikoplanung

Die Planung eines Projektes basiert in der Regel auf Annahmen, von denen die ein oder andere nichtzutreffend sein kann. Dazu kommen unerwartete Ereignisse, die die Unsicherheit in einem Projekt weiter erhöhen. Um nicht zur Untätigkeit verdammt zu sein, betrachtet ein vorausschauendes Projektmanagement im Vorfeld und während der Projektdurchführung die damit verbundenen Risiken, um sich auf diese bestmöglich vorzubereiten. Das ist die Aufgabe des Risikomanagements.

Ein Risikomanagement verläuft in drei Phasen:

1. Identifizierung der Risiken
2. Analyse der Risiken
3. Entwicklung von Reaktionsstrategien

Identifizierung der Risiken
Durch die Identifizierung der Risiken sollen neben den potenziellen Risiken auch die internen bzw. externen Risikoquellen aufgespürt werden. Dadurch können etwaige weitere Risiken enttarnt werden und es ist möglich, sich zielgerichteter darauf vorzubereiten.

Typische Risikoursachen sind:

- Mangelnde Sorgfalt: Die ungenügende Anwendung erforderlicher Techniken und sinnvollen Projektmanagements führt zu Problemen im Projekt. Hier liegen weniger Risiken als vielmehr Schlamperei vor (z. B. fehlender Projektstrukturplan, fehlende Qualitätssicherung).
- Missverständnisse: Nicht ausreichend geklärte oder kommunizierte Informationen, z. B. hinsichtlich Anforderungen oder Änderungen. Sie führen zu unterschiedlichem Verständnis und unkoordinierten Handlungen. Diese Risiken treten speziell an organisatorischen Schnittstellen auf.
- Unvermögen: Das Projekt oder ein Partner hat nicht das Know-how, die Kapazität oder die Finanzierungsmöglichkeiten, um das Projekt sachgemäß durchzuführen.
- Unsicherheit: Informationen, die nicht sicher vorliegen, führen zu Fehlern und Problemen. Hierbei können sowohl das technische System als auch Anforderungen und Randbedingungen des Projekts betroffen sein.
- Äußere Einflüsse: Erkennbare, aber nicht prognostizierbare Einflüsse können mit einer gewissen Wahrscheinlichkeit eintreten. Beispiele sind Zieländerungen oder Fehler.
- Zufälle: Ablauf und Ergebnis des Projekts können unter unvorhergesehenen Einflüssen leiden, wie z. B. Mitbewerberaktionen, Kündigungen, Brand [7].

> **Elbphilharmonie**
>
> Die Folgen einer mangelnden Risikoplanung sind am Beispiel der Elbphilharmonie in Hamburg erkennbar. Der Bau überstieg die geplanten Kosten um ein Vielfaches und die Eröffnung musste zehn Jahre nach hinten verschoben werden. Hierfür verantwortlich waren vor allem mangelnde Sorgfalt bei der Bauplanung und unkoordinierte Handlungen der Architekten [13]. ◄

Mit Blick auf mögliche Risikoursachen können die eigentlichen Risiken identifiziert werden. Zu beachten ist, dass zwischen Ursache und Wirkung unterschieden werden

2.3 Projektplanung

muss. Z. B. sind steigende Lieferantenkosten eine Ursache für die Wirkung *Budgetüberschreitung*. Hinzu kommt, dass ein so spezifiziertes Projektrisiko weitaus genauer ist als *Budgetüberschreitung*. Dies ermöglicht eine weitaus zielgerichtetere – und damit bessere – Vorbereitung auf das Risiko.

▶ **Projektrisiko** DIN 69901 definiert das Projektrisiko wie folgt: Ein Projektrisiko beschreibt mögliche negative Abweichung im Projektverlauf (relevante Gefahren) gegenüber der Projektplanung durch Eintreten von ungeplanten oder Nicht-Eintreten von geplanten Ereignissen oder Umständen (Risikofaktoren). Mögliche Risikoarten sind kaufmännische, technische, politische, terminliche, Ressourcen- und Umweltrisiken, ferner die Ungenauigkeiten bei Schätzungen von Dauer und Aufwand. Ein Projektrisiko wird quantifiziert als Produkt aus Schadenshöhe (Tragweite) und Eintrittswahrscheinlichkeit des jeweiligen Risikofalls.

Bei der Überlegung, welche Risiken in einem Projekt auftreten können, hilft es daher, sich die Frage zu stellen „Was kann plötzlich passieren?", sodass die Projektziele (Termine, Kosten, Kundenzufriedenheit, Funktionsumfang, etc.) gefährdet sein können. Dies kann beispielsweise mit Blick auf die Arbeitspakete oder in den Vertrag geschehen, Tab. 2.17 zeigt dazu einige Beispiele.

Weitere Risiken können sich aus Dokumenten ableiten lassen, z. B. Abschlussberichten von Projekten. Die Erfahrungen aus anderen Projekten können eine große Hilfe bei der Identifizierung sein. Im Idealfall wurden die Risiken in Checklisten zusammengestellt, ansonsten hilft ein Blick in die Projektdokumentation oder ein Gespräch mit Projektleitungen ähnlicher Projekte.

Tab. 2.17 Beispiel Risikoidentifizierung

Risiko ID	Quelle	Risiko-beschreibung	Risikokategorie	mögliche Risikoursachen
R1	PSP 1.2.4: Festlegung von strategischen Zielen und Kundensegmenten	Unzureichende Kenntnisse der Mitarbeiter	Personal	Kosteneinsparungsmaßnahmen
R2	PSP 2.1.2: Vertriebskoordination, Auftragsabwicklung,	Programmierer werden vom Projekt abgezogen	Personal	Abzug durch andere Projekte
R3	PSP 3.4.1: Rechnungen	Rechnungen werden nicht bezahlt	Finanzen	Konkurs Kunde
R4	Vertrag §4, Abs. 5: Vertragsklausel zur Lieferung	Lieferung verzögert sich um mehr als drei Wochen	Lieferant	Geänderte Prioritäten, Ressourcenengpässe etc.

Risikoanalyse

Um die potenziellen Auswirkungen der Risiken zu prognostizieren, sind diese im weiteren Verlauf genauer zu analysieren. Die Risikoanalyse unterscheidet eine qualitative und quantitative Analyse der Risiken. Die qualitative Risikoanalyse ist im Vergleich deutlich weniger aufwendig, andererseits aber auch weniger genau. In vielen Projekten wird lediglich eine qualitative Risikoanalyse durchgeführt, ggf. wird eine quantitative Risikoanalyse für einzelne, potenziell schwerwiegende Risiken ergänzt. Beide Vorgehensweisen haben die Betrachtung von Eintrittswahrscheinlichkeit und Schadenshöhe gemeinsam.

Im Falle der qualitativen Risikoanalyse erfolgt eine Einschätzung auf Basis grober Abstufungen, z. B. sehr gering, gering, mittel, hoch, sehr hoch. In Tab. 2.18 ist die qualitative Bewertung der Risiken dargestellt.

Die in der Tabelle identifizierten und analysierten Risiken sind in Abb. 2.73 graphisch eingeordnet und ermöglichen so eine schnelle Einschätzung der Einzelrisiken, also auch eine Einschätzung der gesamten Risikosituation.

In der Praxis wird oft so verfahren, dass zumindest ein Teil der Risiken nicht in die quantitative Analyse einbezogen wird. Das Gesamtprojektrisiko wird in diesem Fall grob auf Basis der Risikomatrix aus Abb. 2.73 eingeschätzt. Unter der Annahme, dass die nicht entdeckten Risiken ähnlich verteilt sind, wie die entdeckten, wird das Gesamtprojektrisiko höher eingeschätzt, wenn es viele identifizierte Risiken im oberen rechten Bereich gibt. Entsprechend wird der Risikozuschlag höher ausfallen.

Statt einer qualitativen Bewertung kann die gleiche Bewertung quantitativ erfolgen. Dies erfordert jedoch ungleich mehr Aufwand, wenn die Zahlen die Genauigkeit haben sollen, die sie vermitteln. Für die Ermittlung von Prozentzahlen sind beispielsweise langwierige statistische Erhebungen durchzuführen. Versicherungen, die jahrelang Daten zu ihren Versicherungen gesammelt haben, können so recht genaue Wahrscheinlichkeiten angeben.

Tab. 2.18 Beispiel qualitative Risikobewertung

Risiko ID	Risikobeschreibung	Eintrittswahrscheinlichkeit	Schadenshöhe	Tragweite
R1	Unzureichende Kenntnisse der Mitarbeiter	Gering	Mittel	Gering
R2	Programmierer werden vom Projekt abgezogen	Hoch	Mittel	Mittel
R3	Rechnungen werden nicht bezahlt	Gering	Hoch	Mittel
R4	Lieferung verzögert sich um mehr als drei Wochen	Mittel	Mittel	Mittel

2.3 Projektplanung

Abb. 2.73 Qualitative Risikobewertung

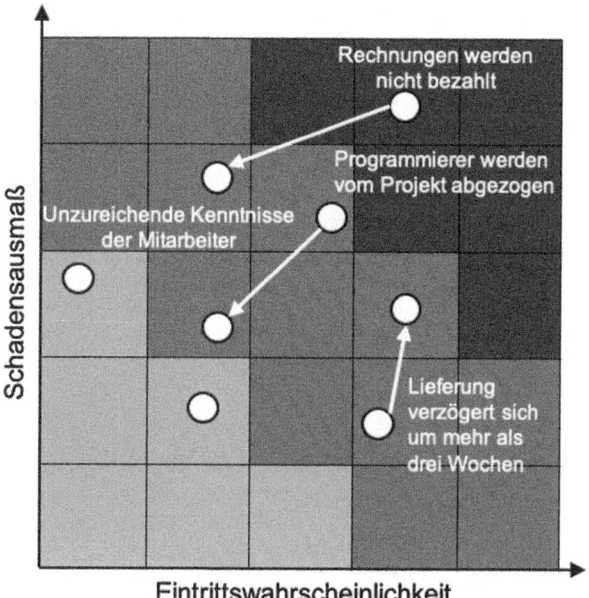

Beispiel

Zur Ermittlung des Schadens, den ein 18-Jähriger bei einem Autounfall verursacht, sind aufwendige Schätzungen notwendig. Zunächst muss ermittelt werden, welcher Schaden eintreten kann (Totalschaden des Autos, ca. zwei Verletzte mit Schmerzensgeld etc.) im Anschluss ist ein Schätzwert zu ermitteln. Für das Beispiel kann überlegt werden, ob eher ein Porsche oder Smart gefahren wurde, für die Verletzungen und den Schadenersatz wird geschätzt, welche Verletzungen vermutlich vorliegen, ob noch Gerichts- und Anwaltskosten einkalkuliert werden müssen und wie hoch diese voraussichtlich werden. ◄

Erkennbar ist eine solche quantitative Risikoanalyse mit sehr viel mehr Aufwand verbunden, als eine qualitative Einschätzung, die sowohl Eintrittswahrscheinlichkeit als auch Schadenshöhe in Kategorien *gering, mittel, hoch* angeben würde. In Tab. 2.19 erfolgt eine quantitative Bewertung der Risiken.

Auf Basis der quantitativen Risikoanalyse der Einzelprojektrisiken, kann nun die Tragweite als Erwartungswert eines jeden Einzelprojektrisikos als Produkt aus Eintrittswahrscheinlichkeit und Schadenshöhe berechnet werden die Berechnung ist in Gl. 2.7 dargestellt.

$$\text{Tragweite} = \text{Eintrittswahrscheinlichkeit} \times \text{Schadenshöhe}. \tag{2.7}$$

Tab. 2.19 Beispiel einer quantitativen Risikoanalyse

Risiko ID	Risikobeschreibung	Eintrittswahrscheinlichkeit	Schadenshöhe	Tragweite
R1	Unzureichende Kenntnisse der Mitarbeiter	10 %	100.000 €	10.000 €
R2	Programmierer werden vom Projekt abgezogen	25 %	50.000 €	12.500 €
R3	Rechnungen werden nicht bezahlt	2 %	500.000 €	10.000 €
R4	Lieferung verzögert sich um mehr als drei Wochen	15 %	50.000 €	7500 €

Mit den so ermittelten Tragweiten der Einzelrisiken ist die Basis für die Bestimmung des Gesamtprojektrisikos gelegt.

▶ **Gesamtprojektrisiko** Das Gesamtprojektrisiko ist die Auswirkung von Unsicherheit auf das Projekt insgesamt, die aus allen Quellen von Unsicherheit resultiert, einschließlich Einzelrisiken, die die Auswirkungen von positiven und negativen Abweichungen im Projektergebnis auf Stakeholder repräsentieren [15].

Das Gesamtprojektrisiko summiert die Risikowerte sämtlicher Einzelrisiken, die quantitativ bewertet wurden. Da eine sorgfältige Ermittlung der Zahlen sehr aufwendig ist, wird in der Praxis oft so verfahren, dass zumindest ein Teil der Risiken nicht in die quantitative Analyse einbezogen wird. Stattdessen schätzt man grob auf Basis der Risikomatrix aus Abb. 2.71 ab, wie gravierend ggf. nicht entdeckte Risiken sein können. Dem liegt die Annahme zugrunde, dass die nicht entdeckten Risiken ähnlich verteilt sind, wie die entdeckten.

Der Risikoindex des Projektes setzt den ermittelten Risikowert des Projektes zum Projektbudget ins Verhältnis. Gemäß dieser Höhe sollte der Risikozuschlag in dem Projekt eingeplant werden. Tab. 2.20 zeigt beispielhaft die Kalkulation des Gesamtrisikos des Projektes aus Tab. 2.19 und den daraus berechneten Risikoindex.

$$\text{Risikoindex} = \frac{\text{Risikoinventar} \times (\text{Eintrittswahrscheinlichkeit} \times \text{Schadenshöhe})}{\text{Projektbudget}} \quad (2.8)$$

Nicht zu vernachlässigen ist die Tatsache, dass ein adäquates Risikomanagementsystem nicht nur die vorhandenen Risiken identifiziert, sondern darüber hinaus auch die potenziellen Chancen erkennt. Mit einem solchen System sollen demnach sowohl

- positive Ereignisse/Chancen genutzt und
- negative Ereignisse/Bedrohungen vermieden

Tab. 2.20 Risikoindex eines Projektes

Risikoinventar (Summe Tragweiten)	40.000 €
Projektbudget	560.000 €
Risikoindex des Projektes	7 %

werden. Die Beispiele haben sich auf den häufigeren Fall der negativen Ereignisse konzentriert, die Formeln sind identisch verwendbar.

Entwicklung von Risikomaßnahmen
Nachdem die Risiken identifiziert und quantifiziert sind, sollte festgelegt werden, wie mit den einzelnen Risiken umgegangen werden soll. Potenzielle Maßnahmen sind entweder

- präventiv (= vorbeugend) oder
- reaktiv (= Reaktion auf ein eingetretenes Risiko).

Teilweise sind die Maßnahmen für die positiven und negativen Risiken unterschiedlich es gibt aber auch Maßnahmen, die für beide Risikoarten nutzbar sind. Eine Übersicht der Maßnahmen und ihrer Anwendbarkeit ist in Tab. 2.21 dargestellt.

Während die gemeinsamen Strategien in gleicher Form für negative und positive Risiken angewendet werden können, zielen die Strategien für negative Risiken auf eine Verringerung des Risikos, die Strategien für positive Risiken in das Gegenteil, eine Erhöhung des Risikos. Da der zugrundeliegende Weg aber ähnlich ist, werden diese im Folgenden gemeinsam beschrieben.

Akzeptanz
Im Projekt werden nicht alle Risiken behandelt werden können, daher werden die kleinen Risiken in der Regel akzeptiert. D. h. man ist sich der Risiken bewusst, entscheidet sich aber ebenso bewusst, nichts dagegen zu unternehmen.

Risikozuschlag
Es gibt akzeptierte Risiken und nicht entdeckte Risiken. Beides ist Grundlage für die Bestimmung eines Risikozuschlages. Man nimmt dabei an, dass dort, wo viele Risiken gefunden wurden auch viele unentdeckte Risiken lauern. Sind beispielsweise bereits

Tab. 2.21 Übersicht Risikomaßnahmen

Gemeinsame Strategien	Strategien für negative Risiken	Strategien für positive Risiken
Akzeptanz	Risikominderung	Risikoverbesserung
Risikozuschlag	Risikovermeidung	Risikonutzung
Alternativenplanung	Risikotransfer	Risikoteilung

viele kritische Risiken gefunden worden, in Abb. 2.73 im dunklen Bereich oben rechts, kann im Extremfall durchaus ein Zuschlag von 100 % für das Risikomanagement vorgesehen werden. Entsprechend gering fällt er aus, wenn wenig bis gar keine Risiken dort zu finden sind, sondern der Schwerpunkt der Risiken im unteren linken Bereich liegt. In dem Fall wird oft ein pauschaler Zuschlag von 5 % gewählt. Üblicherweise liegen die Zuschläge für das Risikomanagement bei ca. 5–10 %.

Alternativenplanung

Die Alternativenplanung kann sowohl präventiv als auch reaktiv angelegt sein. Die Grundidee ist, sich eine Maßnahme für den Fall des Eintritts des Risikos zu überlegen, der dann einfach abgearbeitet werden kann. Dies verhindert hektische, unüberlegte und damit oft fehlerhafte Reaktionen. Zusätzlich können sogenannte Trigger vereinbart werden, die anzeigen, dass das betrachtete Risiko eintreten wird. Das Eintreten der Trigger stößt die Ausführung des Alternativplanes an.

Risikominderung/Risikoverbesserung

Im Rahmen der Risikominderung werden Maßnahmen definiert, die präventiv die Eintrittswahrscheinlichkeit und/oder die Schadenshöhe verringern können. Für die Risikoverbesserung wird im Gegenteil angestrebt, Eintrittswahrscheinlichkeit und/oder Schadenshöhe zu erhöhen.

Risikovermeidung/Risikonutzung

Die Risikovermeidung wird – in der Regel durch Planänderungen – das Eintreten eins Risikos vollständig verhindern. Das ist nicht für alle Risiken möglich und oft auch nicht sinnvoll, da durch den geänderten Plan zusätzliche Risiken auftreten können oder identifizierte Risiken verschlimmert werden können. Ähnliches gilt für die Risikonutzung, die die Eintrittswahrscheinlichkeit auf 100 % erhöhen soll.

Risikotransfer und Risikoteilung

In beiden Fällen ist ein alleiniges Tragen des Risikos nicht sinnvoll oder machbar, daher werden weitere Beteiligte für das Risiko gesucht, die das Risiko mittragen. Im Falle des Risikotransfers könnten beispielsweise Versicherungen den finanziellen Teil des Risikos übernehmen oder es werden Lieferanten eingeschaltet, die mit bestimmten Risiken besser umgehen können. Auch bei der Risikoteilung sucht man Partner, beispielsweise, weil eigene Kompetenzen zur Nutzung dieser Chance fehlen oder auch Gelder, die z. B. durch Investoren bereitgestellt werden können.

Umsetzung der Risikostrategien

Die geplanten Maßnahmen können den Risiken in einer weiteren Spalte des Risikoplanes zugeordnet werden. Ggf. werden mehrere Maßnahmenideen für ein Risiko entwickelt, die nicht vergessen werden sollen, aber nicht zwingend umgesetzt werden. Dafür ist die zusätzliche Spalte gut geeignet. In Tab. 2.22 ist diese zusätzliche

2.3 Projektplanung

Tab. 2.22 Risikobeispiele

Risiko	Konsequenzen	Maßnahmen
Schlechtwetter: Schnee …	Stillstrand der Baustelle, Terminverzögerung, Pönale …	Bei Schnee: Überdachung …
Personal: Krankenstände Fluktuation …	Schlechter Baufortschritt Schlechte Qualität …	Motivations-, Führungsschulung für Polier Prioritäten zwischen Objekten setzen …
Sublieferanten: Konkurs …	Zeitliche Verzögerung Qualitative Mängel …	Entsprechende Vertragsgestaltung …
Behörden: Unerwartete Forderungen der Wasserrechtsbehörde und des Arbeitsinspektorats …	Stillstand der Baustelle Verschmutzung im Wasserschutzgebiet …	Rechtzeitige Kontaktaufnahme Einhaltung aller Vorschriften und Bedingungen bei Zulieferern …

Maßnahmenspalte beispielhaft dargestellt, zusammen mit den Konsequenzen der kategorisierten Risiken. Die Maßnahmen, die tatsächlich umgesetzt werden sollen, sind zusätzlich im Projektstrukturplan zu berücksichtigen und genauso einzuplanen und abzuschätzen, wie die anderen Arbeitspakete.

Lehrvideos
Eine Vertiefung und Erläuterung zum Risikomanagement finden Sie in den Videos Abb. 2.74, 2.75, 2.76, 2.77 und 2.78 des Videokurses.

Abb. 2.74 Einführung in das Risikomanagement (https://doi.org/10.1007/000-0rr)

Abb. 2.75 Definition von Risiken (https://doi.org/10.1007/000-0rs)

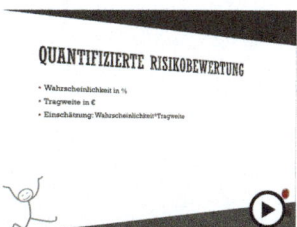

Abb. 2.76 Einordnung der Risiken in eine Risikomatrix

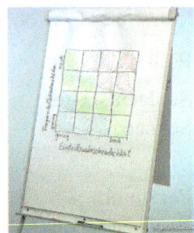

Abb. 2.77 Maßnahmen zur Risikosenkung (https://doi.org/10.1007/000-0rv)

Abb. 2.78 Beispiel für einen Risikomanagementplan (https://doi.org/10.1007/000-0rw)

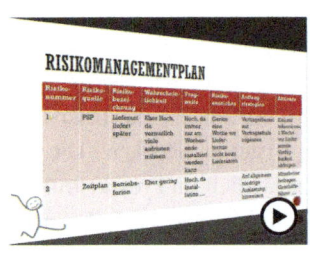

Kontrollfragen
1. Welche möglichen Aufgaben übernimmt ein Projektstrukturplan?
2. Welche Rolle spielen Arbeitspakete in einem Projektstrukturplan?
3. Warum sind Meilensteine bei der Terminplanung von Vorteil?
4. Was versteht man unter der gesamten Pufferzeit?
5. Welche Vorgehensweise ist bei einer Kapazitäten Planung üblich?
6. Welche Kostenarten fallen in Projekten an?
7. Welche möglichen Risiken sind bei einer Risikoplanung zu berücksichtigen?

2.4 Projektsteuerung

> **Lernziele**
> Sie wissen, was Projektüberwachung bedeutet.
> Sie können sinnvolle Kennzahlen zur Projektkontrolle festlegen.
> Sie kennen Maßnahmen zur Projektsteuerung.
> Sie können eine Fertigstellungswertanalyse durchführen.

2.4.1 Zielsetzung

Der Begriff der Projektsteuerung mit Abgrenzung zu den Begriffen der Projektüberwachung und des Projektkontrolle ist in der Literatur nicht eindeutig definiert. Zunächst einmal wird mit der Steuerung die Projektmanagementphase (Abschn. 1.4.1) bezeichnet. Hier wird sich detaillierter an der Abb. 1.5 orientiert und daraus eine eigene Definition für die Projektsteuerung in Anlehnung an die DIN 69901 abgeleitet.

Oberstes Ziel bei der Steuerung von Projekten ist die Erreichung der definierten Projektziele, d. h. im Kostenrahmen, mit eingehaltenen Terminen den zugesicherten Funktionsumfang des Projektes fertig zu stellen.

▶ **Projektcontrolling** DIN-69901 definiert Projektcontrolling wie folgt: Die Sicherstellung des Erreichens aller Projektziele durch Ist-Datenerfassung, Soll-Ist-Vergleich, Analyse der Abweichungen, Bewertung der Abweichungen gegebenenfalls mit Korrekturvorschlägen, Maßnahmenplanung, Steuerung der Durchführung von Maßnahmen.

Um dieses Ziel erreichen zu können, ist während des Projektverlaufes fortlaufend zu prüfen, ob die aktuelle Situation des Projektes mit der geplanten Situation übereinstimmt (Projektkontrolle). Darauf aufbauend sind Abweichungen frühzeitig zu erkennen, vorausschauend Maßnahmen zu definieren und abzustimmen, um die Zielerreichung sicherzustellen (Projektsteuerung).

Dabei kann es durchaus öfters zu Abweichungen kommen und der idealtypisch geplante Ablauf wird nicht eingehalten. Das Ziel muss allerdings stets angestrebt werden, wie aus der Abb. 2.79 hervorgeht:

Für eine frühzeitige Erkennung der Abweichungen und eine entsprechend schnelle Reaktion ist eine regelmäßig durchgeführte Projektsteuerung und -kontrolle notwendig. Prinzipiell kann sich dafür an der wiederholten Durchführung des PDCA-Zyklus von Deming in Abb. 2.80 orientiert werden:

Der Projektstatus wird durch die fortlaufende Projektsteuerung an jedem Stichtag sichtbar. Eine Erfassung und Auswertung der tatsächlichen Daten lediglich zum Projektende käme einer Nachkalkulation oder Projektrevision gleich und würde eine gezielte Projektsteuerung und zielgerichtete Reaktion auf Abweichungen unmöglich machen. Die

Abb. 2.79 Organisation von Projekten/Prinzip der Projektsteuerung [2]

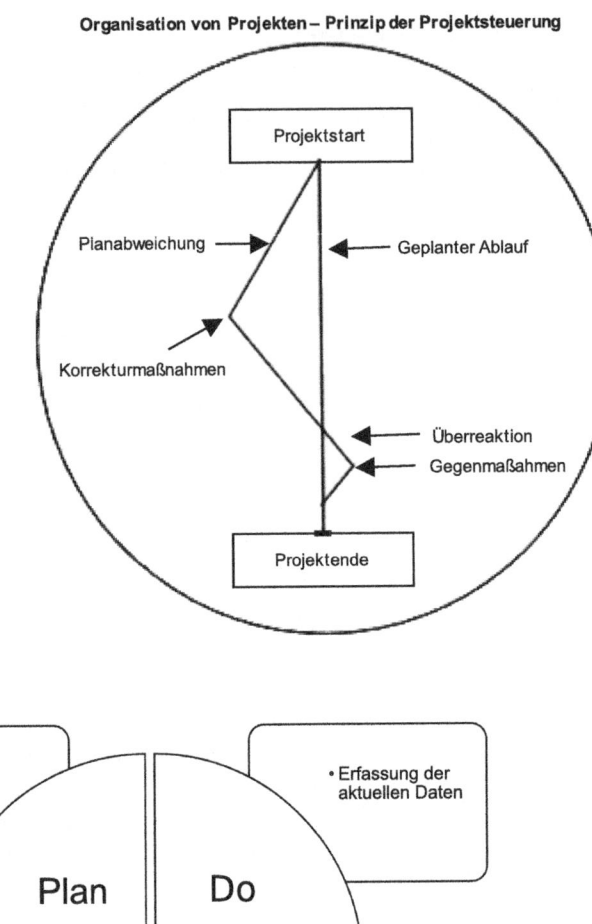

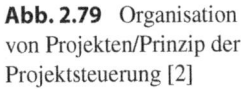

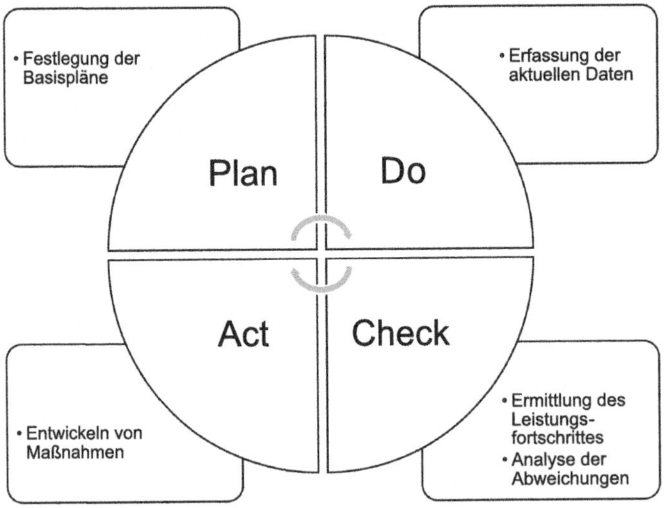

Abb. 2.80 PDCA-Zyklus nach Deming

Projektsteuerung kann entsprechend in folgende Schritte aufgeteilt werden und fußt auf der Festlegung der Basispläne als Sollwertgeber.

1. Erfassung der aktuellen Daten
2. Ermittlung des Leistungsfortschrittes

3. Analyse der Abweichungen
4. Entwickeln von Maßnahmen

Ist die Planung des Projektes abgeschlossen und sind der Lenkungsausschuss oder weitere entscheidungsrelevante Stakeholder damit einverstanden, werden die gefertigten Pläne als Basispläne des Projektes festgeschrieben. Diese fassen

- die Aufgabenplanung (siehe Abschn. 2.3.2),
- die Terminplanung (siehe Abschn. 2.3.3),
- die Ressourcenplanung (siehe Abschn. 2.3.4) und
- die Kostenplanung (siehe Abschn. 2.3.5)

zusammen und bilden die Grundlage für die Projektsteuerung.

2.4.2 Erfassung der aktuellen Daten

Schon zum Projektbeginn sollten die Zeiten für die Ermittlung des Projektstatus festgelegt werden. In den meisten Fällen wird eine wöchentliche Datenerfassung durchgeführt. Oft werden die geleisteten Arbeitsstunden pro Arbeitspaket am Ende der Arbeitswoche von den Projektmitarbeitern in dafür erstellte Arbeitszeiterfassungssysteme eingetragen und im Rahmen von Teamsitzungen zum Status und zu den anliegenden Aufgaben der Woche durchgeführt. Je nach Dauer und Größe der Arbeitspakete werden die Statusmeetings im Team auch in größeren Abständen durchgeführt. Da die Kommunikation und Teambildung in virtuellen Teams deutlich schwieriger ist, wird zu einer mindestens wöchentlichen virtuellen Sitzung geraten. Die zwischenmenschlichen Aspekte der Teamarbeit werden in Abb. 2.87 behandelt. Zur umfangreichen Kommunikation sind verschiedene Arten von Teambesprechungen denkbar, wie in Tab. 2.23 dargestellt wird.

Die Ergebnisse der Sitzungen sind immer zu protokollieren, um im Nachgang eine Referenz zu den besprochenen Punkten zu haben.

Die in dem aktuellen Projekt zu erhebenden Daten sind je nach Bedarf und Fragestellung unterschiedlich. Oft werden keine Arbeitsstunden erfasst, z. B. wenn ein Team dem Projekt Vollzeit und über die gesamte Projektlaufzeit hinweg zur Verfügung steht, oder wenn seitens des Betriebsrates Bedenken bestehen, die Arbeitsstunden personenbezogen zu erfassen. Wenn es sich um ein internes Projekt mit internen Ressourcen handelt, werden andererseits oft die durch die geleistete Arbeit entstehenden Kosten nicht erhoben. Um eine realistische Einschätzung des Projektstatus vornehmen zu können, kann eine sinnvolle Auswahl der folgenden Kennzahlen im Projektverlauf erhoben werden:

- Arbeitsstunden,
- Kosten,
- %-fertig,
- Anzahl fertiger Arbeitspakete,

Tab. 2.23 Arten von Teambesprechungen [2]

	Statussitzungen	Problemsitzungen	Verhandlungen
Wann?	Feste Zeitabstände (z. B. wöchentlich)	Im Bedarfsfall	Im Bedarfsfall
Ziel	Schaffung von Transparenz im Projekt	Verabschiedung eines Maßnahmenkatalogs zur Lösung eines Problems	Findung von Kompromisslinien und umsetzbaren Lösungen
Regeln	Statusbericht Wortmeldungen jedes Teammitgliedes (max. 5 min) Zusammenfassung der offenen (alten und neu hinzugekommen) Themen Aufgabenverteilung Protokollierung und Verteilung	Darlegung des Problems (Grund, Ziel) Brainstorming Bewertung der Lösungsansätze Verteilung von Aufgaben Lückenlose Protokollierung und Verteilung	Zurückhaltung und Höflichkeit sind besser als Euphorie und Arroganz Eile bedeutet ein hohes Risiko (Reduzierung des Tempos) Für eine unerwartet zu treffende Entscheidung ist ein anfängliches „Nein" eine gute Ausgangsposition Anpassung an den Stil des Verhandlungs-partners Erst unproblematische, dann kritische Themen

- Anzahl erreichter Meilensteine und
- Fertigstellungswertmethode.

Neben den quantitativen Informationen sind für die Einschätzung wichtig:

- Risikosituation: Sind Risiken eingetreten, gibt es neue Risiken oder müssen Identifizierte neu bewertet werden?
- Änderungen: Welche Änderungswünsche sind aufgetaucht?
- Probleme: Welche Probleme mussten oder müssen gelöst werden?
- Teamstimmung: Ist das Team noch motiviert, hat etwas gefehlt, kann unterstützt werden?
- Stimmung der Stakeholder: Sind die Stakeholder noch zufrieden mit dem Projekt, welche positiven und negativen Rückmeldungen gibt es?

All diese Informationen sind die Grundlage für die Bewertung des Projektstatus.

2.4.3 Ermittlung des Leistungsfortschrittes

Auf Basis der Pläne und der aktuellen Daten kann durch Vergleich festgestellt werden, wie weit das Projekt fortgeschritten ist, z. B. durch prozentuale Ermittlung der verbrauchten Ressourcen:

2.4 Projektsteuerung

$$\text{Fortschritt} = \frac{\text{aktueller Wer}}{\text{gesamter Basisplanwert}} * 100 \qquad (2.9)$$

Wenn beispielsweise 1000 h für ein Projekt eingeplant wurden und bereits 100 h abgearbeitet wurden, ist der Fortschritt bezüglich der Arbeit 10 %.

Dieser Aspekt allein genügt für eine Einschätzung des Projektstatus nicht, dafür muss ein Vergleich von Plandaten mit den aktuellen Daten vorgenommen werden. Bezogen auf das oben genannte Beispiel ist die Situation, dass zum Stichtag 10 % der Arbeit erledigt wurde und dies mit dem Fortschrittsgrad, der zu diesem Zeitpunkt erreicht werden sollte, verglichen wird:

- bei einem geplanten Fortschritt von 20 % sind wir deutlich in Verzug,
- bei einem geplanten Fortschritt von 5 % sind wir vor dem Zeitplan
- perfekt ist eine Übereinstimmung, d. h. es wurde zum aktuellen Stichtag ein Fortschritt von 10 % geplant. Weder wurde zu optimistisch geplant, noch wurden die Arbeiten verzögert.

Diese Überlegung kann auf die weiteren zu erfassenden Kennzahlen angewandt werden, siehe Abschn. 2.4.2. Und sie muss andererseits für weitere Kennzahlen umgesetzt werden, da eine einzige Kennzahl unter Umständen kein korrektes Bild des Projektstatus zeichnet. Dies wird in Abb. 2.81 verdeutlicht.

Betrachten wir den Planverlauf der Kostenkurve in Abb. 2.81, so sieht es nach einem effizienten Projekt aus, da die aktuellen Kosten die geplanten Kosten unterschreiten. Zieht man die Arbeitsstunden hinzu, so ergibt sich ein anderes Bild: die geringen Kosten sind durch eine deutliche Verzögerung der Arbeiten erzielt worden. Damit ist der gute Projektstatus nicht mehr gegeben.

2.4.4 Analyse der Abweichungen

Für jede Abweichung muss deren Ursache ermittelt werden. Diese Ermittlung ist Voraussetzung für die Auswahl geeigneter Steuerungsmaßnahmen. Bei der Analyse werden häufig Ursache und Wirkung verwechselt. So sind z. B. Kosten- und Terminüberschneidungen immer die Folge tiefer liegender Ursachen, wie z. B. von Planungsfehlern, Ausführungsfehlern oder Änderungen der Rahmenbedingungen. Diese Ursachen können – wie in Abb. 2.82 dargestellt- weiter untergliedert werden und ermöglichen damit zielgerichtete Maßnahmen.

In der Praxis ergeben sich häufiger Soll-Ist-Abweichungen, weil z. B. vom Auftraggeber oder vom Linienmanagement Termine so festgelegt werden, dass sie einer „ernsthaften" Planung nicht standhalten. Für die Projektplanung und die spätere Abweichungsanalyse ist es daher einerseits notwendig, alle relevanten Annahmen und Rahmenbedingungen festzuhalten, andererseits für realistische Planungen einzustehen.

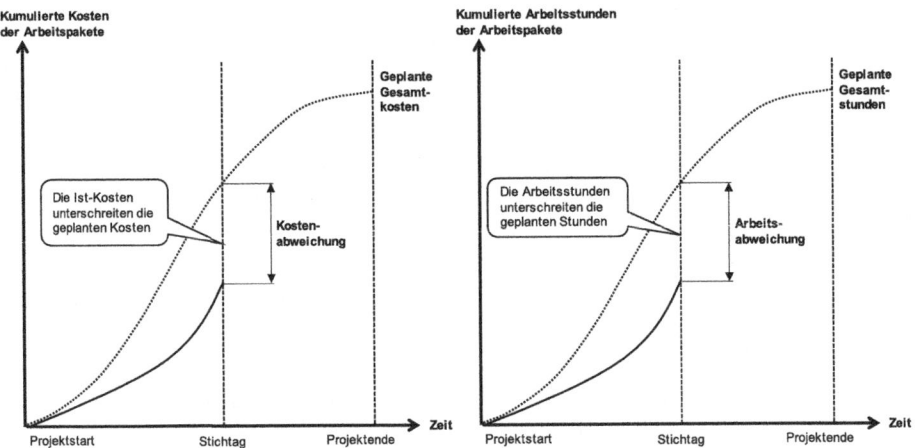

Abb. 2.81 Vergleich von Kenngrößen

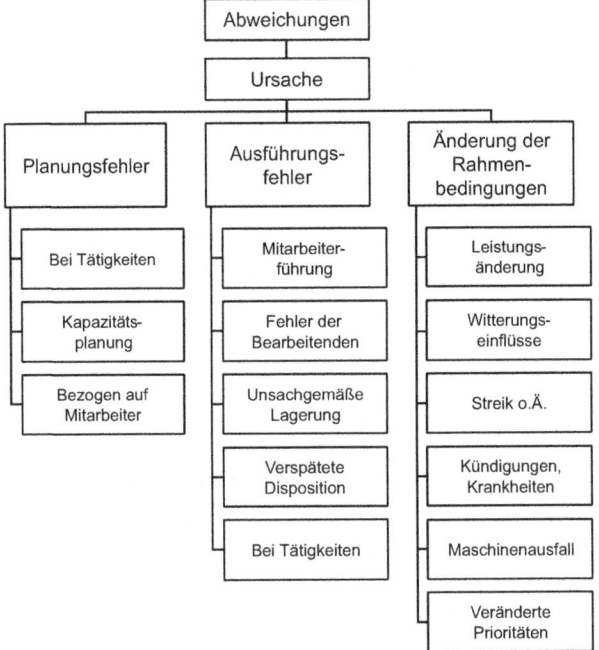

Abb. 2.82 Abweichungsursachen

2.4 Projektsteuerung

Das in die Geschichte des Projektmanagements eingegangene Berlin-Prinzip weist drei grundlegenden Planungsfehler bei Großprojekte auf, die insbesondere beim Bau des Berliner Flughafens zu einer katastrophalen Projektsteuerung geführt haben. Folgende Planungsfehler lassen sich identifizieren:

- Termine werden verhandelt, nicht berechnet.
- Verhandelte Termine werden so lange mit Druck durchgeboxt, bis einer der beteiligten Parteien aufgibt.
- Die Verlierer werden aus dem Projekt entlassen und ein neuer Termin wird verhandelt [Kap. 3, 9].

Jede Abweichungsanalyse muss feststellen, ob eine einmalige Abweichung vorliegt, die mit einer einmaligen Maßnahme korrigiert werden kann, oder ob eine systematische Abweichung eingetreten ist, die eine grundsätzliche Änderung der Rahmenbedingungen (z. B. hinsichtlich Organisation, Kapazität) oder der Planung selbst erfordert [7].

Kostenabweichung

Die Kostenabweichung entsteht durch eine Abweichung, die dadurch begründet ist, dass die tatsächlich angefallenen Kosten nicht den geplanten Kosten entsprechen. Ursachen können beispielsweise die während des Projektverlaufs im Preis gestiegenen Rohstoffpreise sein, die zwingend für das Projekt benötigt werden und nicht anderweitig in der Risikoplanung (siehe Abschn. 2.3.5), abgesichert sind.

Produktivitätsabweichung

Die Abweichung bei der Produktivität, die oftmals durch den Fertigstellungsgrad der Arbeitspakete zu einem bestimmten Zeitpunkt gemessen werden, können sich durch Krankheiten oder Ersatz des Experten durch Anfänger ergeben haben.

Leistungsabweichung

Ähnlich wie bei der Produktivitätsabweichung kann auch die Leistungsabweichung durch Krankheiten oder Ersatz des Experten durch Anfänger verursacht sein. Gemessen wird die Leistungsabweichung z. B. durch die Anzahl der erreichten und geplanten Meilensteine.

Es ist sehr unwahrscheinlich, dass während des Projektverlaufes exakt die geplanten Kenngrößen eingehalten werden, eine gewisse Schwankung ist normal und akzeptabel. Die Akzeptanz dieser Schwankungsbreiten hängt zum einen von möglichen Vorgaben ab und zum anderen von deren Bedeutung für die betroffenen Projektziele. Generell kann festgehalten werden, dass Schwankungsbreiten von 5–10 % durchaus vertretbar sind, da selbst eine genaue Schätzung eine Abweichung in diesem Rahmen mitbringt. Ist jedoch der Termin fixiert, beispielsweise der Start einer Messe, auf der das neue Produkt vorgestellt werden muss, so ist eine Abweichung von einem Tag nicht mehr akzeptabel, selbst wenn diese Abweichung formal weniger als 5 % umfasst.

In der Praxis findet man fast immer eine plakative Einschätzung des Projektstatus in den drei Farben grün, gelb oder rot vor. Oft ist diese Statusampel nicht nur für das Gesamtprojekt angegeben, sondern für die Eckpunkte des magischen Dreiecks oder weiterer Zielgrößen. Generell ist im Vorfeld eine Abstimmung darüber, was genau die Farben bedeuten, anzuraten. Als Daumenregel und Diskussionsgrundlage kann die Tab. 2.24 verwendet werden.

Es ist wichtig, dass für die Gesamtbewertung des Projektstatus nicht nur die erhobenen Kennzahlen, sondern auch die weicheren Faktoren, wie Risiken, Änderungen etc. berücksichtigt werden.

Trendanalyse
Der Blick in die Vergangenheit des Projektes, der mit der Erfassung der aktuellen Daten und deren Bewertung stattgefunden hat, ist für eine vorausschauende Steuerung des Projektes allein jedoch nicht sinnvoll.

Für die Terminsituation im Projekt wird gerne die Meilensteintrendanalyse genutzt. In der Abb. 2.83 sind auf der vertikalen Achse die prognostizierten Meilensteintermine der Meilensteine des Projektes von unten nach oben dargestellt, auf der horizontalen Achse die Zeitpunkte, zu denen die Meilensteine analysiert und gegebenenfalls neu prognostiziert werden. Die Meilensteintermine werden möglichst im Projektteam zum jeweiligen Berichtszeitpunkt unter Berücksichtigung der aktuellen Situation eingeschätzt und in das Chart eingetragen.

- Die Meilensteintermine werden am 1.1. (erste Spalte) auf den 1.3., den 1.8. und den 1.10 geschätzt,
- das Treffen am 1.3 (dritte Spalte) ergibt die prognostizierten Meilensteintermine 1.5., 1.7. und 1.10
- das Treffen am 1.5 (fünfte Spalte) ergibt die prognostizierten Meilensteintermine 1.5. (der nun auch erreicht wurde), 1.6. und 1.10
- etc.

Tab. 2.24 Ampelfarben in einem Projekt

Status	Abweichungen	Statusbeschreibung
Grün	<=5 %	Das Projekt läuft nach Plan, es sind keine Steuerungsmaßnahmen notwendig
Gelb	<=10 %	Es gib Abweichungen im Projekt, für die Steuerungsmaßnahmen geplant und umgesetzt werden müssen
Rot	>10 %	Die Abweichungen im Projekt sind so gravierend, dass umgehend Steuerungsmaßnahmen eingeleitet werden müssen

2.4 Projektsteuerung

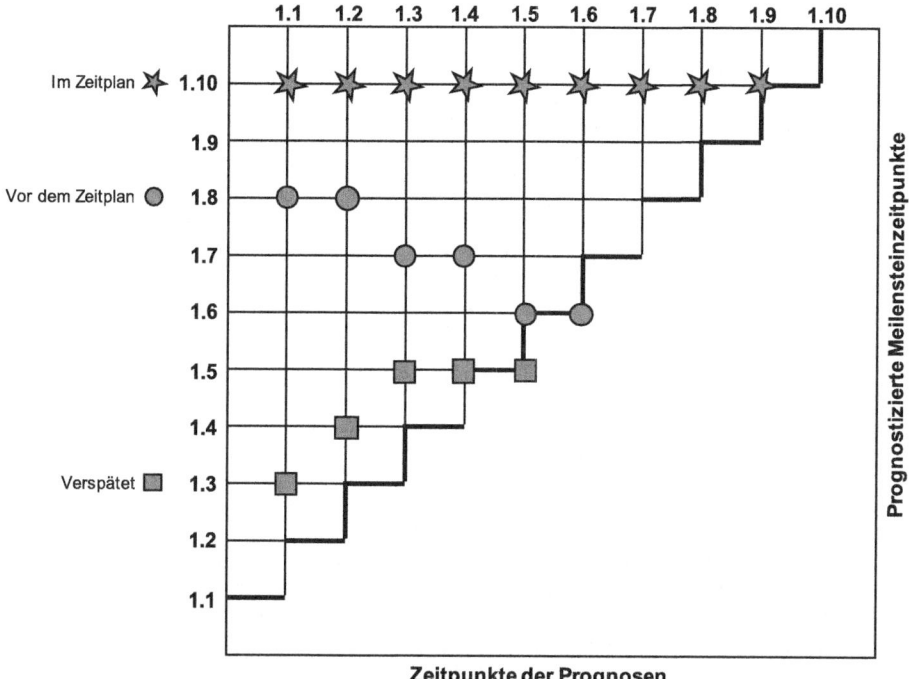

Abb. 2.83 Meilensteintrendanalyse

Steigt die gedachte Verbindungslinie nach oben, liegt eine Terminverzögerung vor, dargestellt in der unteren Verlaufslinie. Die mittlere Verlaufslinie zeigt eine beschleunigte Abarbeitung des Meilensteines und die oberste Linie eine planmäßige Bearbeitung.

Durch die Visualisierung des Terminverlaufs der Meilensteine werden allen Stakeholdern die Terminverzögerungen vor Augen geführt und es wird deutlich ob Steuerungsmaßnahmen notwendig sind.

Neben dem Verlauf der einzelnen Terminverläufe kann auch das Gesamtbild interpretiert werden. So lässt eine stete Verschiebung aller Meilensteine nach oben auf wenig bis keine Projektsteuerung schließen. Wird ein Terminverlauf lange nach Verzögerung früherer Meilensteine nach oben korrigiert, ist eine wenig vorausschauende Projektsteuerung zu vermuten.

2.4.5 Entwickeln von Maßnahmen

Auf Basis der Statusdaten und damit ggf. identifizierter Abweichungen, können im Anschluss entsprechende Maßnahmen geplant werden. In Tab. 2.25 sind mögliche Gegenmaßnahmen bei Terminverzug aufgezeigt.

Tab. 2.25 Terminverzug in einem Projekt

Parameter Teilproblem	Ausprägung von Teillösungen				
Personalstärke	Interne Versetzungen	Neueinstellungen	Überstunden	Urlaubssperre	Consultants
Qualifizierung	Interne Kurse	Externe Kurse	Selbst-studium	Experten einbeziehen	
Motivation	Beförderungen vornehmen	Prämien ankündigen	Kommunikation verbessern	Austausch von Mitarbeitern	Wechsel von Vorgesetzten
Leistungsumfang	Funktionen streichen	Wertanalyse vornehmen	Stufenkonzept erarbeiten		
Qualität	Qualitätsanforderungen reduzieren	QS-Maßnahmen verringern	QS-Maßnahmen vergrößern		
Prozessablauf	Zeitreserven eliminieren	Aktivitäten parallelisieren	Optimierung mit Netzplan	Kommunikationsfluss straffen	Dienste zentralisieren
Unterstützung	Kauf von Entwicklungsteilen	Kauf von Tools	Anschaffung von CAD-Geräten	Mehr Test- und Rechenzeiten	Konventionen definieren

Abhängig von den Befugnissen der Projektleitung können die Maßnahmen unmittelbar eingeleitet werden oder zunächst von einem Änderungsgremium genehmigt werden. Für den letzten Fall ist es sinnvoll, mehrere Vorschläge zu entwickeln, die Vorteile und Nachteile darzustellen und eine begründete Handlungsempfehlung abzugeben. Auf diese Weise kann eine sachgerechte Entscheidung gut vorbereitet werden und die Projektleitung erscheint angesichts zu lösender Probleme im Projekt nicht hilflos.

Sind die geplanten Maßnahmen genehmigt, sind die Pläne entsprechend anzupassen.

2.4.6 Fertigstellungswertanalyse

Grundlage für die Fertigstellungswertanalyseoder Earned Value Analyse ist die Kostenermittlung der Arbeitspakete, denkbar sind auch andere, vergleichbare Größen. Die Analyse befasst sich mit den in genannten Schritten und strebt eine objektive, quantitative Bewertung des Projektes an, die den Status des Projektes in wenigen Kennzahlen zusammenfasst. Das Vorgehen soll anhand der genannten Schritte näher erläutert werden. Das in Tab. 2.26 dargestellte Projekt wird als Beispiel herangezogen. Aufgeführt ist die Gesamtplanung für das Projekt, sowie der geplante Fertigstellungsgrad zum 31. März, dem Statusdatum. Alle Vorgänge, die erst nach dem Statusdatum starten, haben zum aktuellen Zeitpunkt entsprechend einen Fertigstellungsgrad von 0 %.

2.4 Projektsteuerung

Tab. 2.26 Beispiel Fertigstellungswertanalyse

Vorgang	Geplanter Fertigstellungstermin	€ Tsd. geplante Kosten	€ Tsd. geplante Kosten, kumuliert	Geplanter Fertigstellungsgrad
Konsortium bilden	31. Jan	4	4	100 %
Vorbereitungen	28. Feb	6	10	100 %
Werbung	31. Marz	10	20	100 %
Umsetzung 1. Entwurf	30. Jun	30	50	0 %
Umsetzung Verfeinerung	31. Aug	26	76	0 %
Initialförderung aufsetzen	31. Okt	20	96	0 %
Abschlussveranstaltung	30. Nov	2	98	0 %
Abschlusskommunikation	31. Dez	2	100	0 %

Festlegung der Basispläne

Diese Planungsdaten sind aus der Kostenschätzung des Projektes ableitbar. Wesentlich sind hier das geplante Gesamtbudget und die geplanten Kosten zu den einzelnen Zeitpunkten des Projektes.

In Abb. 2.84 sind die kumulierten geplanten Kosten dargestellt. In der Summe ist das geplantes Gesamtbudget: 100 Tsd. Euro und zum Zeitpunkt Ende März ist der geplante Wert 20 Tsd. €.

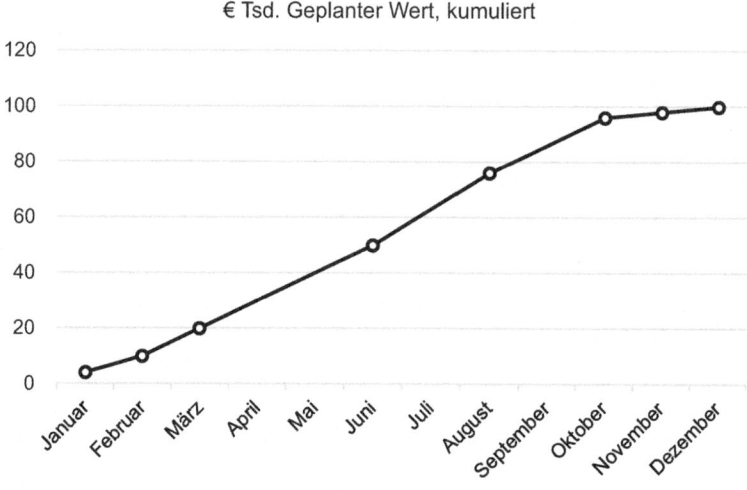

Abb. 2.84 Geplanter Wert für die Fertigstellungswertanalyse

Erfassung der aktuellen Daten

Mit der Umsetzung des Projektes startet die Erfassung der aktuellen Daten. Für das Beispielprojekt ist die Situation bis Ende März in Tab. 2.27 dargestellt.

In Abb. 2.85 ist die aktuelle Situation im März grafisch zusammen mit den geplanten Werten dargestellt. Die angefallenen Kosten werden für jedes Arbeitspaket, welches in Arbeit oder abgeschlossen ist, aufsummiert. Dies sind die Ist-Kosten zum Stichtag, in diesem Fall sind bis zum Stichtag 31.März insgesamt 25 Tsd. € ausgegeben worden.

Die Fertigstellungswerte der einzelnen Arbeitspakete werden aus den Fertigstellungsgraden der einzelnen Arbeitspakete (100 %, 100 %, 80 %) durch Multiplikation mit den Plankosten (4, 6 und 10) ermittelt und zum Fertigstellungswert des Projektes aufsummiert. Da die ersten beiden Vorgänge bereits zu 100 % fertiggestellt sind, gehen diese mit ihren gesamten Plankosten in die Berechnung ein. Der dritte Vorgang „Werbung" ist nur zu 80 % fertig, entsprechend werden 80 % der Plankosten angesetzt. Insgesamt ist der gesamte Fertigstellungswert damit 18 Tsd. €.

In der Abbildung ist bereits erkennbar, dass die erbrachte Leistung, die im Fertigstellungswert deutlich wird, und die Ist-Kosten auseinanderlaufen. Konkret gilt zum 31. März:

- Geplanter Wert: 20 Tsd. €
- Ist-Kosten: 25 Tsd. €
- Fertigstellungswert: 18 Tsd. €

Ermittlung des Leistungsfortschrittes

Aus den aktuellen Daten können verschiedene Schlussfolgerungen zum Projektstatus gezogen werden. So lässt sich aus der Kostenabweichung und der Terminplanabweichung

Tab. 2.27 Aktuelle Daten für die Fertigstellungswertanalyse

Vorgang	Aktueller Fertigstellungsgrad	€ Tsd. aktuelle Kosten	€ Tsd. aktuelle Kosten, kumuliert
Konsortium bilden	100 %	6	6
Vorbereitungen	100 %	7	13
Werbung	80 %	12	25
Umsetzung 1. Entwurf			
Umsetzung Verfeinerung			
Initialförderung aufsetzen			
Abschluss-veranstaltung			
Abschlusskommunikation			

2.4 Projektsteuerung

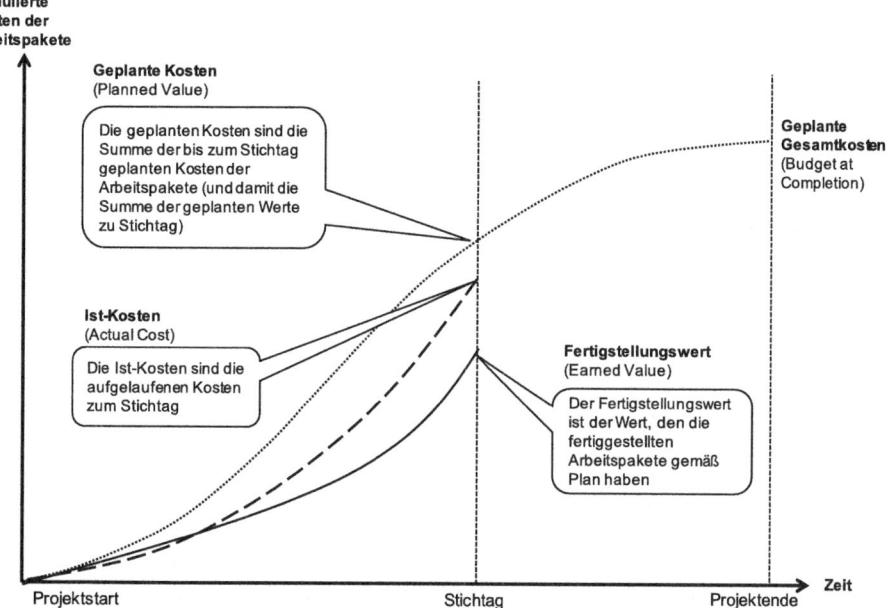

Abb. 2.85 Darstellung der aktuellen Daten

ableiten, ob das Projekt hinter dem Plan ist oder nicht. Im ersten Fall ist die Abweichung kleiner null, im zweiten größer als null. Interessant ist in diesem Zusammenhang die Kostenabweichung. Während in der herkömmlichen Kostensteuerung lediglich die Ist-Kosten mit den geplanten Kosten verglichen werden, gibt es im Rahmen der Fertigstellungswertanalyse die Möglichkeit, den Ist-Kosten die dafür erwirtschaftete Leistung in Form des Fertigstellungswertes gegenüberzustellen. Dies lässt weitaus gehaltvollere Aussagen zu.

Für das Beispiel bedeutet dies konkret zum 31. März:

$$\text{Kostenabweichung} = 18 \text{ Tsd. €} - 25 \text{ Tsd. €} = -7 \text{ Tsd. €} \quad (2.10)$$

$$\text{Terminplanabweichung} = 18 \text{ Tsd. €} - 20 \text{ Tsd. €} = -2 \text{ Tsd. €} \quad (2.11)$$

Insgesamt lässt sich aus den genannten Kennzahlen keine Schlussfolgerung über die Qualität der Abweichung, im Sinne von schlecht oder sehr schlecht, ziehen. Dazu werden statt der Differenzen die Verhältnisse betrachtet, der Kostenentwicklungsindex und der Terminentwicklungsindex.

Für das Beispiel bedeutet dies konkret zum 31. März:

$$\text{Kostenentwicklungsindex} = 18 \text{ Tsd. €} \div 25 \text{ Tsd. €} = 0{,}72 \quad (2.12)$$

$$\text{Terminentwicklungsindex} = 18 \text{ Tsd. €} \div 20 \text{ Tsd. €} = 0{,}9 \quad (2.13)$$

Tab. 2.28 Leistungsfortschritt mit der Fertigstellungswertanalyse

Bezeichnung	Formel	Bewertung
Kostenabweichung	Fertigstellungswert-Ist-Kosten	<0, das Projekt ist teurer als geplant
Terminplanabweichung	Fertigstellungswert-geplanter Wert	<0, das Projekt ist später als geplant
Kostenentwicklungsindex	Fertigstellungswert/Ist-Kosten	<1, das Projekt ist teurer als geplant
Terminentwicklungsindex	Fertigstellungswert/geplanter Wert	<1, das Projekt ist später als geplant

Akzeptabel sind Werte um 0,95, wobei bei sehr neuartigen Projekten auch ein Wert von 0,9 als grün bewertet werden kann.

Die Kennwerte, ihre Berechnung und die Schlussfolgerungen für die Projektbewertung sind in der Tab. 2.28 zusammengefasst.

Aus den ermittelten Statusdaten kann im nächsten Schritt eine Prognose für das Projekt abgeleitet werden. Während im Rahmen der Zeitplanung die besten Prognosen aufgrund des kritischen Pfades entwickelt werden können, steht im Rahmen der Fertigstellungswertanalyse der Kostenentwicklungsindex zur Verfügung. Die Berechnung fußt auf der Annahme und Erfahrung aus vielen Projekten, dass nach ca. 20–25 % der Projektlaufzeit keine gravierenden Schwankungen des Kostenentwicklungsindex zu beobachten sein werden. Auf dieser Basis können die erwartete Gesamtkosten bei Fertigstellung recht einfach berechnet werden:

Erwartete Gesamtkosten bei Fertigstellung = Geplante Gesamtkosten/Kostenentwicklungsindex.

In der Abb. 2.86 sind alle ermittelten Kennwerte zusammengestellt. Man kann gut erkennen, dass die Kosten zwar unter den geplanten Kosten bleiben, andererseits der Fertigstellungswert ebenfalls unter dem geplanten Wert liegt, sogar unter den Ist-kosten. Damit wird der Rückstand des Projektes bezüglich Terminplan als auch Kosten deutlich. Die Fortführung des Projektes wird dann auch folgerichtig zu erhöhten erwarteten Gesamtkosten bei Fertigstellung führen.

Für das Beispiel bedeutet dies konkret bis zum Ende des Projektes:

$$\text{Erwartete Gesamtkosten bei Fertigstellung: } 100 \text{ Tsd. } € \div 0{,}72 \approx 129 \text{ Tsd. } € \quad (2.14)$$

Analyse der Abweichungen

Die genannten Kennzahlen können für die Ermittlung einer Prognose herangezogen werden, die umso genauer wird, je genauer die Ursachen für die Abweichungen bekannt sind. Im vorherigen Kapitel wurde ohne Ursachenanalyse, lediglich aufgrund statistischer Erfahrungen, eine gleichbleibende Kostensituation angenommen, die im Kostenentwicklungsindex festgehalten wurde.

2.4 Projektsteuerung

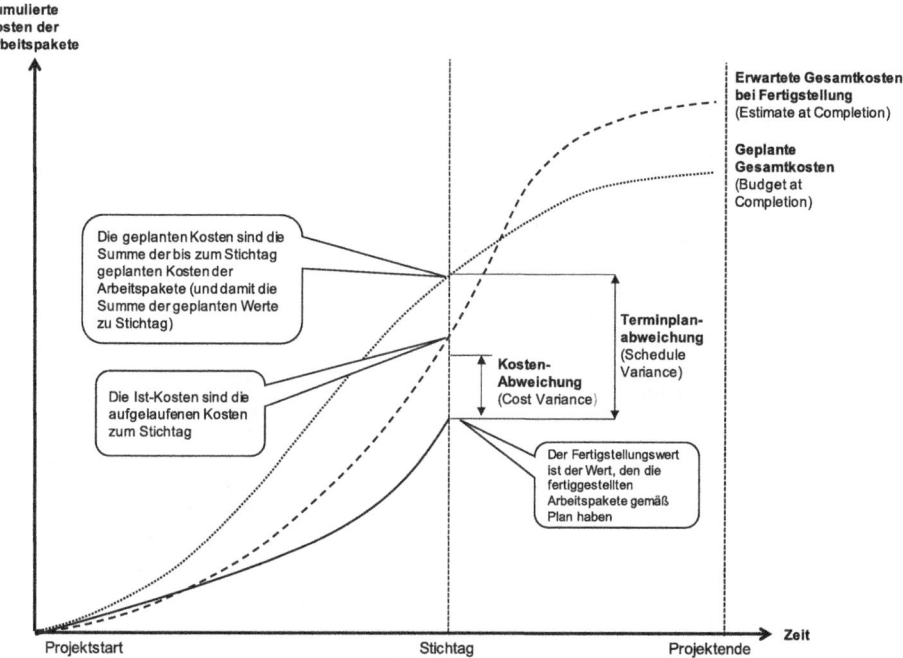

Abb. 2.86 Übersicht Fertigstellungswertanalyse

In einem Projekt können jedoch zu Beginn z. B. größere Risiken eintreten, die einen sehr viel schlechteren Kostenentwicklungsindex bedingen. Auf diesem eine Schätzung für den Restverlauf des Projektes abzuleiten, wäre grob fahrlässig, wenn für den Restverlauf eine Abwicklung gemäß Plan angenommen werden kann. In diesem Fall würden die erwarteten Gesamtkosten bei Fertigstellung die aktuellen Kosten berücksichtigen, für den übrigen Verlauf aber die geplanten restlichen Kosten für die fertigzustellenden Arbeitspakete ansetzen:

Erwartete Gesamtkosten bei Fertigstellung =
Ist-Kosten + (Geplante Gesamtkosten-Fertigstellungswert).

Für das Beispiel bedeutet dies konkret bis zum Ende des Projektes:

$$\text{Erwartete Gesamtkosten bei Fertigstellung} = 25 \text{ Tsd. } € + (100 \text{ Tsd. } € - 18 \text{ Tsd. } €) = 107 \text{ Tsd. } € \tag{2.15}$$

2.4.7 Informelle Rollen und Typen

Neben den vorgestellten Prozessen und Vorgehen ist die persönliche Seite der Teammitglieder im Auge zu behalten. Hier soll dazu ein etwas humorvoller, aber durchaus treffsicherer Blick auf verschiedene Typen im Projektgeschehen geworfen werden. Abb. 2.87 zeigt Analogien ins Tierreich und die körpersprachlichen Ausdrucksformen.

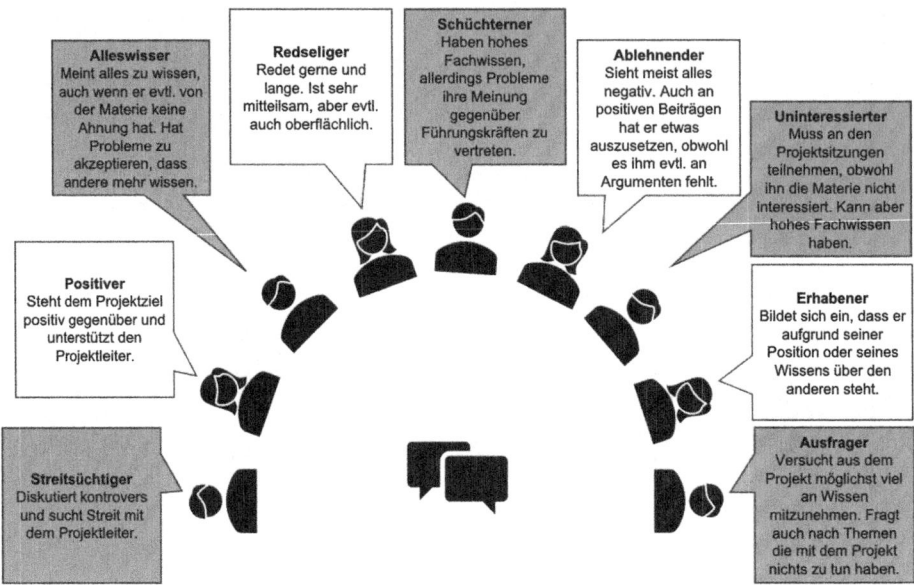

Abb. 2.87 Informelle Rollen und Typen [8]

Alle Beteiligten zeigen Verhaltensweisen, die in einer Besprechung störend als auch positiv wirken können. Es ist generell wichtig, einer Übertreibung der Verhaltensweisen entgegenzuwirken, um deren konstruktiven Beitrag nutzen zu können. Ebenfalls ist zu beachten, dass durch diese Verhaltensweisen grundlegende Bedürfnisse zum Ausdruck gebracht werden, deren strikte Ignoranz die Teammitglieder nicht zur konstruktiven Mitarbeit zu motiviert.

Streitsüchtiger
Dieser Typus wird als jemand beschrieben, der Konflikten nicht aus dem Weg geht. Dies ermöglicht eine breite Betrachtung des Diskussionsgegenstandes und ist sehr geeignet, um Gruppendruck und unausgereifte Entscheidungen zu vermeiden. Die vom Streitsüchtigen vorgebrachten Punkte können gut an die Gruppe zur Diskussion weitergegeben werden, es ist aber auf eine maßvolle Streitkultur zu achten.

Positiver
Der Positive zeigt ein großes Interesse an dem harmonischen Miteinander im Team und hat entsprechend oft das Gemeinsame im Blick. Wenn Konflikte zu eskalieren drohen, sind diese Typen sehr gut geeignet, um die Wogen durch den Blick auf die gemeinsamen Ziele und Überzeugungen zu glätten. Dazu sollten sie aktiv in die Diskussion mit einbezogen werden.

Alleswisser bzw. Besserwisser
Die Alleswisser haben keinerlei Probleme, ihre Ideen und Vorschläge einzubringen. Allerdings fehlt das Konfrontative des Streitsüchtigen. Der Alleswisser übersieht durch den Fokus auf das Wissen, aber oft die zwischenmenschliche Komponente und steht daher oft etwas außerhalb des Teams. Das Wissen ist in vielen Fällen hilfreich und kann in der Gruppe aufgegriffen oder als nicht relevant bewertet werden. Vorsicht ist geboten bei zu häufigen Wiederholungen der gleichen Informationen, da dies irgendwann zum Ignorieren führt.

Redseliger
Der Redselige gehört ebenso wie Alleswisser und Streitsüchtiger zu denjenigen, die keinerlei Scheu haben, in der Gruppe zu sprechen und ihre Gedanken im Gespräch weiter zu entwickeln. Damit ist ein Einbezug aller in den Entwicklungsprozess möglich, was gerade in Anfangssituationen das Eis bricht. Seitens der Moderation muss darauf geachtet werden, dass die anderen Teammitglieder sich dadurch nicht mental aus der Diskussion herausziehen.

Schüchterner
Schüchterne werden im Team oft übersehen oder ihre Meinungen werden nicht wahrgenommen, da sie zurückhaltend agieren und oft leise sind. Sie hören gut zu und denken mit, die Ideen und Gedanken werden im Gegensatz zum Redseligen nicht gemeinsam, sondern allein weitergedacht. Eine direkte Ansprache fördert dieses wertvolle Gedankengut zu Tage.

Ablehnender
Die kritischen Denker in der Runde sind die Ablehnenden. Sie bewahren, ähnlich wie der Streitsüchtige, vor Fehlschlüssen und Fehlern und verdienen dafür Anerkennung. Zuviel kritisches Denken wird durch Ausbleiben von Anerkennung hervorgerufen oder die Anerkennung wird nicht wahrgenommen.

Uninteressierter
Der Uninteressierte kann zur eigenen Reflektion anregen. Ebenfalls ist es möglich, dass mit der zur Schau gestellten Uninteressiertheit andere Ziele verfolgt werden, die im Rahmen der Stakeholderanalyse (siehe Abschn. 2.1.4) untersucht werden sollten.

Erhabener
Der Erhabene, der tatsächlich Einfluss hat, kann für eine schnelle und zuverlässige Entscheidungsfindung und -umsetzung von großem Wert sein. Das sollte nicht zur Einräumung von Sonderrechten verleiten oder zur Zurückweisung von entgegengesetzten Beiträgen. Hier muss in diplomatischer Weise ggf. eine direkte Ansprache des Streitsüchtigen in eine diplomatischere Form, z. B. ein „Ja-Aber", gebracht werden. Dann können die Vorteile dieses Verhaltens dauerhaft genutzt werden. Es empfiehlt sich

ebenfalls, die Zusagen in den weiteren Treffen zu überprüfen und Lösungen für auftauchende Schwierigkeiten zu suchen.

Ausfrager
Der Ausfrager ist ein wissbegieriger Projektteilnehmer. In Anerkennung dessen ist ein Ausfrager, der sich Notizen macht, für alle wertvoll, denn die Notizen können von allen genutzt werden. Gestellte Fragen können die Selbstreflektion anregen und ggf. Lücken aufdecken. Wie immer ist es wichtig, Übertreibungen zu verhindern.

2.4.8 Eskalationsmanagement

In Projekten bleiben Konflikte oft systembedingt nicht aus, da das Projekt eine weitere zusätzliche Organisationseinheit im Unternehmen bedeutet und oft Ressourcen anderer Bereiche beansprucht. Einige der Konflikte oder Herausforderungen können intern gelöst werden, für die, bei denen Entscheidungen außerhalb der Befugnisse des Projektes zu treffen sind, ist das Eskalationsmanagement vorgesehen. Dies kann beispielsweise der Fall sein, wenn Entscheidungen das Budget überschreiten würden, oder der Projektumfang geändert werden müsste.

Eine frühzeitige Definition und Einrichtung des Eskalationsmanagements beginnt mit den sogenannten Eskalationsstufen, wie z. B. in Abb. 2.88 dargestellt. Um diese

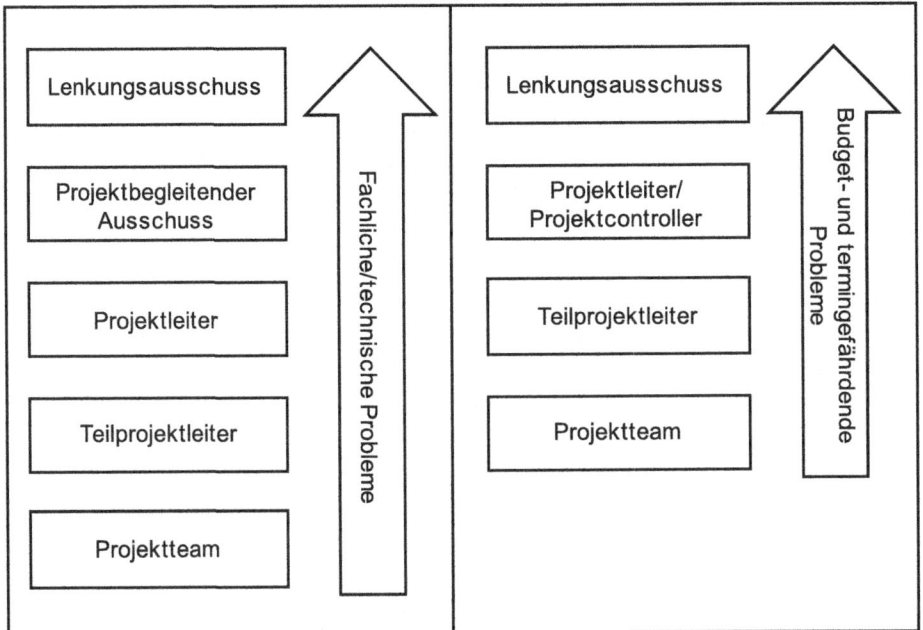

Abb. 2.88 Eskalationsmanagement in einem Projekt

jedoch effizient managen zu können, ist es von hoher Bedeutung, jede Eskalation zu dokumentieren:

- Initiator,
- Beschreibung des Dissens,
- betroffene Bereiche und mögliche Auswirkungen,
- Darstellung aus Sicht der Gegenposition,
- Lösungsalternativen (Ziel, Inhalt, Ergebnis, Bewertungskriterien) und
- Entscheidungsbedarf formulieren.

Die Lösung sollte im Anschluss an alle Beteiligten kommuniziert werden.

Kontrollfragen
1. Was bedeutet Projektüberwachung?
2. Welche Kennzahlen zur Projektkontrolle gibt es?
3. Welche Maßnahmenkategorien zur Projektsteuerung gibt es?
4. Welche Kennzahlen können mit der Fertigstellungswertanalyse ermittelt werden?
5. Wofür ist eine Fertigstellungswertanalyse nützlich?

2.5 Projektreporting

Lernziele
Sie können die Bedeutung des Projektreportings erläutern.
Sie haben eine Systematik zur Organisation der Projektdokumente.
Sie kennen die unterschiedlichen Dokumentarten.
Sie können einen Statusbericht aufstellen.

2.5.1 Motivation und Organisation

Eine systematische Projektdokumentation ist gerade in den klassischen Projekten sehr wichtig, um ein Versinken im Chaos der Dokumente zu verhindern. Ein Dokumentenmanagement mit einem passenden Klassifizierungssystem ist umso notwendiger, je größer das Projekt ist. Dies beinhaltet die Festlegungen:

- wer auf welches Dokument in welcher Form Zugriff haben darf,
- wie die Projektablage organisiert ist (z. B. mit Ordnern Projektmanagement, Zeitpläne, Risiken, etc.) und
- welche Arbeitsschritte das Dokument durchläuft (z. B. offen, in Bearbeitung, etc.).

Werden Dokumente falsch abgelegt, kann es sehr teuer werden oder im Extremfall zu gerichtlichen Auseinandersetzungen führen. Dies zeigt das Beispiel des verschwundenen Aufnahmeantrages von Andreas Kalbitz [18].

> **Andreas Kalbitz**
>
> Andreas Kalbitz soll in seinem Aufnahmeantrag verschwiegen haben, dass er Mitglied der rechtsradikalen Partei „Die Republikaner" und der neonazistischen Heimattreuen Deutschen Jugend (HDJ) war. Ein Beschluss des Bundesvorstandes der Partei AFD, Kalbitz aus der Partei auszuschließen, fußte auf Beweisen für die Mitgliedschaft in den rechtsradikalen Gruppierungen, es fehlt allerdings mit dem Aufnahmeantrag der Beweis, dass diese Tatsachen verschwiegen wurden. Es gibt lediglich Indizien, die den Ausschluss damit anfechtbar machen. Kalbitz wird diesen Beschluss nun vor Gericht anfechten. ◄

Die Dokumente enthalten meist wichtige Informationen, Anleitungen und Entscheidungen. Trotz großer Komplexität ist es notwendig eine Vielzahl von Dokumenten zu erstellen, um Entscheidungen zu einem bestimmten Zeitpunkt, unter bestimmten Rahmenbedingungen nachvollziehbar zu machen und das Lernen aus den Projektschritten zu fördern.

Die zielgruppengerechte Information der Stakeholder ist ein weiterer, wichtiger Grund für die Erstellung der Dokumente. Einen besseren Überblick gewinnt man, wenn die Art der Dokumente systematisch unterteilt wird. Es gibt:

- Prozessbeschreibungen,
- Projektpläne und
- Projektberichte.

Allen Dokumenten ist die Anforderung gemeinsam, dass der Inhalt vollständig ist sowie gelesen und verstanden wird. Für die Ersteller wie Nutzer ist es eine große Hilfe, wenn die Informationen auf das Wesentliche beschränkt bleiben. Dabei helfen vordefinierte Vorlagen, wie sie auch hier im Buch zu finden sind. So wird nichts Wesentliches vergessen und wenn die Vorlagen aus einem unternehmensweiten Standard stammen, ist das Erfassen in der schon gewohnten Struktur sehr erleichtert. Trotz aller Standards ist auf die Zielgruppe zu achten und diese bei der Erstellung der Dokumente zu berücksichtigen. Die Verständlichkeit wird durch grafische Darstellungen von z. B. Abläufen unterstützt. Im Projektmanagementprozess Definition wird (vorbehaltlich späterer Änderungen) festgelegt,

- welche Vorlagen genutzt werden,
- welche ggf. abgeändert werden und
- wo diese Dokumente zu finden sind,

2.5 Projektreporting

jeweils in Abhängigkeit von den ausgewählten und zu nutzenden Prozessen. Für den späteren Rückgriff auf diese Informationen werden die getroffenen Entscheidungen bzgl. der verwendeten Prozesse, erstellten Pläne und erzeugten Berichte im Projektmanagementhandbuch festgehalten. Dadurch soll es dem Projektteam ermöglicht werden, ohne eine häufig zeitaufwendige Gestaltung und Formatierung eine solche Analyse für das eigene Projekt durchzuführen. In Abb. 2.89 ist dieser Prozess dargestellt. Im Unternehmen selbst existieren vordefinierte und teilweise vorgeschriebene Prozesse, z. B. für die Produktentwicklung. Viele Unternehmen definieren ebenfalls das Projektmanagement, welches die Grundlage für das Projektmanagement des individuellen Projektes bildet. Der Projektleiter legt im Projektmanagementprozess Definition mit seinem Team die für das Projekt wichtigen Prozesse fest, definiert diese und hält die Ergebnisse im Projektmanagementhandbuch fest. Aufbauend auf den definierten Prozessen, werden Pläne aufgestellt. Beispielsweise resultiert aus dem Prozess „Aufgabenplanung" der Projektplan. Im Laufe des Projektes wird z. B. eine regelmäßige Statusberichterstattung erwartet, die zu vielen weiteren Berichten führt.

2.5.2 Prozessbeschreibungen

In den Prozessbeschreibungen müssen alle wesentlichen Schritte dokumentiert werden, um eine wirkliche Hilfe und Orientierung für die Projektbeteiligten darzustellen.

Die Aktualität kann bei Unternehmensprozessen durch Verweis auf die entsprechenden Stellen der Unternehmensprozesse sichergestellt werden. Wird eine Kopie eines übernommenen Prozesses in der Projektablage abgelegt, muss regelmäßig auf Übereinstimmung mit der aktuell gültigen Version geprüft und ggf. korrigiert werden. Dieser zusätzliche Aufwand kann mit dem Verweis auf das jeweilige Dokument erheblich reduziert werden.

In Abb. 2.90 ist dargestellt, wie ein Änderungsprozess schematisch aussehen kann und wie eingängig eine grafische Darstellung in der Prozessbeschreibung ist.

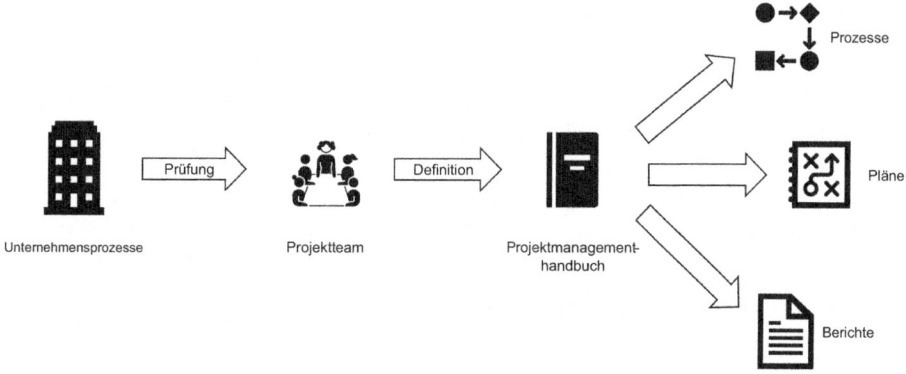

Abb. 2.89 Dokumentarten und ihre Entwicklung

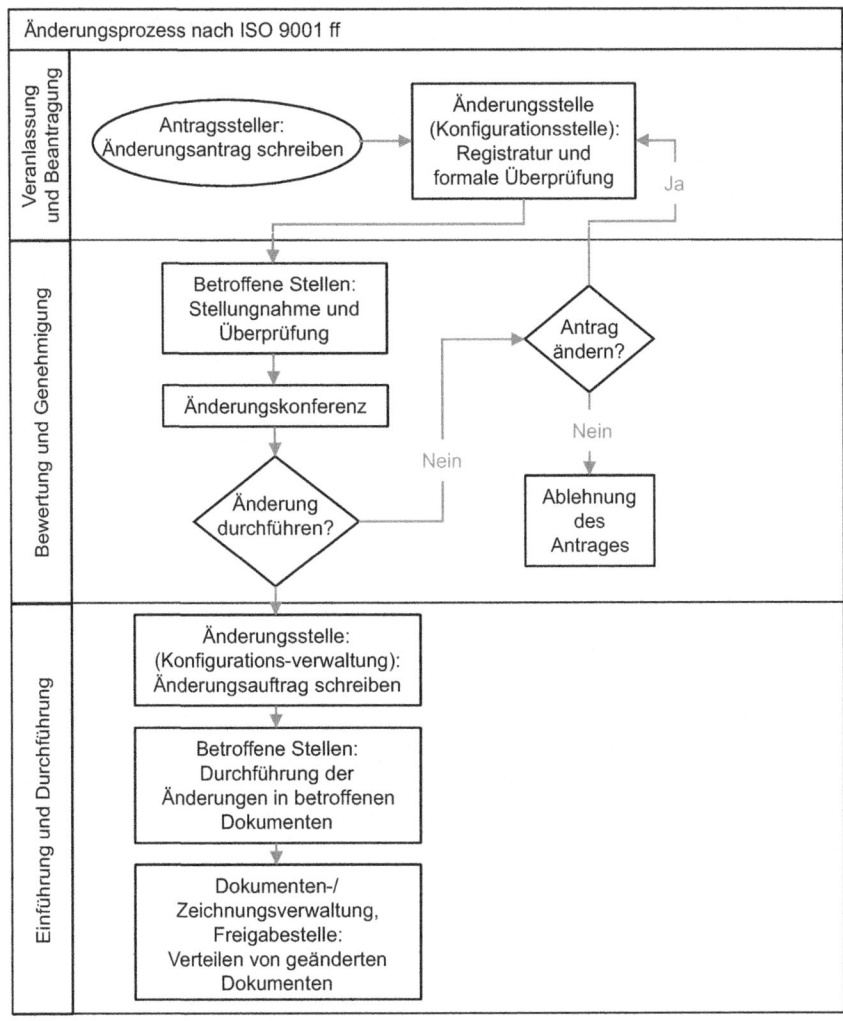

Abb. 2.90 Beispiel Änderungsprozess

Die entsprechenden textlichen Beschreibungen detaillieren diese Schritte weiter. So kann der erste Schritt „Registratur und formale Überprüfung" erläutern,

- welche Vorlagen genutzt werden sollen,
- welche Daten zu erfassen sind,
- wo die Änderungsanträge abgelegt werden,
- wer für diesen Schritt verantwortlich ist und
- etc.

Die Aktualität lässt sich in projektindividuellen Prozessen sehr viel einfacher sicherstellen, wenn die Prozessbeschreibung zentralisiert, für alle leicht einsehbar ist und nach

2.5.3 Projektpläne

Alle Projektpläne werden zum Zeitpunkt der Erstellung als realistisch angesehen. Die einzelnen Pläne können auf denselben Daten basieren, aber für die entsprechende Zielgruppe unterschiedlich aufbereitet sein. Beispielsweise wird der Projektplan, der die Zusammenfassung aus Projektstrukturplanung, Dauer-, Aufwands- und Kostenschätzungen und der Terminplanung darstellt, oft als Grundlage für Meilensteinpläne genutzt. Der gesamte Projektplan (bestehend aus den verschiedenen Einzelplänen) ist für die Projektleitung von großer Bedeutung, einzelne Bereiche daraus sind für die jeweils zuständigen Projektteams wichtig und an einem Meilensteinplan ist oft der Auftraggeber interessiert. Welche Stakeholder, welche Pläne und ggf. Berichte erhalten, kann ebenfalls in einem Plan festgehalten werden, dem Kommunikationsplan, für den ein Beispiel in Tab. 2.29 dargestellt ist.

Tab. 2.29 Kommunikationsplan

Der erste Abschnitt oben: "der ersten Erstellung entsprechend gepflegt wird. Die Prozessbeschreibungen ändern sich im Projektverlauf sehr selten."

Berichtsart	Berichtszyklus	PM	PC	TP T&I	TP W&C	PO	Übriges Team
Projektplan	Vor LA-Sitzung	X					
Personalplan und Einsatzplanung	Laufend	X					
Projektstatusbericht	Monatlich	X					
Soll-Ist-Vergleich (Kosten/Aufwand)	Monatlich		X				
Fortschrittskontrolle der Terminplanung	Monatlich		X				
Besprechungsprotokoll	Nach jedem Meeting					X	
Fehlermeldungen	Bei Bedarf			X			
Testberichte	Nach erfolgtem Test			X			
Übergabeprotokoll	Vor Freigabe/Abnahme	X					
Tätigkeitsberichte	Wöchentlich						X

Legende:
PM: Projektmanager
PC: Projektcontroller
TP T&I: Teilprojekt Test und Integration
TP W&C: Teilprojekt Webprogrammierung und Customizing
PO: Projektoffice

2.5.4 Projektberichte

Die Berichte werden in der Regel zu bestimmten Anlässen verfaßt und dokumentieren diese. Einige Berichte werden unabhängig von bestimmten Anlässen auf periodischer Basis erstellt, dazu gehören beispielsweise Statusberichte. Der Versuchung, die Statusberichte nur zu erstellen, wenn es ein Problem gibt, oder aus anderen Gründen Unterstützung benötigt wird, gilt es zu widerstehen. Die alleinige Erstellung von Statusberichten zu sich negativ auswirkenden Ereignissen, vergibt der Projektleitung die Chance, die Erfolge hervorzuheben. In der Wahrnehmung wird das Projekt als ein schlecht durchgeführtes Projekt mit vielen Problemen in Erinnerung bleiben. Daher sollte dieser Bericht unbedingt regelmäßig verfasst werden. Es gibt verschiedene Anlässe, zu denen ein Projektbericht verfasst werden kann:

- meilensteinorientiert (z. B. nach jedem erreichten Meilenstein),
- ereignisorientiert (z. B. wenn ein Änderungsbedarf entsteht),
- auf Anforderung des Auftraggebers oder anderer berechtigter Stakeholder und
- entsprechend den Bedürfnissen wichtiger Stakeholder.

Im Projektberichtswesen ist es wichtig, dass alle relevanten Informationen unverfälscht weitergegeben werden und transparent sind, damit sie schnell aufgenommen werden können.

Zusätzlich sollte man die Projektinhalte neben dem Sachinhalt nach folgenden vier Kriterien bewerten:

- Aktualität: Der Inhalt muss auf dem aktuellen Stand sein,
- Wahrheit: Der Inhalt darf nicht verfälscht werden,
- Genauigkeit: Der Inhalt sollte möglichst präzise formuliert sein und
- Zuverlässigkeit: Der Inhalt muss zuverlässig aus den Projektdaten erstellt werden.

Da die Berichte zu Dokumentationszwecken erstellt werden, werden sie nach Erstellung nicht mehr geändert, andererseits kann es von einer Berichtsart sehr viele Berichtsdokumente geben. Dies ist beispielsweise der Fall bei Änderungsanträgen und viele Änderungsanträge gestellt werden. In dem Fall haben wir eine Berichtsart, den Änderungsantrag. Wenn es dann zu Änderungswünschen kommt, werden sehr viele Änderungsanträge produziert. Ähnlich verhält es sich mit den Statusberichten. Die Berichtsart als solche gibt es nur einmal, es werden jedoch z. B. zweiwöchentlich neue Berichtsdokumente verfaßt.

Lehrvideos
Eine Vertiefung und Erläuterung zum Projektreporting finden Sie in den Videos Abb. 2.91, 2.92, 2.93 und 2.94 des Videokurses.

2.5 Projektreporting

Abb. 2.91 Einführung Berichtswesen (https://doi.org/10.1007/000-0rx)

Abb. 2.92 Organisation der Projektdokumente (https://doi.org/10.1007/000-0ry)

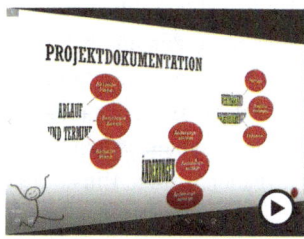

Abb. 2.93 Dokumentarten im Projektmanagement (https://doi.org/10.1007/000-0rz)

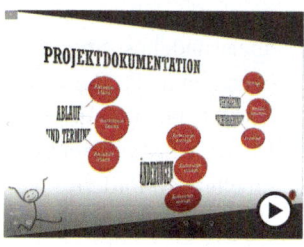

Abb. 2.94 Aufbau und Inhalt des Statusberichtes (https://doi.org/10.1007/000-0s0)

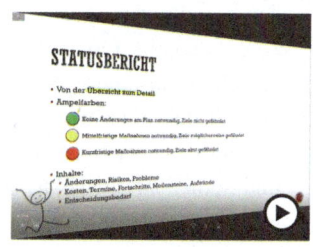

Kontrollfragen
1. Erläutern Sie die Bedeutung des Projektreportings.
2. Welche Ordnerstruktur würden Sie für Ihr nächstes Projekt vorschlagen?
3. Welche unterschiedlichen Dokumentarten gibt es?

2.6 Projektabschluss

> **Lernziele**
> Sie wissen, wann die Aufgaben für den Projektabschluss beginnen.
> Sie kennen die Ziele des Projektabschlusses.

Der Projektabschluss muss, wie die anderen Prozesse auch, sorgfältig geplant und vorbereitet werden und beginnt am ersten Tag des Projektes.

Es ist ein Trugschluss anzunehmen, dass mit der Abnahme durch den Kunden das Projekt zu Ende ist und sofort am nächsten Tag neue Projekte in Angriff genommen werden können. Auch nach einer Abnahme muss sich der Projektleiter verschiedenen Aufgaben stellen. Ein sorgfältig geplanter Projektabschluss verfolgt mehrere Ziele:

1. Das Wissen und die Erfahrung, die im Projekt (auch durch Fehler) gesammelt wurden, sollen nicht verloren gehen. In diesem Sinne trifft dann ein etwas abgewandeltes Sprichwort zu: „Intelligente Organisationen machen jeden Fehler genau einmal". Dazu ist allerdings mehr notwendig, als vorhandene Formblätter oder Checklisten, und Erfahrungsberichte einzufordern. Es ist wichtig, gemachte Fehler als Chance zur Weiterentwicklung zu sehen, und eine solche Haltung auch bei den Mitarbeitern zu fördern.
2. Weiterer Vorteil ist die Weiterentwicklung des Projektmanagements im Unternehmen. Aus diesem Grund gibt es viele Unternehmen, die regelmäßige Treffen der Projektleiter organisieren, um Erfahrungen auszutauschen und Methoden weiter zu entwickeln. Oft werden auch Datenbanken aufgebaut, in denen die individuellen Projekterfahrungen gesammelt werden.
3. Die Projektmitarbeiter haben u. U. eine lange Zeit miteinander verbracht, sind zusammengewachsen und haben es gelernt mit diesem Projektleiter, seinen Methoden und seiner Art Projekte zu leiten, zurechtzukommen. Bei weiteren Projekten greift man wahrscheinlich gerne auf diese Mitarbeiter zurück, und möchte sie nicht demotivieren. Es ist daher wichtig, den Mitarbeitern Feedback zu geben, ihre Rückführung in das Tagesgeschäft reibungslos zu gestalten und das Projekt vielleicht bei einer kleinen Abschlussveranstaltung auch mental abzuschließen.

Das Projektergebnis muss in seinem weiteren Leben ebenfalls bestehen können, und muss ordnungsgemäß übergeben werden. Insofern sind schon Teilabnahmen ein wichtiger Schritt auf dem Weg zum erfolgreichen Abschluss des Projektes.

Damit auch die endgültige Projektabnahme durch den Auftraggeber funktioniert, ist eine letzte Projektsitzung mit den Entscheidern sinnvoll, die im Vorfeld klärt, ob alle Punkte berücksichtigt wurden und das Projekt abgeschlossen werden kann.

Abb. 2.95 Einführung Projektabschluss (https://doi.org/10.1007/000-0s1)

Abb. 2.96 Projektabschluss beginnt mit Tag 1 des Projektes (https://doi.org/10.1007/000-0qr)

Abb. 2.97 Aufgaben zum Projektabschluss (https://doi.org/10.1007/000-0s3)

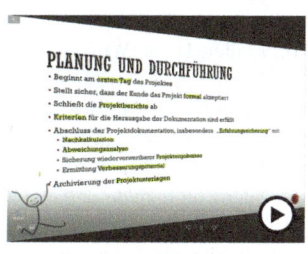

Lehrvideos

Eine Vertiefung und Erläuterung zum Projektabschluss finden Sie in den Videos Abb. 2.95, 2.96 und 2.97 des Videokurses.

Kontrollfragen

1. Wann beginnt der Projektabschluss?
2. Was sind die Ziele des Projektabschlusses?

Literatur

1. BauNetz. (1998). Turmforum Stuttgart 21: Informationszentrum im Bahnhof eröffnet. *BauNetz*. https://www.baunetz.de/meldungen/Meldungen_Informationszentrum_im_Bahnhof_eroeffnet_3739.html.
2. Bendisch, R., & Kern, U. (2006). *Projekte managen: Basiswissen kompakt; [Wissen für Praktiker auf den Punkt gebracht, Schnelleseunterstützung, grafischer Wegweiser, Lernkontrolle]. FOM-Projektmanagement* (Bd. 1). Essen: MA, Akad.-Verl.

3. Brettschneider, F., & Schuster, W. (2013). *Stuttgart 21*. Wiesbaden: Springer Fachmedien Wiesbaden. https://doi.org/10.1007/978-3-658-01380-6.
4. Bundesregierung. (2019). Pressekonferenz von Bundeskanzlerin Merkel und Bundesminister Scholz am 18. November 2019. https://www.bundesregierung.de/breg-de/suche/pressekonferenz-von-bundeskanzlerin-merkel-und-bundesminister-scholz-am-18-november-2019-1693682.
5. Deutsches Institut für Normung. (2009). *Projektmanagement-Netzplantechnik; Beschreibung und Begriffe=Project management-Project network techniques; Descriptions and concepts=Management de projet-Techniques logiques du reseau; Descriptions et concepts/Normenausschuss Qualitätsmanagement, Statistik und Zertifizierungsgrundlagen (NQSZ) im DIN. Deutsche Norm: DIN 69900*. Berlin: Beuth.
6. Ebbinghaus, H. (1885). *Über das Gedachtnis: Untersuchungen zur experimentellien Psychologie*. Leipzig: Duncker & Humblot.
7. Gassmann, O. (Hrsg.). (2005). *Praxiswissen Projektmanagement: Bausteine, Instrumente, Checklisten*. München: Hanser.
8. Geissner, H. (1978). *Rhetorik* (4., durchgesehene Aufl.). München: Bayerische Schulbuch.
9. Gessler, M. (Hrsg.). (2016). *Kompetenzbasiertes Projektmanagement (PM 3): Handbuch für die Projektarbeit, Qualifizierung und Zertifizierung auf Basis der IPMA Competence Baseline Version 3.0* (8. überarbeitete Aufl.). Nürnberg: GPM Deutsche Gesellschaft für Projektmanagement e. V.
10. Keßler, H., & Winkelhofer, G. A. (2004). *Projektmanagement: Leitfaden zur Steuerung und Führung von Projekten; mit 42 Tabellen* (4., überarb. Aufl.). Berlin [u. a.]: Springer.
11. Kühl, E. (2015). Elektronik: Apple und das Pentagon forschen an Wearables. *Die Zeit*. https://www.zeit.de/digital/internet/2015-08/apple-wearables-pentagon-militaer.
12. Microsoft. (2019). Der Support für Windows 7 endet am 14. Januar 2020. https://support.microsoft.com/de-de/help/4057281/windows-7-support-ended-on-january-14-2020.
13. NDR. (2017). Elbphilharmonie: Die wichtigsten Etappen. https://www.ndr.de/kultur/elbphilharmonie/Elbphilharmonie-Die-wichtigsten-Etappen,elbphilchronologie100.html.
14. Patzak, G., & Rattay, G. (2018). *Projektmanagement: Projekte, Projektportfolios, Programme und projektorientierte Unternehmen* (7., aktualisierte Aufl.). Wien: Linde international.
15. Project Management Institute. (2017). *A guide to the project management body of knowledge (pmbok® guide)*. Chicago: Project Management Institute.
16. Rauer, K. (2012). *Projektmanagement auf der Überholspur: Grundlagenwissen zur IPMA Zertifizierung*. Norderstedt: Books on Demand GmbH.
17. Stabenow, D. (2013). *Führen in Projekten* (1. Aufl.). *Training kompakt*. Berlin: Cornelsen.
18. Steffen, T. (2020). Rechtsradikalismus: Andreas Kalbitz klagt vor AfD-Bundesschiedsgericht gegen Rauswurf. *Die Zeit*. https://www.zeit.de/gesellschaft/zeitgeschehen/2020-05/rechtsradikalismus-andreas-kalbitz-afd-parteiausschluss.
19. SV Informatik GmbH. (2019). Das Unternehmen SV Informatik|SV Informatik GmbH. https://www.sv-informatik.de/content/unternehmen/.
20. Tuckman, B. W., & Jensen, M. A. C. (1977). Stages of small-group development revisited. *Group & Organization Studies,2*(4), 419–427.

Agiles Projektmanagement 3

> **Lernziele**
> Sie kennen die Grundgedanken des agilen Arbeitens und können ihre Einstellungen prüfen und ggf. anpassen.
> Sie werden entscheiden können, ob agiles oder klassisches Projektmanagement einzusetzen ist.
> Sie können das klassische Projektmanagement mit agilen Methoden ergänzen.
> Sie wissen, mit welchen Mitteln die Umsetzung unterstützt wird.
> Sie kennen die typischen Rollen in einem Scrum-Team.
> Sie wissen um die Kompetenzen eines agilen Teams.
> Sie wissen, welche Meetings durchgeführt werden.
> Sie können Backlogs aufstellen und wissen, welche es gibt.
> Sie können die Items der Backlogs priorisieren.
> Sie wissen, was Pokern im agilen Umfeld bedeutet.

3.1 Einführung

In den vergangenen Jahren hat sich das agile Projektmanagement immer mehr in das Bewusstsein der Projektmanager gedrängt und erfährt große Beachtung. So werden ganze Unternehmensbereiche auf das agile Management umgestellt, was vom Bitkom, dem Bundesverband Informationswirtschaft, Telekommunikation und neue Medien e. V. explizit empfohlen wird [1].

Nichtsdestotrotz bleibt die Bedeutung des klassischen Projektmanagements erhalten, da ein Umstieg auf agiles Projektmanagement nicht für alle Projekte sinnvoll ist.

AXA Schweiz

In der AXA Schweiz hat es sich beispielsweise gezeigt, dass trotz fortschreitender Agilisierung der Projekte, das klassische Vorgehen bei Projekten mit stabilen und klaren Anforderungen effizienter ist [2]. ◄

IT-Projekt Robaso (1)

Das IT-Projekt Robaso „Rollenbasierte Oberflächen" der Bundesagentur für Arbeit musste 2017 abgebrochen werden. Es wurden mehr als 60 Mio. € für das Projekt ausgegeben und die Projektziele wurden nicht erreicht. Aufgabe des Projektes war die Zusammenfassung von 14 Einzelsystemen, die Doppeleingaben notwendig und damit Fehler wahrscheinlich machten. Eine nachgelagerte Analyse des Bundesrechnungshofes führte zu der Erkenntnis, dass die Nutzer der Software viel zu spät in das Projekt eingebunden wurden und ein agiles Projektmanagement dies und weitere Probleme verhindert hätte. In der Konsequenz änderte die Bundesanstalt für Arbeit ihr Projektmanagement [3]. Aktuell ist ein wesentliches strategisches Ziel für die IT ein umfassender Kulturwandel hin zur Agilität. Dies wird jedoch noch einige Jahre benötigen und wird auch weitere Bereiche betreffen [4]. ◄

3.2 Agile Manifest

Grundlage ist das agile Manifest, das sich zwar explizit auf Softwareentwicklung bezieht, aber inzwischen Eingang in viele weitere Anwendungsbereiche gefunden hat.

▶ **Anwendungsbereiche des agilen Manifestes**

Wir schätzen:

- Individuen und Interaktionen mehr als Prozesse und Werkzeuge
- Funktionierende Software mehr als umfassende Dokumentation
- Zusammenarbeit mit dem Kunden mehr als Vertragsverhandlung
- Reagieren auf Veränderung mehr als das Befolgen eines Plans [5]

Das agile Manifest sagt nicht, dass die auf der rechten Seite erwähnten Dinge unnötig sind, sondern lediglich, dass die Prioritäten auf den Dingen der linken Seite liegen:

- So gibt es mit dem in Scrum dargelegten Ablauf (siehe Abschn. 3.6) einen fest definierten Prozessablauf.
- Die Dokumentation ist deshalb wichtig, weil der Mensch vergisst und das rasend schnell, wie ein Blick auf die Vergessenskurve von Ebbinghaus zeigt [6].

- Auch Verträge sind nicht obsolet, das kann jeder bestätigen, der mit nicht eingehaltenen Zusagen und daraus folgend mit nicht durchsetzbaren Ansprüchen konfrontiert war.
- Nicht zuletzt zeigt die praktische Erfahrung vieler, die mit agilen Methoden arbeiten, dass der Planungsaufwand mit agilen Methoden deutlich höher ist als die Arbeit im klassischen Projektmanagement.

Aus dem agilen Manifest leitet sich folglich eine veränderte Grundhaltung zur Projektarbeit ab, die aus der Erfahrung vieler gescheiterter Projekte ihre Berechtigung hat. So zählt zu den oft zitierten Kardinalfehlern des Projektmanagements das Anforderungsmanagement und die damit verbundene notwendige Einbindung der Benutzer [7].

Ebenfalls stellt man in vielen klassischen Projekten fest, dass das Bestreben eher dahin geht, nachträgliche Änderungen am Projektumfang und an der Zeitplanung etc. zu vermeiden oder gar zu blockieren. Dies führt in der heutigen, schnelllebigen Zeit zu Ergebnissen, die im schlimmsten Fall nicht genutzt werden, oder die nicht die Qualität haben, die sie haben könnten.

3.3 Magisches Dreieck

Das magische Dreieck des Projektmanagements ist sowohl im klassischen Projektmanagement als auch im agilen Projektmanagement ein zentraler Baustein im Planungsprozess. Jedoch wird das magische Dreieck im agilen Management im wahrsten Sinne auf den Kopf gestellt. Im Vergleich zum klassischen Projektmanagement (siehe Abb. 2.9) wird der Zeitrahmen für ein Projekt nicht ausgedehnt, um alle Anforderungen erfüllen zu können, die geändert und/oder zusätzlich eingeplant wurden. Stattdessen

1. werden geänderte und neue Anforderungen mit den Prioritäten bereits existierender Anforderungen verglichen,
2. werden diese im priorisierten Product Backlog (siehe Abschn. 3.6.1) an die Position mit entsprechender Priorität einsortiert,
3. werden diese neuen oder geänderten Anforderungen entsprechend ihrer Priorität früher oder später umgesetzt und
4. entfällt die Umsetzung der Anforderung, wenn sie gemäß ihrer Priorität nur außerhalb des gesetzten Zeitrahmens umgesetzt werden könnte.

Ist die Priorität eines Backlog-Items entsprechend hoch, wird die Umsetzung sehr schnell erfolgen, je niedriger die Priorität ist, desto später wird das Item umgesetzt. Wenn die vorgesehene Zeit abgelaufen ist, sind oft noch Items im Backlog enthalten, die nicht umgesetzt worden sind. Diese haben aber dann offenbar kein gutes Kosten-Nutzen-Verhältnis.

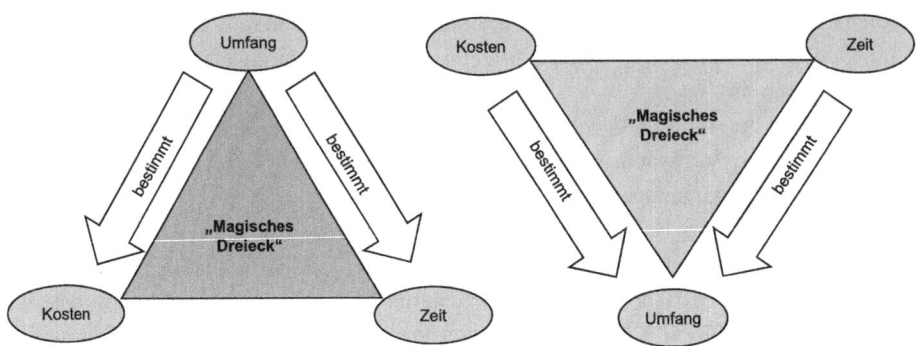

Abb. 3.1 Klassisches/agiles magisches Dreieck

Unter der Annahme, dass die Kosten auf Basis der beteiligten Mitarbeiter entstehen und diese dem Projekt während der gesamten Laufzeit Vollzeit zur Verfügung stehen, ergibt sich aus der festen Dauer des Projektes ein fester Kostenumfang.

▶ **Projektänderungen** Jede Änderung des Projektes zieht eine Änderung des Projektumfangs nach sich, Zeit und Kostenrahmen bleiben konstant (Abb. 3.1).

3.4 Timeboxing/Zeitbegrenzung

Im agilen Projektmanagement ist das Prinzip des Timeboxing allgegenwärtig. Neben dem sogenannten Sprint, in dem die Anforderungen abgearbeitet werden, gibt es weitere Ereignisse, die im Wesentlichen der Planung und Überprüfung dienen. Allen Ereignissen gemeinsam ist das Timeboxing.

Timeboxing bedeutet, dass alle veranschlagten Zeiten als fix zu betrachten und strikt einzuhalten sind. Was im Zeitrahmen nicht bearbeitet werden kann, wird nicht bearbeitet. Dies bedeutet für die geplante Arbeitszeit, dass Anforderungen nicht fertig werden, weil die Zeit abgelaufen ist. Diese gehen zurück in den Product Backlog und werden neu priorisiert. Die Zeitbegrenzung wird in Form einer fest vorgegebenen Dauer ebenfalls auf Meetings angewandt, so ist z. B. ein „Daily" immer maximal 15 min lang.

Die Methode ist im Zeit- und Besprechungsmanagement bekannt und beliebt, da sie eine wesentlich zielorientiertere Arbeitsweise motiviert und erhebliche Effizienzsteigerungen mit sich bringt. Die Zeitbegrenzung

- sorgt für die Konzentration auf das Wesentliche,
- hilft, beim Thema zu bleiben und
- unterstützt alle Beteiligten bei ihrer Zeitplanung.

Die Zeitbegrenzung ist nicht nur in den Regeln für Meetings immer wieder eine Empfehlung, sondern wird auch im Zeitmanagement genutzt.

3.5 Umsetzung

Die Ideen des agilen Manifestes könnten durch eine veränderte Grundhaltung auch in „klassischen" Projekten umgesetzt werden. Jedoch zeigt die Erfahrung, dass der bloße Wille etwas besser zu machen, meistens nicht ausreicht und durch entsprechend veränderter Methoden unterstützt werden muss. Diese sind in Bezug auf die Statements des agilen Mainfestes:

1. Wichtigkeit der Individuen und Interaktionen
   - Selbstverantwortliches Team,
   - Klare Rollenverteilung,
   - Coaching durch Scrum Master,
   - Planning Poker,
   - Sprint Planung
2. Bedeutung funktionierender Software oder allgemeiner: Bedeutung eines für den Kunden nutzbaren Ergebnisses:
   - Teilergebnisse/Inkremente nach jedem Entwicklungszyklus
   - Strikte Zeitbegrenzung für alle Meetings (siehe Abschn. 3.4)
3. Stete Berücksichtigung der Kundenwünsche:
   - Kurze Entwicklungszyklen (Sprints) mit
   - Inkremente am Ende eines jeden Sprints und
   - darauf aufbauende Reviews
4. Offenheit für Änderungen:
   - Neupriorisierung des Backlogs,
   - Sprint Reviews am Ende eines jeden Sprints
   - Retrospektive am Ende eines jeden Sprints

Eine Untersuchung von Bitkom hat gezeigt, dass Scrum als der „König unter den agilen Methoden" [8] gilt. Aus diesem Grunde soll hier Scrum als Rahmen für die Darstellung der agilen Methoden genutzt werden. Grundlage dafür ist folgerichtig der Scrum Guide [9].

3.6 Der Ablauf am Beispiel von Scrum

In der Abb. 3.2 ist der Ablauf schematisch dargestellt, die einzelnen Elemente werden im Folgenden genauer erläutert.

1. Basis für die Bearbeitung ist der Product-Backlog mit allen bekannten Anforderungen an das Ergebnis des Projektes.
2. Die höchsten priorisierten Anforderungen werden im Rahmen der Sprint-Planung besprochen und vom Product Owner so detailliert beschrieben, dass das Entwicklungsteam diese im nächsten Sprint umsetzen kann.
3. Während der Laufzeit des Sprints findet täglich ein Daily statt.
4. Am Ende der Laufzeit des Sprints liegt im besten Fall ein an den Kunden auslieferbares Ergebnis vor.
5. Dieses wird im Sprint Review seitens Product Owner und Kunden überprüft und ggf. abgenommen.
6. In der darauffolgenden Sprint Retrospektive reflektiert das Entwicklungsteam seine Arbeitsweise und arbeitet mögliche Verbesserungen in den nächsten Ablauf ein.

3.6.1 Product Backlog

Im ersten Schritt entsteht der Product Backlog als Sammlung aller Anforderungen, die an das zu erstellende Produkt gestellt werden. Diese Anforderungen werden Backlog Items genannt, können sehr genau formuliert sein oder zunächst eine grobe Idee sein.

Diese Backlog Items werden nach Wichtigkeit bewertet und priorisiert. Im ersten Backlog wird zusätzlich festgehalten, welche Anforderungen mindestens erfüllt sein müssen, um ein minimal funktionierendes Produkt, das Minimalprodukt (MVP: Minimal Viable Product) zu erstellen. Diese stehen an erster Stelle und werden entsprechend als

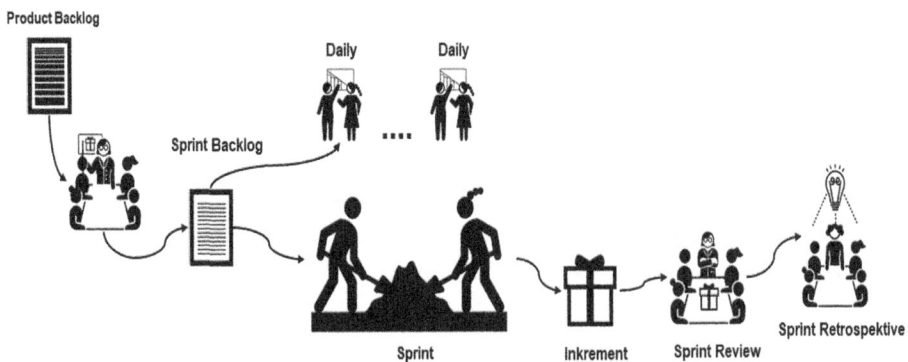

Abb. 3.2 Der Ablauf in Scrum

Erstes bearbeitet. Der Product Backlog ist niemals statisch, sondern wird stetig ergänzt, um weitere oder geänderte Anforderungen aufzunehmen.

> **SBB Personenverkehr (1)**
>
> Am Beispiel des SBB Personenverkehrs wird deutlich, dass mit Einführung des agilen Projektmanagements umfangreiche Dokumentationen entfielen und stattdessen erfolgreich mit Backlogs und Akzeptanzkriterien gearbeitet wurde [2]. ◄

Inhalte
Die im Product Backlog aufgenommenen Informationen, die Backlog Items, können verschieden strukturiert und detailliert sein, je nachdem, wie viele Informationen schon vorliegen und wie intensiv die Items diskutiert wurden. Wichtige Informationen sind:

- Beschreibung,
- geschätzter Aufwand,
- geschätzter Nutzen,
- Priorität und
- Risiken.

Beschreibung als User Story
Es wird empfohlen die Items des Product Backlog in dieser Form zu notieren, den sogenannten User Stories:

Als *[Person]* möchte ich *[Funktion]*, um *[Ziel]*

Diese Herangehensweise erleichtert das Eintauchen in die Perspektive des jeweiligen Benutzers und hilft, aus dieser Perspektive Funktionalitäten und Anforderungen besser identifizieren zu können. Der Detaillierungsgrad spielt dabei zunächst keine Rolle. Auch ist die Formulierung in dieser Form kein Zwang. Wichtig ist, dass die Anforderungen erfasst werden, die zum aktuellen Zeitpunkt bekannt sind.

> **Beispiel einer User Story**
>
> Als Online-Einkäuferin möchte ich alle Informationen zum ausgewählten Produkt anfordern können, um eine gute Kaufentscheidung treffen. ◄

Prioritätenbildung
Aus der festen Dauer der Projekte folgt die Notwendigkeit, die Items des Product Backlog zu priorisieren. Auf diese Weise ist es möglich, die wichtigsten Dinge zuerst umzusetzen und die unwichtigeren unter Umständen später oder auch gar nicht umzusetzen. Damit ist sichergestellt, dass das Projekt mit dem besten Kosten-Nutzen-Verhältnis umgesetzt wird. Hier sollen zwei kombinierbare Methoden als kleiner Einblick näher beschrieben werden.

Tab. 3.1 Priorisierung nach MoSCoW

Must	Diese Anforderungen müssen auf jeden Fall umgesetzt werden
Should	Diese Anforderungen sind wichtig und sollten umgesetzt werden
Could	Diese Anforderungen sind wünschenswert, können aber noch am ehesten entfallen
Would not	Diese Anforderungen werden in diesem Projekt definitiv nicht umgesetzt. Da sie für weitergehende Projekte bedeutend werden könnten, werden sie nichtsdestotrotz dokumentiert

Moscow Eine weit verbreitete Priorisierungstechnik, die ein Eselsbrücken-Akronym gleich mitliefert, ist die MoSCoW-Technik (Tab. 3.1):

Die Priorisierung kann mit den beteiligten Stakeholdern durchgeführt werden, um eine Einschätzung aus deren Sicht zu erhalten. Eine gemeinsame Diskussion ist immer dann sinnvoll, wenn mehrere Unternehmensbereiche von dem Ergebnis des Projektes betroffen sind und folglich berücksichtigt werden sollten.

Es ist möglich, trotz aller kommunikativen Bemühungen- auch in diesem Fall keine sinnvolle Priorisierung zu erhalten, weil die Beteiligten zu keiner gemeinsamen Einigung kommen.

Es ist anzunehmen, dass diese Strategie nur beim ersten Mal erfolgreich war. Es ist weiterhin zu vermuten, dass danach alle Anforderungen mit „A" anfingen, um für die nächste Pattsituation vorbereitet zu sein.

Paarweiser Vergleich In den meisten Fällen können nicht alle Anforderungen der „Must"-Kategorie in einem einzigen Sprint umgesetzt werden. Abstufungen innerhalb einer Kategorie können beispielsweise mit einem paarweisen Vergleich ermittelt werden:

1. Jeder paarweise Vergleich liefert eine „wichtigere" und eine „unwichtigere" Anforderung, die „wichtigere" wird in der Tabelle eingetragen.
2. Durch Zählen kann nun einfach die Priorität festgestellt werden: so ist die höchst Priorität die Anforderung 2 (3mal), dann 3 (2mal), dann 1 (1mal) und 4 (Tab. 3.2).

Es ist zu beachten, dass auch diese Reihenfolge sich jederzeit durch zusätzliche Informationen, weitere Anforderungen oder geänderte Anforderungen ändern kann.

Sollen zur Priorisierung der Backlog Items Nutzen oder Aufwand herangezogen werden, stehen verschiedene Schätzmethoden zur Verfügung.

Tab. 3.2 Ergebnisse des paarweisen Vergleiches

Anf. 1	Anf. 2	Anf. 3	Anf.	
x	2	3	1	Anf. 1
	x	2	2	Anf. 2
		x	3	Anf. 2
			x	Anf. 4

Product Owner

Die Verantwortung für Aufbau und Pflege des Product Backlog hat allein der Product Owner. Er oder sie ist Repräsentantin des Kunden, der späteren Nutzer und anderer, die von dem Endergebnis des Projektes betroffen sind. Er sorgt dafür, dass alle Anforderungen gesammelt und priorisiert werden, damit sichergestellt ist, dass die wirklich wichtigen Anforderungen mit der höchsten Wahrscheinlichkeit umgesetzt werden. Zu diesem Zweck werden die Anforderungen des Product Backlogs immer weiter spezifiziert und verfeinert. Der Product Owner ist Ansprechpartner für das Entwicklungsteam und diskutiert mit diesem jedes Backlog Item, welches im kommenden Sprint umgesetzt werden soll. Das Entwicklungsteam muss vollständig verstanden haben, was umgesetzt werden soll. Daher steht der Product Owner dem Entwicklungsteam auch während des Sprints für Nachfragen inhaltlicher Natur zur Verfügung.

3.6.2 Sprint Planung

Der nächste Schritt ist die Sprint Planung. In diesem Meeting wird festgelegt, wie viele Anforderungen des Product Backlog im kommenden Sprint umgesetzt werden können. Zur genauen Beurteilung werden die wichtigsten Items des Product Backlogs soweit verfeinert, dass das Entwicklungsteam den Aufgabenumfang und den vermutlichen Arbeitsumfang abschätzen kann. Die im kommenden Sprint zu erledigenden Product Backlog Items werden in den Sprint Backlog übertragen und mit Akzeptanzkriterien versehen. Diese Schritte vereinfachen eine zielgerichtete Arbeit an dem Sprint Backlog Item und ermöglichen einen Sprint Review mit klaren Kriterien.

> **Zalando**
>
> Das Rezept von Zalando ist Radical Agility. Es gilt u. a. der Grundsatz „What you cannot measure does not exist." Und den aktuellen Erfolg von Zalando stellt vermutlich niemand in Frage. Der Wunsch, die Fortschritte stets messen zu können und diese Herausforderungen auch für komplexe Situationen erfolgreich anzunehmen, beginnt mit messbaren Akzeptanzkriterien [10]. ◄

Es versteht sich von selbst, dass das gesamte Team an der Sprint Planung teilnimmt. Der Product Owner ist für inhaltliche Fragen verantwortlich, der Scrum Master für methodische Fragen zuständig und das Entwicklungsteam klärt die Fragen zur praktischen Umsetzung.

> **Energie Baden-Württemberg (1)**
>
> Obwohl man annehmen kann, dass Agilität sicher nicht in einem Unternehmen, dass sich mit Atomkraftwerken befasst, anwendbar ist, hat EnBW Energie Baden-Württemberg AG genau das umgesetzt. Schlüssel zum Erfolg sind die umfassende

Interdisziplinarität der Teams und klare Rollen für Product Owner und einem Coach, der dem Scrum Master gleichkommt [10]. ◄

Dieses Sprint Planungs-Meeting ist ebenfalls zeitlich streng begrenzt. Abhängig von der Länge des Sprints (maximal vier Wochen) kann es bis maximal acht Stunden dauern.

Geschätzter Aufwand und geschätzter Nutzen
Sowohl Aufwand als auch Nutzen können mit den klassischen Schätzmethoden ermittelt werden. Eine Nutzenschätzung wird ausschließlich für die Priorisierung im Product Backlog durchgeführt. Wird der Nutzen als Geldwert ermittelt, kann im Verhältnis zum finanziellen Aufwand ein Return On Investment (ROI) ermittelt werden:

$$\text{ROI} = \frac{\text{Nutzen}}{\text{Aufwand}} \tag{3.1}$$

In den meisten Fällen werden jedoch sogenannte Story Points geschätzt, die die Komplexität des zu betrachtenden Items angeben. Es handelt sich dabei weder um eine Schätzung der Dauer noch der Arbeitsstunden, sondern um einen in Zahlen ausgedrückten Vergleich der Komplexität der Backlog-Items. Je nachdem, welches Referenz-Item gewählt wird, erhalten die im Vergleich komplexeren Backlog-Items mehr Story Points, die im Vergleich weniger komplexen Backlog-Items erhalten weniger Story Points.

> **Beispiel Story Points**
>
> Für eine Party müssen unter anderem erledigt werden:
>
> - Verpflegung sicherstellen
> - Getränke bereitstellen
> - Gäste einladen
>
> Das Referenz-Item sei *Getränke bereitstellen* mit willkürlich gewählten 10 Story Points. Im Vergleich dazu erscheint *Verpflegung sicherstellen* komplexer, daher werden 15 Story Points angesetzt. Werden *Getränke bereitstellen* und *Gäste einladen* verglichen, könnte eine leicht verringerte Komplexität angenommen werden, daher werden 9 Story Points für *Gäste einladen* angesetzt. ◄

Im Ergebnis sind die Story Points des einen Projektes nicht mit den Story Points anderer Projekte vergleichbar. Alternativ kann der paarweise Vergleich der zu schätzenden Items eine Größenangabe ähnlich den T-Shirt Größen XS, X, M, L, XL ergeben. Diese Schätzung ist deutlich gröber als Zahlenwerte, ist aber für eine erste Abschätzung und Priorisierung im Product Backlog oft schon ausreichend.

3.6 Der Ablauf am Beispiel von Scrum

Spätestens im Sprint Planungsmeeting wird es notwendig, den Aufwand für diese Items genauer zu bestimmen und darüber Einigkeit im Team herzustellen. Eine beliebte und gerade für Außenstehende unterhaltsame Methode stellt das sogenannte Planning Poker dar. Planning Poker ist aus der Idee der Delphischätzung hervorgegangen. Diese versucht mittels Schätzungen durch Experten, die keinerlei Kontakt zueinander haben, Ankereffekte zu vermeiden. Der Ankereffekt beschreibt, dass durch die zuerst geäußerte Schätzung alle weiteren Schätzungen beeinflusst werden und ähnlich hoch ausfallen. Ziel ist mehr Objektivität der Schätzung und ein vollständigerer Informationsstand bezüglich des zu schätzenden Objekts.

Schätzmethode Planning Poker
Im Vergleich zur Delphischätzung sitzen die Experten beim Planning Poker während des Schätzens zusammen an einem Tisch. Die Unabhängigkeit der ersten Schätzung wird durch die verdeckt ausgelegten Planning-Poker-Karten erreicht. Allerdings ist in den folgenden Runden eine Beeinflussung durch die erste Schätzrunde anzunehmen. Die klassischen Kartensätze für Planning Poker enthalten Zahlen in Anlehnung an die Fibonacci-Folgen von 0 bis 100. Dieser Folge liegt die Annahme zugrunde, dass größere Items nur mit geringerer Genauigkeit geschätzt werden können. Der Ablauf des Planning Pokers ist folgendermaßen:

1. Das gesamte Team sitzt zusammen und überlegt sich unabhängig voneinander, wie viel Aufwand in dem diskutierten Backlog-Item steckt.
2. Jedes einzelne Teammitglied legt die eigene Schätzung in Form einer Karte (Planning Poker-Karten oder auch normale Pokerkarten) verdeckt auf den Tisch.
3. Sobald alle Teammitglieder ihre Schätzung durch Legen der Karte abgegeben haben, werden die Karten umgedreht.
4. Es wird festgestellt, wer den höchsten und den niedrigsten Wert geschätzt hat, diese beiden Personen tauschen sich öffentlich über die Gründe ihrer Schätzung aus. In aller Regel liegen die Unterschiede in unterschiedlichen Annahmen, Risiken oder Aufgaben begründet.
5. Nach der Diskussion wird erneut mit Punkt 1. gestartet und dieser Ablauf solange wiederholt, bis die Schätzungen sich angeglichen haben oder das Team sich auf eine gemeinsame Schätzung einigen kann.

Ab der zweiten Runde sind Ankereffekte nicht mehr auszuschließen, die Diskussion liefert aber ein vollständigeres Bild der zu leistenden Arbeit und ist in jedem Fall ein Gewinn für die Qualität der Schätzung.

Entwicklungsteam
Im agilen Umfeld wird viel Verantwortung in die Hände des Teams gelegt. Dies führt einerseits zu einer größeren Motivation, aber auch zu neuen Herausforderungen, mit

denen das Team mangels verantwortlicher Führungskraft im Wesentlichen allein zurechtkommen muss. Dies soll im Folgenden beleuchtet werden.

Das Entwicklungsteam besteht aus einer Gruppe von drei bis neun Personen, die interdisziplinär zusammengesetzt werden sollen. Für die zu erledigende Arbeit ist die geforderte Interdisziplinarität nicht nur inspirierend, sondern notwendig, um die Anforderungen mit Personen unterschiedlichen Wissens und Erfahrung umsetzen zu können. Für ein Mindestmaß an Austausch und zur Abdeckung der benötigten Kompetenzen ist die empfohlene Untergrenze daher drei Personen. Andererseits ist ein guter Kontakt zwischen den Teammitgliedern wichtig, der durch regelmäßigen und häufigen Kontakt zwischen den Teammitgliedern erreicht wird. Bei mehr als neun Personen verhindert dies allerdings die explodierend steigende Anzahl der Kontaktmöglichkeiten zwischen den Teammitgliedern. Die Anzahl der möglichen Kontakte kann leicht berechnet werden:

$$\text{Kontakte} = \frac{\text{Anzahl Teammitglieder} * (\text{Anzahl Teammitglieder} - 1)}{2} \qquad (3.2)$$

Mit einem neun Personen starken Team existieren 36 Kontaktmöglichkeiten, bei zehn steigt diese Menge auf 50 Kontakte, die nur mit einem erheblichen Zeitaufwand gepflegt werden können.

Das Entwicklungsteam ist für die Umsetzung des Sprint Backlogs verantwortlich. Dies gilt für die technische Umsetzung der einzelnen Items ebenso wie für den geschätzten Aufwand. Product Owner und Scrum Master haben keinerlei Einfluss auf diese Schätzungen, das Entwicklungsteam bestimmt den Aufwand allein.

Ebenso liegen die interne Organisation und eventuell resultierende Konflikte in der Verantwortung des Entwicklungsteams. Der Scrum Master wird dies moderieren, aber keine Entscheidungen treffen. Dies obliegt allein dem Entwicklungsteam. Konflikte werden in diesem Zusammenhang durchaus als positiv im Sinne einer impulsgebenden Interaktion und einem Austausch über einzelne Fragestellungen gesehen.

Selbstorganisierte Teams
Zur Schlüsselidee der agilen Methoden gehören die sich selbst organisierenden Teams. Das bedeutet:

- eine eigenverantwortliche Verteilung der Arbeit auf die Teammitglieder,
- oftmals gemeinsame Arbeiten am gleichen Thema und
- keine Führungsperson, die Entscheidungen als Ultima Ratio fällt.

Damit findet im Team einerseits mehr motiviertes Arbeiten durch die größere Eigenständigkeit und Verantwortung statt, andererseits können damit verbundene ungewohnte Probleme auftreten. Die fehlende Hierarchie im klassischen Sinne gibt es nicht mehr und damit auch niemanden, der beispielsweise Teamkonflikte lösen könnte, wenn das Team selbst dazu nicht mehr in der Lage ist.

In Scrum gibt es als Moderator und methodische Unterstützung den Scrum-Master. In anderen agilen Modellen wird nicht auf eine Führung verzichtet. Diese ist dann jedoch oft mit anderen Aufgaben und einem anderen Führungsbild konfrontiert. Es setzt sich -auch im klassischen Umfeld- mehr und mehr das *Servant Leadership* durch, die *Dienende Führung*, die die Teamleitung als Unterstützung für das Team ansieht.

Dass diese positive Sichtweise nicht zwangsläufig von allen getragen wird, zeigt das Beispiel Zappos.

> **Zappos**
>
> Das große Vorbild von Amazon, der Online-Schuhhändler Zappos versucht seit 2013 die Selbstverwaltung (Holokratie) einzuführen. Es gibt keine Hierarchien mehr, die Mitarbeiter haben Rollen und arbeiten dynamisch in unterschiedlichen Teams. Diese Änderung rief viel Widerstand bei den Mitarbeitern hervor und führte letztlich zur Kündigung von 210 Mitarbeitern, insgesamt 14 % der Belegschaft. Dies macht sehr deutlich, dass Änderungen immer mit Widerstand kämpfen müssen, selbst wenn der Grundgedanke gut ist [11]. ◄

Die Mehrheit der Unternehmen, die selbstorganisierte Teams eingeführt haben, sind allerdings mit den Ergebnissen sehr zufrieden, so die Business Analysten bei SBB Personenverkehr.

> **SBB Personenverkehr (2)**
>
> Am Beispiel des SBB Personenverkehrs wurde deutlich, dass die Tätigkeit der Business Analysten durch die Mitarbeit in agilen Projekten vielfältiger wurde, es zu Aufgabenüberschneidungen kam und diese breit gefächerte Einsatzmöglichkeit den Zusammenhalt im Team verstärkte [2]. ◄

Für den Erfolg einer erfolgreichen Einführung sind gemäß Detlev Lohmann, der dies für sein Unternehmen mit 270 Mitarbeitern eingeführt hat, drei Punkte entscheidend.

> **Allsafe Group**
>
> Die Allsafe Group ist Experte für Ladegutsicherungen. 1999 erwarb Detlev Lohmann 25,2 % von Allsafe und ist geschäftsführender Gesellschafter. In der Zeit von 1999 bis 2016 ist das Unternehmen stetig gewachsen, was auch auf eine steigende Selbstorganisation zurückgeführt wird.
>
> Es wurden drei Erfolgsfaktoren von Detlev Lohmann identifiziert:
>
> 1. Schulung der Mitarbeiter zur Selbstorganisation und Zeit das Gelernte anzuwenden

2. Der Chef unterstützt die Mitarbeiter, ihren Weg zu finden
3. Der Chef ist Sozialer Architekt und *„überlegt, wie Arbeitsabläufe weiter vereinfacht und verbessert werden können, so dass sie übersichtlich und dezentral steuerbar werden."* [12] ◄

3.6.3 Sprint Backlog

Aus dem Product Backlog werden die höchsten priorisierten Anforderungen ausgewählt, die im Zeitrahmen eines Sprints voraussichtlich umsetzbar sind. Diese Entscheidung erfolgt im Sprint Planungsmeeting und wird durch das Entwicklungsteam getroffen. Diese ausgewählten Anforderungen bilden den Sprint Backlog. Grundsätzlich gelten für den Sprint Backlog die Hinweise des Product Backlog. Jedoch ist der Sprint Backlog nach einer sehr zielgerichteten Diskussion, die die Umsetzung im nächsten Sprint vor Augen hat, bereits sehr viel detaillierter ausgearbeitet, als es der Product Backlog ist.

Detaillierung

Mit zunehmendem Wissen über die Anforderungen (bei allen Beteiligten) wird ein Backlog-Item in der Regel immer weiter detailliert, es erhält mehr Informationen oder wird in kleinere Teile zerlegt. Dies kann z. B. durch eine weitere Information im Backlog-Item dokumentiert werden, z. B. durch „Gehört zu [Übergeordnetes Item]", oder ein *kaufen* wird zu *online kaufen*, sodass die Zusammenhänge nicht verloren gehen.

Die Aufteilung in Teil-Items kann durch Präzisierung von Begriffen erfolgen, die für sich allein noch sehr viel Interpretationsspielraum lassen.

Gehört zu [Übergeordnetes Item]

Als Online-Einkäufer/-in möchte ich alle Informationen zum ausgewählten Produkt anfordern können, um eine gute Kaufentscheidung treffen. Kann aufgeteilt werden in:

- Als Online-Einkäufer/-in möchte ich das ausgewählte Produkt mit anderen Produkten vergleichen, um das qualitativ beste Produkt kaufen zu können.
- Als Online-Einkäufer/-in möchte ich andere Angebote des ausgewählten Produktes aufrufen können, um den günstigsten Preis zu bekommen. ◄

In diesem Beispiel wird „Informationen" und „gute Kaufentscheidung" präzisiert. Ohne diese Präzisierung könnte man unter dem Begriff Informationen Inhaltsstoffe, Bezugsquelle oder weitere Dinge verstehen. Das Ziel der guten Kaufentscheidung hätte ohne die Präzisierung ebenfalls zu Fehlinterpretationen führen können, z. B. schnelle Lieferung oder Schutz der Umwelt.

INVEST

Das Akronym INVEST unterstützt die Zergliederung großer Backlog Items nach vordefinierten Kriterien. Es wurde von Bill Wake [13] definiert und stellt verschiedene Qualitätskriterien sicher.

- I = Independent (unabhängig, in sich geschlossen)
- N = Negotiable (verhandelbar)
- V = Valuable (wertvoll, für den Benutzer Wert schaffend)
- E = Estimable (schätzbar, Aufwand soll jederzeit einschätzbar sein)
- S = Small (klein, so klein wie möglich geschnitten)
- T = Testable (testbar, sie muss so viel Information enthalten, dass sie testbar ist)

Weitere Zerlegungsmöglichkeiten

Eine in der Praxis oft genutzte Aufteilung großer User Stories zieht nach Lawrence verschiedene weitere Kriterien heran [14]. So kann eine Aufteilung beispielsweise erfolgen nach:

- einzelnen Workflow Schritten,
- Funktionalen und Nicht-Funktionalen Anforderungen,
- Operationen,
- Geschäftsregeln,
- Daten,
- Schnittstellen,
- Aufwandsgröße und
- Komplexität der Anforderungen.

Im Ergebnis sollten die User Stories etwa gleich groß sein.

Aufteilung nach Workflow Schritten

Eine Aufteilung nach den einzelnen Workflow Schritten würde für die User Story *Als Online-Einkäufer/-in möchte ich das ausgewählte Produkt mit anderen Produkten vergleichen, um das qualitativ beste Produkt kaufen zu können* eine Aufteilung in die Workflow Schritte *Auswahl des Produktes, Festlegen der Auswahlkriterien* bedeuten. Mit dieser Aufteilung könnte einer Verfeinerung folgendermaßen aussehen:

- Als Online-Einkäufer/-in möchte ich das Produkt auswählen können, um es genauer zu betrachten.
- Als Online-Einkäufer/-in möchte ich für das markierte Produkt Vergleichskriterien auswählen können, um nur Alternativprodukte zu sehen, die mich interessieren könnten. ◄

3.6.4 Sprint

Mit dem fertigen Sprint Backlog kann der erste Sprint und später die weiteren Sprints gestartet werden. Ein Sprint ist die für einen Entwicklungsschritt zur Verfügung stehende Zeit und kann zwischen einer Woche und vier Wochen dauern. In dieser Zeit werden die Anforderungen des Sprint Backlog umgesetzt, die am Ende des Sprints möglichst in ein Inkrement münden. Für die Wahl der Dauer eines Sprints sind unterschiedliche Kriterien maßgebend.

Für kürzere Sprints sprechen.

- sehr unklare Anforderungen,
- voraussichtlich änderungsintensive Anforderungen,
- wechselnde Prioritäten,
- wenig Erfahrung mit dem Fachgebiet und
- wenig Erfahrung mit dem Kunden.

Kreative und gute Lösungen lassen sich eher finden, wenn kein Abgabetermin Lösungsdruck erzeugt, in diesem Fall sind längere Sprintdauern sinnvoll. In jedem Fall bleibt die gewählte Sprintdauer konstant, da auch ein regelmäßiger und gewohnter Ablauf Stress reduziert.

3.6.5 Daily Scrum

Der Daily Scrum, kurz als Daily bezeichnet, wird nach dem Start des Sprints jeden Tag durchgeführt. Es soll helfen, alle Beteiligten auf einen gemeinsamen Stand zu bringen und die Arbeit des neuen Tages zielgerichtet anzugehen. Die Themen in dem 15-minütigen Meeting sind:

- was wurde seit dem letzten Daily erledigt,
- welche Probleme gab es und
- was ist bis zum nächsten Daily geplant.

Die Moderation wird vom Scrum Master übernommen, der Product Owner darf anwesend sein, um Fragen inhaltlicher Natur zu klären. Keinesfalls werden seitens Product Owner oder Scrum Master Anweisungen an das Team gegeben, dies widerspricht der Selbstorganisation und kann ein Team demotivieren.

Die strenge Zeitbegrenzung wird durch die Verschiebung auftauchender Probleme in die Zeit nach dem Daily eingehalten, die dann nur mit den Betroffenen/Beteiligten diskutiert und gelöst werden. Eine weitere Unterstützung ist die Form des Meetings. In vielen Fällen wird das Meeting als sogenanntes Stand-Up abgehalten, z. B. im Stehen an Stehtischen. Die Versuchung, in gemütlicher Runde sitzend bei einer Tasse Kaffee mit Keksen zu verbringen, kommt so gar nicht erst auf. Und damit auch nicht die Versuchung, das Meeting länger als notwendig auszudehnen.

> **Saxonia Systems AG**
>
> Das tägliche Treffen hat sich z. B. bei der Saxonia Systems AG bewährt, die allen Unkenrufen zum Trotz, das agile Management mit verteilten Teams eingeführt hat. Das Daily mit den elektronischen und spezialisierten Werkzeugen war ein zentraler Erfolgsfaktor für die erfolgreiche Zusammenarbeit [15]. ◀

Steuerung

Mit dem Daily Scrum startet die Sprintsteuerung, d. h. es soll für alle jederzeit sichtbar sein, welchen Bearbeitungsstand das Projekt hat. Im Scrum Guide existiert kein Abschnitt, der sich mit der Steuerung agiler Projekte befasst. Nichtsdestotrotz existieren Methoden, die den aktuellen Stand des Projektes jederzeit klar visualisieren. Die Visualisierung unterstützt den unbedingten Willen nach Transparenz, die das Mitdenken und die Selbstverantwortung der Teammitglieder fördert.

> **Energie Baden-Württemberg (2)**
>
> Die EnBW Energie Baden-Württemberg AG sieht als Schlüssel zum Erfolg des agilen Managements das Visual Management. Unter anderem wird der Projektfortschritt visualisiert und trägt nach Aussage des Unternehmens damit entscheidend zur transparenten Kommunikation bei [10]. ◀

Die bekanntesten Mittel sind das sogenannte Taskboard oder Aufgabenboard, dass sich vom bekannteren Kanban-Board zwar nicht optisch, aber inhaltlich unterscheidet, sowie das Burndown-Chart.

Eine naheliegende und sehr beliebte Möglichkeit ist die Erweiterung des Sprint Backlogs zu einem Aufgabenboard. Der Sprint Backlog wird um weitere Spalten ergänzt, mindestens um die Spalten „in Arbeit" und „fertig". Die Elemente des Sprint Backlogs wandern mit jedem Arbeitsschritt eine Spalte weiter. So ist für alle unmittelbar ersichtlich, welche Arbeiten anstehen und abgearbeitet werden können. Ebenso werden die aktuellen Arbeiten für alle sichtbar angezeigt. Nachfragen, was aktuell bearbeitet wird, wo Unterstützung benötigt wird, und ähnliches sind damit nicht notwendig und fördern die Eigeninitiative und Selbstverantwortung der Teammitglieder. Ein Beispiel ist in Abb. 3.3 dargestellt.

Eine elektronische Version des Aufgabenboards hat die erfolgreiche Transformation der Saxonia Systems AG ermöglicht, wie in dem Video in Abb. 3.4 dargestellt wird.

Das Burndown-Chart plant den idealtypischen Verlauf der Arbeit eines Sprints oder des Projektes und zeigt auf, wieviel Restarbeit noch zu erledigen ist. Neben dem täglich oder pro Sprint aktualisierten Überblick über den Bearbeitungsstand ist dies besonders hilfreich für die Sprint Retrospektive (siehe Abschn. 3.6.8). Durch Unterschreiten

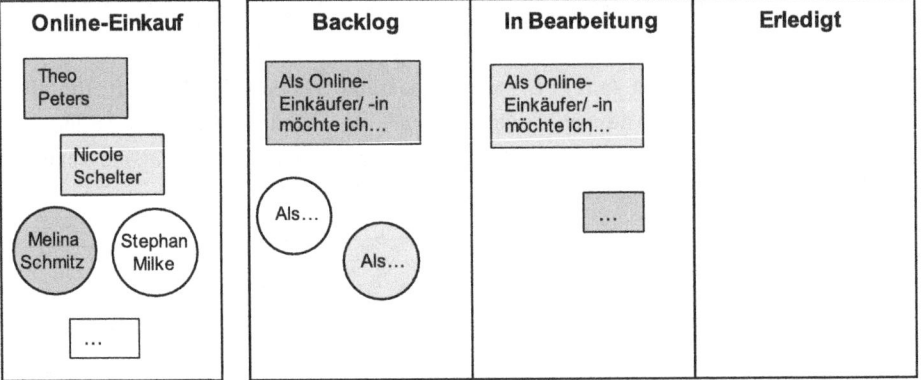

Abb. 3.3 Beispiel für ein Aufgabenboard mit Mural

Abb. 3.4 Elektronisches Aufgabenboard bei Saxonia Systems AG

der Ideallinie wird deutlich, dass die anliegende Arbeit schneller abgearbeitet werden konnte, umgekehrt zeigt ein deutliches Überschreiten Probleme bei der Bearbeitung auf. In der Sprint Retrospektive können diese Abweichungen analysiert werden, um zukünftige Abschätzungen genauer vorzunehmen oder ähnliche Bearbeitungsprobleme von vornherein auszuschließen (Abb. 3.5).

Scrum-Master

Im Rahmen der Dailies müssen die Scrum Master die größten Herausforderungen in der Regel bei neuen Teams bewältigen. Einerseits wird oft der Sinn täglicher Treffen nicht gesehen, sodass es die Tendenz zu weniger Treffen gibt. Andererseits besteht der Drang die Probleme sofort lösen zu wollen und damit die Treffen in die Länge zu ziehen. Oft mit einem Großteil nicht betroffener Zuschauer, die aus diesem Grund nicht selten die Treffen reduzieren möchten.

3.6 Der Ablauf am Beispiel von Scrum

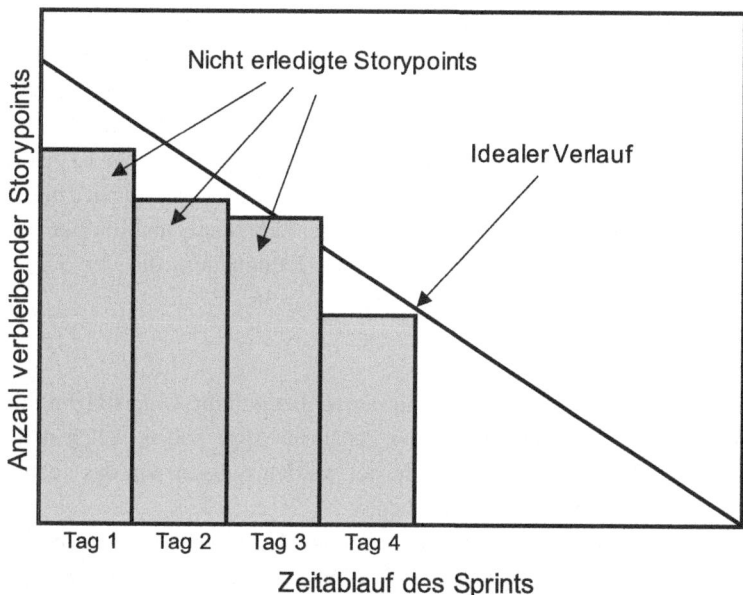

Abb. 3.5 Beispiel für ein Burndown-Chart

Die Arbeit eines Scrum Masters muss folglich von Fingerspitzengefühl begleitet sein und es sind gute Moderationsfähigkeiten gefragt, um die Einhaltung der Regeln sicher zu stellen. Das Entwicklungsteam bleibt jedoch selbstverantwortlich und trifft die wesentlichen Entscheidungen im Rahmen ihrer inhaltlichen Tätigkeit selbst.

Neben der Moderation gehört das Ausräumen von Schwierigkeiten zu den wesentlichen Aufgaben des Scrum Masters. Alles, was das Entwicklungsteam in seiner Produktivität behindert, wird vom Scrum Master behandelt und -soweit möglich- aus dem Weg geräumt. Das können z. B. Verhandlungen über geeignete Räumlichkeiten für das Entwicklungsteam sein.

Bosch

Bei dem Unternehmen Bosch ist weniger Kontrolle als ein wesentliches Element auf dem Weg zu mehr Wertschöpfung gesehen worden. So ist der klassische Cheftyp u. a. ersetzt worden durch sogenannte Agile-Master, die als Trainer ihres Teams mit schnellem, permanentem Feedback sowie intensiver Kommunikation das Team führen [16]. ◄

Eine weitere Aufgabe der Scrum Master ist die Unterstützung des Product Owner bei der Organisation des Product Backlog. Dazu gehört die Detaillierung der Product Backlog Items, um die Komplexität der einzelnen User Stories zu reduzieren, genauso wie Umsetzung der Erkenntnisse aus dem Sprint Review (siehe Abschn. 3.6.7). Die Diskussion um den Arbeitsumfang, der in einem Sprint zu schaffen ist, ist nur einer der typischen Konflikte zwischen Entwicklungsteam und Product Owner bei denen der Scrum Master moderierend eingreifen muss. Gute Kenntnisse im Konfliktmanagement und in der Konfliktmoderation sind wesentliche Fähigkeiten, die der Scrum Master haben sollte.

Servant Leadership
Servant Leadership ist ein Führungsstil, der ausschließlich die Unterstützung des Teams zum Ziel hat. So muss der Servant Leader genau im Auge haben, welchen Bedarf das Team hat und welche Hilfestellungen geleistet werden müssen, um das Team dabei zu unterstützen, die gesetzten Ziele zu erreichen.

Die Führungskraft ist in diesem Fall eher als Moderator zu sehen, entsprechende Fähigkeiten sollte diese mitbringen und sich selbst entsprechend zurücknehmen können. Teamdynamiken zu sehen und zu verstehen gehört ebenfalls wie ein unaufgeregtes und effizientes Konfliktmanagement zu den Kernkompetenzen.

Konfliktmanagement
Von der Teamleitung im agilen Management wird eher die Moderation eines Konfliktes als eine hierarchische Entscheidung erwartet.

▶ **Konfliktmoderation** Grundregel für die Moderation eines Konfliktes ist Allparteilichkeit.

Allparteilichkeit ist insofern das Gegenteil von Neutralität. Neutralität beinhaltet, keinerlei Partei für eine Seite zu ergreifen und den Sachverhalt ohne erkennbare Parteiergreifung zu betrachten. In einem emotional aufgewühlten Zustand der beteiligten Parteien ist auf diese Weise aber kaum ein Zugang möglich, eher erfolgt ein Abblocken und ein in sich zurückziehen. Die Allparteilichkeit wirkt dem entgegen, indem zum Verständnis für die beteiligten Parteien aufgerufen wird. Dieses Verständnis und die damit ausgedrückte Akzeptanz führen zu einem Vertrauensaufbau und einer weiteren Öffnung der Beteiligten. Auf diese Weise ist es möglich

- die tatsächlichen Beweggründe oder Ziele der Parteien zu ermitteln und
- eine Lösung herbeizuführen, die diese Ziele auch tatsächlich unterstützt.

Allparteilichkeit ist für die Moderation keine leichte Anforderung, die aber durch folgende Überlegungen und Maßnahmen erleichtert werden kann:

3.6 Der Ablauf am Beispiel von Scrum

- „Ich bin OK. Du bist OK." als Grundhaltung. Dieser Leitsatz aus der Transaktionsanalyse regt einen positiven Blick auf die Beteiligten an [17].
  - Aktives Zuhören sorgt für ein besseres Verständnis der Beweggründe und Motivationen der jeweiligen Partei.

▶ **Allparteilichkeit** Allparteilichkeit bedeutet, sich an die Seite einer jeden beteiligten Partei stellen zu können und diese in Ihren Bemühungen zu unterstützen, die eigenen Interessen zu wahren.

Insgesamt gibt es fünf Formen der Konfliktlösung, die in Mischformen auftreten können (Abb. 3.6):

Kooperation
Kooperation beinhaltet die 100 %ige Durchsetzung der Ziele beider Konfliktparteien. Dies wird auch als Win-Win-Situation bezeichnet und ist die erstrebenswerteste Lösung in einem Konflikt. Nicht immer lässt sie sich jedoch durchsetzen. Kooperation ist sinnvoll, wenn

- eine integrierte Lösung notwendig ist, und beide Zielsetzungen so wichtig sind, dass kein Kompromiss nötig ist und
- wenn sich nicht widersprechende Ziele vorliegen.

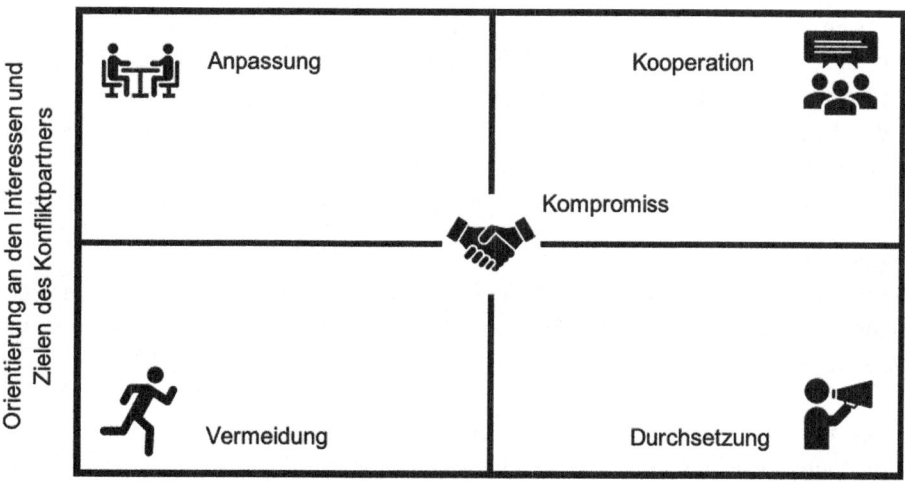

Abb. 3.6 Formen der Konfliktlösung

Kompromiss
Bei einem Kompromiss wird ein Teilerfolg für beide Parteien erzielt. Jede Partei wird ein Stück von der 100 %igen Durchsetzung der eigenen Ziele zurücktreten müssen. Daher wird diese Lösung auch als Lose-Lose-Situation bezeichnet. Kompromiss ist sinnvoll, wenn

- die Zielsetzungen zwar wichtig sind, aber eine Verhärtung der Fronten vermieden werden soll,
- eine Kooperation fehlschlägt und
- Teilzielerreichung bei komplexen Problemen wichtig ist.

Durchsetzung
Durchsetzung bedeutet die 100 %ige Durchsetzung der eigenen Ziele, ohne dass der Konfliktpartner seine Ziele umsetzen kann. Durchsetzung ist unumgänglich, wenn

- schnelle und entschiedene Aktionen notwendig sind und
- unpopuläre Entscheidungen getroffen werden müssen.

Vermeidung
Eine Vermeidung ist ein 100 %iger Verzicht beider Parteien auf ihre Ziele. Der Konflikt wird damit nicht gelöst, was ein Problem darstellen kann. Ist eine Lösung dringend erforderlich, kann der Konflikt zunächst vermieden werden, um nach einer Abkühlphase darauf zurück zu kommen. Vermeidung ist erforderlich, wenn

- das Problem trivial ist und wichtigere Probleme gelöst werden müssen,
- keine Chance auf eine zufriedenstellende Lösung besteht, z. B. wenn man nicht genug Macht hat, um sich durchsetzen zu können,
- die Wogen geglättet werden müssen, um auf einer anderen Ebene produktiv werden zu können und
- ein Verlieren der Konfrontation mehr wiegt, als das Durchsetzen der eigenen Lösung.

Anpassung
Die Partei, die sich anpasst, ermöglicht der anderen Konfliktpartei eine 100 %ige Durchsetzung, ohne eigene Ziele zu erreichen. Im Extremfall unterstützt sie die andere Partei. Anpassung ist sinnvoll, wenn

- man feststellt, dass man falsch liegt oder nicht gewinnen kann,
- die Zielerreichung für die andere Partei wichtiger ist,
- Harmonie wichtiger ist, als die Zielerreichung,
- im Gegenzug ein anderes Ziel durchgesetzt werden kann und
- ein Verlieren der Konfrontation mehr wiegt, als das Durchsetzen der eigenen Lösung.

> **Zusammenarbeit von IBM und Microsoft**
>
> Zu Beginn arbeiteten IBM und Microsoft zusammen. Die Zielsetzungen waren ähnlich und beide betrachteten sich als gute Ergänzung. IBM benötigte einen Entwickler für das Betriebssystem MS-DOS, Bill Gates und Paul Allen, die Gründer von Microsoft hatten mit IBM einen potenten Käufer für die Software. Eine Kooperation war also eine sehr gute Lösung.
>
> Diese Kooperation bekam mit der weitergehenden Entwicklung von OS/2 Risse. Beide Unternehmen versuchten, ihr präferiertes System gegenüber dem jeweils anderen durchzusetzen. Lange Zeit versucht IBM mit forcierten Marketingstrategien und anderen Kooperationspartnern, OS/2 gegenüber Windows durchzusetzen, was am Ende nicht gelang. Stattdessen wurde wieder den Kunden einerseits Linux empfohlen, andererseits wurden Kunden von IBM ebenfalls mit Windows-Rechnern versorgt, was zuvor nicht vorgesehen war. In diesem Stadium sah IBM eine Anpassung an Microsoft als eine Strategie an, die dem eigenen Unternehmen Umsatz brachte, aber zum größeren Teil Microsoft den Rücken stärkte (IBM und Microsoft: Die Chronologie einer Trennung). ◄

An diesem Beispiel kann gut abgelesen werden, wie sich die Einschätzung der Konfliktlösungsstrategien ändern kann und dass auch eine Anpassungsstrategie für den vermeintlichen „Verlierer" einen Gewinn bedeuten kann.

Gerade das Konfliktgeschehen innerhalb des Teams macht es notwendig, einen Scrum Master zu haben oder zumindest eine andere externe Person.

> **Tablonautix**
>
> Bei Tablonautix, einem Entwicklungsunternehmen für Controlling-Software, wird Scrum ohne Scrum Master umgesetzt. Die Möglichkeit, Störungen parallel zu bearbeiten und alle Teammitglieder bei der Lösung einzubinden, wird dort als Vorteil gewertet. Da das Team für die Bearbeitung Zeit benötigt, ist diese verständlicherweise bei der Schätzung eines Sprints mit einzuplanen. Spätestens im Falle von Konflikten innerhalb des Teams muss aber jemand Externes eingebunden werden. Die Konfliktmoderation übernehmen dann Mitarbeiter anderer Teams [18]. ◄

3.6.6 Das Inkrement

Ist der Sprint zu Ende, erhält man im Idealfall ein Ergebnis, das für den Kunden ein nutzbares Produkt darstellt, das Inkrement. Oft wird man ein solches Ergebnis aber erst nach einigen Sprints erreichen. Dieses Ergebnis der Arbeit an den Anforderungen aus einem oder mehreren Sprint Backlogs nennt man Inkrement, ein Teilergebnis, das an den Kunden ausgeliefert werden kann und für diesen damit sofort nutzbar ist. Getreu dem

Motto „Der Appetit kommt beim Essen" stellt es eine Basis für weitere Änderungswünsche dar und hilft dem gesamten Team dabei, die Anforderungen des Kunden besser zu verstehen und weiter zu präzisieren.

3.6.7 Sprint Review

Mit dem fertigen Inkrement beginnt die Prüfung, ob das Inkrement nützlich ist und der eingeschlagene Weg richtig ist. Der maximal vier Stunden lange Sprint Review konzentriert sich dazu nur auf das inhaltliche Ergebnis und die Arbeitsweise. Die Leistung des Teams ist explizit nicht Gegenstand des Sprint Reviews, diese Themen gehören in die Sprint Retrospektive (siehe Abschn. 3.6.8).

In vielen Fällen wird der Sprint Review nur mit dem Product Owner durchgeführt, manchmal werden weitere Stakeholder dazu gebeten. Die angesprochenen Personen in den User Stories geben Hinweise, welche Personen das sein könnten. Die gleichmäßige Sprintdauer unterstützt bei der vorausschauenden Terminplanung. Günstig ist eine frühzeitige Festlegung auf den jeweils ersten Tag nach Sprintende mit der gleichen Uhrzeit und im gleichen Raum, sodass alle Teilnehmer ihre Kalender passend für andere Termine blockieren können.

Es empfiehlt sich, eine testbare Demo des entwickelten Inkrements bereitzustellen, mit dem die Funktionalitäten unmittelbarer geprüft und getestet werden können und nützlicheres Feedback gegeben werden kann. Theoretische Beschreibungen auf Powerpoints wirken schnell einschläfernd, die Aufmerksamkeit ist nicht mehr vollkommen vorhanden und damit ist kein nützliches Feedback möglich. Um Feedback zu bekommen, können schon vor der Demo die folgenden Fragen gestellt und im Nachgang beantwortet werden:

- Was ist gut gelöst?
- Was funktioniert gar nicht?
- Wo sind Verbesserungen nötig?
- Welche Verbesserungsvorschläge gibt es?
- Welche weiteren Ideen gibt es?

Das Feedback ist nützlich, um sicherzustellen, dass das Ergebnis zu den Anforderungen konform ist. Das Wertvollste stellen aber die Informationen zur Akzeptanz des Inkrements dar. So kann ein Inkrement perfekt die Anforderungen erfüllen, ist aber vielleicht nicht das, was sich der entsprechende Stakeholder vorgestellt hat. Die aufkommenden Kritiken, Anregungen und Ideen werden für den Backlog gesammelt, priorisiert und können so das Endprodukt noch weiter verbessern.

> **IT-Projekt Robaso (2)**
>
> Das IT-Projekt Robaso „Rollenbasierte Oberflächen" der Bundesagentur für Arbeit musste 2017 abgebrochen werden. Es wurden mehr als 60 Mio. € für das Projekt ausgegeben und die Projektziele wurden nicht erreicht. Eine Empfehlung für zukünftige Projekte sieht vor „…darauf zu achten, dass nicht nur die strategischen Ziele der Zentrale, sondern auch die Erfahrungen und Bewertungen der operativen Einheiten regelmäßig an verantwortlicher Stelle in den Entscheidungsprozess einbezogen werden." Dies ist genau die Aufgabe eines Sprint Reviews [3]. ◄

3.6.8 Sprint Retrospektive

Bevor es in das nächste Sprintplanungs-Meeting geht, schaut das Scrum Team zurück und sucht nach wiederholbaren Erfolgen und Verbesserungsmöglichkeiten. In der maximal 3stündigen Sprint Retrospektive wird der Arbeitsprozess des Teams durchleuchtet. Dies kann sich sowohl auf die Arbeitsweise und auf verwendete Werkzeuge als auch auf die Verbesserungsmöglichkeiten der Beziehungen innerhalb des Teams beziehen. Fragen, die den Prozess unterstützen können, sind:

- Worauf bin ich stolz, was hat bei mir gut geklappt?
- An welchen Stellen würde ich im nächsten Sprint anders arbeiten und wie?
- Was habe ich vorbildlich im Team wahrgenommen?
- Welche Verbesserungsvorschläge habe ich für mein Team?

Der Blick auf das Burndown Chart, das Taskboard und auf die Schätzungen kann weitere wertvolle Erkenntnisse liefern.

In den Meetings ist der Scrum Master mit verschiedenen Herausforderungen konfrontiert. Während der Forming-Phase des Teams (siehe Tab. 2.8) besteht die Herausforderung darin, eine offene und konstruktive Atmosphäre zu schaffen, in der alle ohne Scheu ihre Sicht auf den letzten Sprint darlegen können. Die erste Retrospektive ist ein guter Zeitpunkt, um die Feedbackregeln in Erinnerung zu rufen, ggf. erneut bewusst zu üben und genau auf die Einhaltung zu achten. Diese sind:

- wohlwollende Grundeinstellung: Der Gegenüber ist ein wertvoller Mensch und ich möchte, dass er/sie noch besser wird.
- immer Positives zurückmelden: Ich benenne etwas, was ich am Gegenüber ehrlich schätze.
- Ich-Botschaften: Ich spreche stets über meine Wahrnehmung, meine Gefühle, meine Meinung und meine Veränderungswünsche.

- formulieren Sie das Bedürfnis, nicht den Mangel: Was hätte ich mir anders gewünscht. Was würde eine Veränderung für mich bedeuten?
- keine Generalisierung: Ich sage niemals Worte wie „immer", „dauernd", „nie", etc.

In der Performing-Phase (siehe Tab. 2.8) besteht ein starkes Interesse des Teams an ununterbrochener Arbeit, die Sprint Retrospektiven werden dann eher als lästige Pflicht als nützlich investierte Zeit gesehen. Um das Ausbreiten einer Verweigerungshaltung zu verhindern, helfen anonyme Rückmeldungen auf die Fragen oder Kreativitätstechniken, die den Teilnehmern eine anonymisierte Kritik erlauben. Es lohnt sich, die offenbar gewordenen Lernfelder und Erfolge angemessen wertzuschätzen und ihre Bedeutung für die Verbesserung der Zusammenarbeit zu betonen.

Am Ende der Retrospektive muss eine Planung stehen, wie die Erkenntnisse konkret im nächsten Schritt genutzt werden können.

Kaarten Carrousel

Kaarten Carrousel ist Anbieter von Online-Plattformen für das Design von individuellen Postkarten, Einladungen und anderen Werbematerialien. Das Unternehmen entschied sich, Scrum für seine Marketingaktivitäten einzusetzen und machte damit sehr gute Erfahrungen. Insbesondere die Retrospektiven zeigten schon nach kurzer Zeit umfangreiche Erkenntnisse, welche Elemente von Scrum beibehalten, geändert oder weggelassen werden sollten. Insgesamt war schon nach 5 Retrospektiven klar, dass das Arbeiten nach Scrum für alle Beteiligten ein großer Gewinn waren, beispielsweise wurde die Produktivität des Teams mithilfe der regelmäßigen Sprints verbessert und die Arbeitsmotivation stieg aufgrund der gemeinsamen, visualisierten Ziele. Durch die Retrospektiven konnten andererseits Dinge aufgedeckt werden, die nicht gut funktionierten. So wurde insbesondere für die Kommunikation nach außen eine Übersetzung der Story Points in Stunden vorgenommen. Gleichzeitig wuchs das geschätzte Intervall, wenn die Anzahl der Story Point größer wurde [19].

Kontrollfragen
1. Nennen Sie die Statements des agilen Manifestes.
2. Mit welchen Mitteln wird die Änderungsfreude unterstützt?
3. Welche wesentliche Aufgabe hat ein Scrum Master?
4. Welche Lösungsstrategien gibt es bei Konflikten im Team?
5. Welches Ziel hat die Retrospektive
6. Was ist der Unterschied zwischen einem Product Backlog und einem Sprint Backlog?
7. Welche Grundidee steht hinter dem Planning Poker?

3.7 Agile Erfolgsgeschichten in den Unternehmen

Swisscom (Abb. 3.7).

Abb. 3.7 Swisscom

Springer (Abb. 3.8).

Abb. 3.8 Springer

Daimler AG (Abb. 3.9).

Abb. 3.9 Daimler AG

Swedbank (Abb. 3.10).

Abb. 3.10 Swedbank

Schaeffler (Abb. 3.11).

Abb. 3.11 Schaeffler

ING-DiBa AG (Abb. 3.12).

Abb. 3.12 ING-DiBa AG

DATEV eG (Abb. 3.13).

Abb. 3.13 DATEV eG

BMW (Abb. 3.14).

Abb. 3.14 BMW

Lufthansa (Abb. 3.15).

Abb. 3.15 Lufthansa Industry Solutions GmbH & Co. KG

Nachbetrachtung des gescheiterten Projektes Robaso der Bundesanstalt für Arbeit (Abb. 3.16).

Abb. 3.16 Nachbetrachtung des gescheiterten Projektes Robaso der Bundesanstalt für Arbeit

Literatur

1. Bitkom. (2016). Agilität in Projekten: Veränderung des Projektcharakters und der Unternehmenskultur. https://www.bitkom.org/sites/default/files/file/import/AK-PM-Flyer-Agilitaet.pdf.
2. Bärtschi, C. N., Ebert, N., Kaeser, B. F., & Zenklusen, P. (2017). Business Analyse 2017. Eine empirische Untersuchung im deutschsprachigen Raum und Fallbeispiele aus Unternehmen. Arbeitsbericht des Instituts für Wirtschaftsinformatik. In V. S. Näpflin (Hrsg.), *ZHAW school of management and law*. Winterthur. https://core.ac.uk/download/pdf/161264689.pdf. Zugegriffen: 1. März 2020.
3. Düzardic, E. (2018). Bericht an den Haushaltsausschuss des Deutschen Bundestages. über die Prüfung des Projekts „Rollenbasierte Oberflächen (ROBASO)" und weiterer Projekte der Bundesagentur für Arbeit. https://www.google.com/url?sa=t&rct=j&q=&esrc=s&source=web&cd=5&cad=rja&uact=8&ved=2ahUKEwjAwqyunYjoAhVPLewKHVPVDuEQFjAEegQIARAB&url=https%3A%2F%2Fwww.bundesrechnungshof.de%2Fde%2Fveroeffentlichungen%2Fprodukte%2Fberatungsberichte%2F2018%2F2018-bericht-projekt-rollenbasierte-oberflaechen-robaso-und-weiterer-projekte-der-bundesagentur-fuer-arbeit&usg=AOvVaw2YlcrOG1o8STB0 0Sn-P7tP. Zugegriffen: 7. März 2020.
4. Bundesagentur für Arbeit: Geschäftsbericht 2018. Zugegriffen: 7. März 2020.
5. Manifest für Agile Softwareentwicklung. (2019). https://agilemanifesto.org/iso/de/manifesto.html, zuletzt aktualisiert am 31.03.2019. Zugegriffen: 18. Aug. 2019.
6. Ebbinghaus, H. (1885). *Über das Gedächtnis: Untersuchungen zur experimentellen Psychologie*. Leipzig: Duncker & Humblot.
7. Johnson, J. (2018). *CHAOS report decision latency theory. It is all about the interval*. Boston: The Standish Group international (CHAOS report series).
8. Pols, A. (2019). Scrum – König unter den agilen Methoden|Bitkom Research. https://www.bitkom-research.de/de/pressemitteilung/scrum-koenig-unter-den-agilen-methoden, zuletzt aktualisiert am 11.11.2019. Zugegriffen: 11. Nov. 2019.
9. Naujoks, P. The scrum guide. Zugegriffen: 18. Aug. 2019.
10. Ricker, S., & Pütz, H. (2017). „Change engine, while you are flying": Kulturwandel in der digitalen Transformation messen und gestalten. Zugegriffen: 1. März 2020.
11. Von der Happiness-Maschine zum führungslosen Chaos: So vergrault der Zappos-Chef seine Mitarbeiter. (2015). https://t3n.de/news/zappos-management-holacracy-611218/, zuletzt aktualisiert am 20.05.2015. Zugegriffen: 5. März 2020.
12. Lohmann, D. (2012). *… und mittags geh ich heim*. Verlag Karl Alber GmbH.

13. Wake, B. (2003). INVEST in good stories, and SMART tasks. https://xp123.com/articles/invest-in-good-stories-and-smart-tasks/, zuletzt aktualisiert am 16.02.2011. Zugegriffen: 22. Sept. 2019.
14. Lawrence, R. (2012). Story splitting flowchart DE. https://agileforall.com/wp-content/uploads/2012/08/Story-Splitting-Flowchart-DE.pdf. Zugegriffen: 18. Okt. 2019.
15. Tietz, V., Kluge, J., Hahn, C., & Grams, B. (2015). Lernen aus Erfahrung – Vom agilen zum verteilten Präsenzteam. In T. Köhler, N. Kahnwald, & E. Schoop (Hrsg.), *Wissensgemeinschaften 2015. 18. GeNeMe-Workshop, TU Dresden, 25./26.06.2015: GeNeMe 2015, Gemeinschaften in Neuen Medien* (Bd. 18, S. 193–202). Dresden: Technische Universität Dresden. Medienzentrum; Saechsische Landesbibliothek- Staats- und Universitaetsbibliothek Dresden. https://tud.qucosa.de/api/qucosa%3A28963/attachment/ATT-0/. Zugegriffen: 7. März 2020.
16. Obmann, C. (2018). Agilitäts-Labor. Wie große Unternehmen wendig wie ein Start-up werden. Um mit dem Innovationstempo der Start-ups mithalten zu können, müssen Konzerne flexibler werden. Bosch und Deutsche Bahn haben es ausprobiert. In Handelsblatt, 14.06.2018. Zugegriffen: 7. März 2020.
17. Berne, E. (1980). *Spiele der Erwachsenen: Psychologie d. menschl. Beziehungen (161–173. Tsd)* (rororo: Bd. 6735). Reinbek bei Hamburg: Rowohlt.
18. Hofmann, F. (2016). Ist das noch Scrum oder kann das weg? https://www.produktbezogen.de/ist-das-noch-scrum-oder-kann-das-weg/. Zugegriffen: 8. März 2020.
19. Verwijs, C. (2016). Scrum for marketing teams: A case study – The liberators – Medium. https://medium.com/the-liberators/scrum-for-marketing-teams-a-case-study-b650b31d9ab8. Zugegriffen: 8. März 2020.
20. Dämon, K. (2019). Haufe-umantis: Wählen Sie sich Ihren Chef doch selbst. https://www.wiwo.de/erfolg/management/haufe-umantis-waehlen-sie-sich-ihren-chef-doch-selbst/13310312.html, zuletzt aktualisiert am 14.09.2019. Zugegriffen: 22. Sept. 2019.
21. IBM und Microsoft: Die Chronologie einer Trennung. https://www.computerwoche.de/a/ibm-und-microsoft-die-chronologie-einer-trennung,1133813. Zugegriffen: 18. Okt. 2019.
22. Jene, N. (2013). Agilität als Erfolgsfaktor im Projekt-Controlling von Multichannel-Business Projekten. *Controlling, 25*(6), 299–304. https://doi.org/10.15358/0935-0381_2013_6_299.

Fallbeispiele 4

Die nachfolgenden acht Fallbeispiele sollen Ihnen dazu dienen, die zuvor behandelten Themenbereiche auf konkrete Fälle anzuwenden. Sie beruhen auf fiktiven Vorstellungen, spiegeln aber die Entstehung von Projekten in der Unternehmenspraxis wider. Die Fallbeispiele enthalten keine in allen Punkten vollständige Projektbeschreibung. Bitte lassen Sie bei der Bearbeitung Ihrer Fantasie in sinnvollem Rahmen freien Lauf. Dies gilt insbesondere in Bezug auf die Planungsinhalte wie beispielsweise messbare Ziele, Teilprojekte, Arbeitspakete etc. Nachfolgend präsentiert werden die Projekte von:

- der Schielmann AG
- dem Hammer Forum e. V.
- der Theodor Konrad AG
- der Eventis GmbH
- der Gaming GmbH
- Dorfsparkasse Sankt Augustin
- GroßKauf GmbH
- Rhein-Sieg-Air AG

Wir wünschen Ihnen bei der Bearbeitung der Fallbeispiele viel Erfolg und gutes Gelingen!

4.1 Schielmann AG

Das erste Ladengeschäft der Schielmann GmbH wurde im Jahr 1970 vom Augenoptikermeister Karl-Theodor Schielmann in Bonn gegründet. Bereits drei Jahre später expandierte Schielmann mit zwei weiteren Filialen in Köln, und Düsseldorf.

Der nationale Durchbruch gelang Schielmann 1985 mit der Entscheidung, eine erste eigene Brillenkollektion zu fertigen und überregional zu vertreiben. Diese und folgende Kollektionen erfüllen hohe Qualitätsansprüche und stehen für ein außerordentlich positives Preis-/Leistungsverhältnis. Dadurch entwickelte sich die Schielmann GmbH zügig zu einem der maßgeblichen deutschen Unternehmen in der Brillenherstellung.

1999 wurde das Unternehmen in eine AG umgewandelt im gleichen Zuge 25 % der Anteile an die amerikanische BullsEye Group veräußert. Damit wurden beste Voraussetzungen dafür geschaffen, die Produkte der Schielmann AG auch auf den internationalen Märkten zu vertreiben.

2006 entschloss sich Karl-Theodor Schielmann noch beratend im Vorstand der AG tätig zu bleiben, den Sitz dem Vorsitzenden jedoch an seinen Sohn Nils Schielmann abzugeben. Dieser treibt seitdem eine Modernisierung der Unternehmenskultur voran.

Noch heute gilt die Schielmann AG als einer der führenden Hersteller für Brillenfassungen, Sonnenbrillen, hochwertige Kontaktlinsen und Brillenzubehör. Derzeit ist die AG in 9 europäischen Ländern aktiv, betreibt 893 Filialen und beschäftigt rund 5000 Mitarbeiter. Die Fertigung der Produkte erfolgt bis heute ausschließlich am Hauptsitz Bonn. Der Verkauf der Waren erfolgt bis dato ausschließlich über die Filialen vor Ort.

Im Zuge der Modernisierungsabsichten von Nils Schielmann wurde der Leiter der Marketing-Abteilung damit beauftragt, eine Online-Vertriebsstrategie zu entwickeln. Durch einen repräsentativen Internetauftritt soll es den Kunden zukünftig möglich sein, die Produkte auch online bestellen zu können. Der Vorstandsvorsitzende befürchtet, dass es zu Kompetenzschwierigkeiten bei dem Aufbau der Homepage kommen könnte. Auch die interne „Technik-Abteilung", die u. a. auch für die Wartung der PCs zuständig ist, verfügt nicht über das notwendige Knowhow, um eine Homepage vollständig zu gestalten. Aus diesem Grund wurden drei Anbieter angefragt, die sich auf die Homepageerstellung spezialisiert haben und die Schielmann AG bei der Umsetzung des Vorhabens unterstützen sollen.

- Die Cable GmbH – Der Marktführer verfügt bereits über jahrelanger Erfahrung bei der Gestaltung von Webseiten. Allerdings ist Cable auch der teuerste Anbieter.
- Die WWWeasy OHG – Ein neuer Anbieter ohne Referenzen. Der Preis liegt in der mittleren Kategorie.
- Die Mauszeiger GbR – Ein Discountanbieter, der von ehemaligen Studenten der Hochschule Bonn-Rhein-Sieg gegründet wurde und das preisgünstige Gestalten von Webseiten ermöglichen will. Das erste Projekt des jungen Unternehmens steht allerdings noch aus.

Die Entscheidung über den Anbieter obliegt dem Projektteam. Sie ist in der Dokumentation jedoch nachvollziehbar dem Vorstand darzulegen.

Im Rahmen des Projektes ist es Herrn Schielmann wichtig, dass der Nutzen aus dem Projekt klar hervorgeht. Bezüglich der organisatorischen Einbindung des Projektteams hat er keine Vorgaben gemacht.

Nils Schielmann bewilligt ein Budget in Höhe von 500.000 € und erwartet den Abschluss des Projektes pünktlich zur Vorstandssitzung in elf Wochen.

4.2   Hammer Forum e. V.

Der Hammer Forum e. V. besteht aus Ärzten, Gasteltern, Pflegern, Krankenschwestern und vielen anderen engagierten Menschen, die in erster Linie ehrenamtliche Hilfe für die Kinder dieser Welt leisten.

Gegründet wurde das Hammer Forum e. V. 1991 während des Golfkrieges von Ärzten und Bürgern der Stadt Hamm. Sie wollten der Not und dem Elend, das besonders die Kinder hart getroffen hatte, nicht länger tatenlos zusehen. Heute engagieren sich in Deutschland und im benachbarten Ausland über 400 Menschen für erkrankte und verletzte Kinder in aller Welt.

Ziel des Hammer Forums e. V. ist die medizinische Versorgung von erkrankten und verletzten Kindern aus und vor allem in Kriegs- und Krisengebieten. Hierbei wird die Hilfe grundsätzlich unabhängig von Religion, Geschlecht oder Nationalität geleistet.

Langfristiges Ziel ist der Auf- und Ausbau von adäquaten Einrichtungen vor Ort, um die Zahl jener Kinder, die in ihrer Heimat eine adäquate medizinische Behandlung erhalten, zu vergrößern.

Mit den Projekten vor Ort soll auch „Hilfe zur Selbsthilfe" geleistet werden. Dies geschieht einerseits durch die Fortbildung von Ärzten und Pflegepersonal während der Einsätze des Hammer Forums e. V., andererseits durch den Aufbau stationärer Einrichtungen wie z. B. Operationssälen, Kinderstationen oder Gesundheitszentren.

Die Auslandsprojekte des Hammer Forums e. V. sind so vielfältig wie die Länder, in denen es tätig ist. Ziel der Projekte ist Aufbau einer geeigneten medizinischen Infrastruktur für Kinder, die an die jeweiligen Verhältnisse vor Ort angepasst wird. Dies beinhaltet z. B. den Aufbau von Gesundheitszentren oder Ambulanzen für Kinder.

Der fünfköpfige Vorstand von Hammer Forum e. V. hat beschlossen, in Kürze ein neues Auslands-Hilfsprojekt durchzuführen, dass bereits in Kürze starten soll. Zurzeit führt das Kinderhilfswerk kein Auslandsprojekt durch. Gründe hierfür sind, dass bis zum heutigen Zeitpunkt alle Auslands-Projekte erfolgreich abgeschlossen wurden und zugleich nicht ausreichend Personalkapazität bei Hammer für ein weiteres parallellaufendes Projekt vorhanden war. Darüber hinaus gab es unter den Vorstandsmitgliedern bisher keine Einigung auf eines der vielen vorgeschlagenen Projekte.

In den letzten acht Jahren haben Absolventen des Fachbereichs Wirtschaft der Hochschule Bonn-Rhein-Sieg sehr verlässliche, gewissenhafte und engagierte Projekte geleitet. Der Vorstand hat daher entschieden, dass auch das anstehende Auslandsprojekt von einem Studenten der Hochschule-Bonn-Rhein-Sieg geleitet werden soll. Dieser soll selbst sein Projektteam aus dem Pool aller ehrenamtlichen Mitarbeiter des Vereins vorschlagen. Alle Mitarbeiter des Hammer Forum e. V. sollen das Projektteam bei ihrer Arbeit unterstützen. Bezüglich der konkreten organisatorischen Einbindung des Projektteams in den Verein wurden keine genauen Vorgaben gemacht. Im Rahmen des Projektes ist es dem Vorstand wichtig, dass der Nutzen aus dem Projekt klar hervorgeht.

Das Projekt soll ausschließlich über Spendengelder finanziert werden und ist damit auf 500.000 € begrenzt. Ziel des Auslandsprojektes ist es, in der kongolesischen Provinz ein Gesundheitszentrum zu errichten.

Eine zentrale Aufgabe des Projektteams ist es eine geeignete Baufirma für das Zentrum auszuwählen. Es sind bereits drei Anbieter in die engere Wahl gekommen. Dies sind:

- Die Kran GmbH -Der Marktführer im Baugewerbe mit zahlreichen erfolgreich abgeschlossenen Großprojekten. Allerdings auch der teuerste Anbieter.
- Die EasyBau OHG – Ein neuer Anbieter ohne Referenzen. Der Preis liegt in der mittleren Kategorie.
- Die Worker GbR – Ein Discountanbieter, der von jungen Ingenieuren gegründet wurde. Das erste Bauprojekt des jungen Unternehmens steht allerdings noch aus.

Die Entscheidung über den Anbieter obliegt dem Projektteam. Sie ist in der Dokumentation jedoch nachvollziehbar dem Vorstand darzulegen.

Da bereits weitere Auslandsprojekte in Planung sind, hat der Vorstand entschlossen, dass das anstehende Projekt bis zur Vereinsversammlung in elf Wochen abgeschlossen sein soll.

4.3 Theodor Konrad AG

Die Theodor Konrad AG wurde 1998 von dem Vater des jetzigen Vorstandsvorsitzenden Herbert Konrad in Aachen gegründet. Sie zählt mittlerweile zu den führenden Unternehmen in der Automobilbranche. Der Fahrzeughersteller hat einen hohen Marktanteil bei den Premiumfahrzeugen sowie den Nutzfahrzeugen und vertreibt diese europaweit. Neben der Fahrzeugherstellung wurden im Jahr 2000 die Geschäftsfelder um einen konzerneigenen Finanzdienstleister erweitert, der kundenorientierte Finanzierungslösungen für die Kunden der Theodor Konrad AG anbietet.

Die Fahrzeuge und Dienstleistungen werden sowohl an Großkunden als auch Privatkunden über insgesamt 192 Filialen vertrieben. Mit 53.000 Mitarbeitern an acht Produktionsstandorten werden jährlich 800.000 Fahrzeuge hergestellt und diese durch 5400 Mitarbeitern in den Filialen vertrieben.

Der Vorstand um Herbert Konrad hat in der letzten Vorstandssitzung vor einer Woche entschieden, das Fahrzeugangebot auf die SUV-Branche auszuweiten und zukünftig auch diese Art von Modellen zu produzieren und zu vertreiben. Im Zuge der Entwicklungen in der Automobilbranche möchte der Vorstand mit den neuen Modellen gleichzeitig auch in das Geschäftsfeld der Elektrofahrzeuge einsteigen und mit einem batteriebetriebenen Modell die Serientauglichkeit testen.

Herbert Konrad hat die Vertriebsabteilung mit einem Projekt beauftragt, anlässlich der Einführung des ersten seriengefertigten Elektrofahrzeuges im Konzern ein Großevent für Investoren zu veranstalten. Die Veranstaltung soll so organisiert werden, dass möglichst viele potenzielle Großkunden und Investoren an dem Event teilnehmen. Im Rahmen des Projektes ist es dem Vorstand wichtig, dass der Nutzen aus dem Projekt klar hervorgeht.

Eine zentrale Entscheidung für den Erfolg der Veranstaltung wird die Wahl der Location sein. Diese Entscheidung hat der Vorstand dem Projektteam überlassen, verlangt jedoch diese in der Projektdokumentation nachvollziehbar darzulegen. Es sind bereits drei potenzielle Locations in die engere Wahl gekommen. Diese sind:

- Der Aachener Tivoli – repräsentiert die traditionelle Aachener Kultur und diente bereits bei zahlreichen Veranstaltungen für ein gehobenes Ambiente. Entsprechend fallen die Konditionen aus.
- Das Business Forum zu Aachen – bietet ein mittelklassisches Ambiente in einer standardmäßigen Kulisse zu durchschnittlichen Konditionen.
- Die Mensa der Hochschule Aachen – der Discount-Anbieter für Großevents in Aachen.

Bezüglich der organisatorischen Einbindung des Projektteams in den Konzern hat die Geschäftsführung keine Vorgaben gemacht.

Theodor Konrad plant das Event auf der bevorstehenden Automobilmesse in 11 Wochen anzukündigen und erwartet entsprechend bis zu diesem Zeitpunkt den Abschluss. Insgesamt hat der Vorstand für das Projekt ein Budget in Höhe von 500.000 € bewilligt.

4.4 Eventis GmbH

Die Eventis GmbH wurde 1997 von Norbert Schneider, einem Alumni der Hochschule Bonn-Rhein-Sieg, gegründet und zählt mittlerweile mit 104 Mitarbeitern zu den führenden Eventagenturen im Kreis Bonn-Rhein-Sieg. Neben der Organisation von Großveranstaltungen betreut das Unternehmen auch die Umsetzung sowie die Nachkontrolle von Events im Kreis Bonn.

Aufgrund unterschiedlichster Kundenanforderungen bietet die Eventis GmbH eine vielseitige Produktpalette an. Darunter zählen Betriebsfeiern, Geburtstage, Galas und Bälle. Bei individuellen Kundenwünschen werden diese ebenfalls realisiert.

Da in der Eventbranche ein steigender Konkurrenzdruck herrscht soll die Wettbewerbsfähigkeit der Eventis GmbH durch eine jährlich stattfindende Silvestergala gestärkt werden. Bei dieser sollen gleichzeitig die Programmvielfalt der Eventis GmbH in Bezug präsentiert werden.

Herr Schneider hat daher die Marketing-Abteilung damit beauftragt, die Planung, Organisation und Nachkontrolle der anstehenden Gala durchzuführen. Bezüglich der organisatorischen Einbindung des Projektteams in die Unternehmensstruktur hat der Vorstand keine Vorgaben gemacht. Dem Vorstand ist es wichtig, dass der Nutzen aus diesem Projekt klar hervorgeht. Ein zentraler Punkt bei dem Projekt ist die Wahl einer geeigneten Location, die auf die Teilnehmerzahl der Veranstaltung abgestimmt sein sollte. Da die Veranstaltung ein gewisses Maß an Exklusivität wahren soll, wünscht der Vorstand die Teilnehmerzahl inkl. Begleitungen auf 1000 Gäste zu beschränken.

Bezüglich der Location sind bereits drei potenzielle Locations in die engere Wahl gekommen. Diese sind:

- Das Luxury-Hotel – ein höchst repräsentatives Hotel direkt am Rhein gelegen. Es bot bereits bei zahlreichen Veranstaltungen großer Wirtschaftsunternehmen aus dem Kreis Bonn in gehobenes Ambiente. Entsprechend fallen die Konditionen aus.
- Der Business Treff zu Bonn – bietet ein mittelklassisches Ambiente in einer standardmäßigen Kulisse zu durchschnittlichen Konditionen.
- Die Mensa der Hochschule Bonn-Rhein-Sieg – der Discount-Anbieter für Großevents im Kreis Bonn.

Norbert Schneider plant die Einladungen zu dem Event in elf Wochen zu verschicken. Da diese detaillierten Angaben zu der bevorstehenden Gala enthalten, wüscht Herr Schneider den Abschluss des Projektes bis zu diesem Zeitpunkt. Insgesamt hat er ein Budget in Höhe von 300.000 € bewilligt.

4.5 Gaming GmbH

Die Gaming GmbH wurde im Jahr 1990 von den ehemaligen Berufsgamern Lukas Miller und Patrick Holster in Gladbach gegründet und hat 2013 seinen Firmenhauptsitz nach Köln in den neu erschlossenen Rheinauhafen verlegt.

Die GmbH vertreibt bundesweit in 256 Filialen verschiedenste Spiele für Videospielkonsolen. Die Filialen der Gaming GmbH sind sehr aufwendig gestaltet. Umfragen der Vertrieb-Abteilung haben ergeben, dass die Kunden besonders auf Rabattaktionen achten und rund 75 % der Kunden regelmäßig an den Bonusprogrammen der GmbH teilnehmen.

120 der Filialen sind nicht an den Hauptserver der Gaming GmbH in Köln angeschlossen, da an diesen Standorten keine Datenleitungen vorhanden sind. Dadurch ist es diesen Filialen nicht möglich, aktuelle interne Informationen aus dem Intranet zu

erhalten. Folglich sind diese Filialen auch über besondere Preisaktionen oder über von der Marketing-Abteilung entwickelte neue Bonusprogramme erst Tage später informiert, wenn von der Vertrieb-Abteilung die neusten Meldungen ausgedruckt und per Post an diese Filialen versendet sind. Die nicht an das Firmennetzwerk angeschlossenen Filialen leiden daher permanent unter einem Informationsrückstand. Dies macht sich auch bei den Umsätzen bemerkbar.

Die Geschäftsführung wurde vergangene Woche von einem Reporter des Spieglein Magazins kontaktiert, dem im Rahmen von Recherchen für einen Zeitungsartikel zum Teil stark abweichende Preise innerhalb der Filialen der Gaming GmbH aufgefallen sind. Lukas Miller konnte sich mit dem Reporter darauf einigen, diesen Umstand in der Reportage nicht zu erwähnen, sollte der Missstand bis zur Veröffentlichung des Artikels in drei Monaten behoben sein.

Der Geschäftsführer Patrick Holster erteilt aus diesem Grund dem Leiter der IT-Abteilung den Auftrag, innerhalb der kommenden elf Wochen ein einheitliches Firmennetzwerk aufzubauen, dass von den Filialen auch über ein mobiles Datennetzwerk erreicht werden kann. Trotz dieser Vorgabe ist dem Vorstand wichtig, dass der Nutzen aus dem Projekt klar hervorgeht.

Die IT-Abteilung ist darüber hinaus zur erfolgreichen Implementierung des neuen Firmennetzwerkes damit beauftragt, einen Anbieter für die mobilen Datennetzwerke zu finden. Es sind bereits drei Anbieter in die engere Wahl gekommen. Dies sind:

- Die MobileSpeed GmbH – Der Marktführer, der ein bekanntes gutes Produkt anbietet, allerdings auch der teuerste Hersteller ist.
- Die ITSolutions OHG – Ein neuer Anbieter ohne Referenzen. Der Preis liegt in der mittleren Kategorie.
- Die ITeasy GbR – Ein Discountanbieter, der von ehemaligen Studenten der Hochschule Bonn-Rhein-Sieg gegründet wurde und ein gutes Standardprodukt bietet. Das erste Projekt des jungen Unternehmens steht allerdings noch aus.

Die Entscheidung über den Anbieter obliegt dem Projektteam. Sie ist in der Dokumentation jedoch nachvollziehbar dem Vorstand darzulegen.

Bezüglich der organisatorischen Einbindung des Projektteams hat die Geschäftsführung keine Vorgaben gemacht.

Patrick Holster bewilligt ein Budget in Höhe von 500.000 € und erwartet den Abschluss des Projektes pünktlich zur Gesellschafterversammlung in elf Wochen.

4.6 Dorfspaßkasse Sankt Augustin

Der Vorstand der Dorfspaßkasse Sankt Augustin möchte die Wettbewerbsfähigkeit seiner kleinen Spaßkasse verbessern und eine etwaige Fusion mit der Großspaßkasse Köln vermeiden. Mit dem bisherigen Geschäftskonzept ist die Dorfspaßkasse nicht mehr wettbewerbsfähig und müsste im Falle einer sich verschlechternden Finanzlage auf kurz oder lang mit dem „Großkapital" fusionieren.

Hauptproblem sieht der Vorstand u. a. im Internetauftritt. Zudem ist das Softwaresystem, mit dem gearbeitet wird, fast 30 Jahre alt und nicht miteinander integriert (Insellösungen). Außerdem liegen eine schlechte individuelle Kundenbetreuung und Kundenakquise vor.

Der Vorstand möchte dem Kunden über das Internet u. a. denselben Service wie eine Direktbank anbieten können. Der Kunde soll über das Internet selbst Verträge sowie persönliche Daten ändern können; Festgeldkonten, Versicherungen, Anlagekonten sowie Sparkonten und Girokonten sollen abgeschlossen oder diese auch von dort aus gekündigt werden können. Ferner sollen diese vom Kunden eingegebenen Daten dann gleichzeitig automatisch in die neuen Systeme übergehen können, sodass Doppelarbeiten, Redundanzen und Inkonsistenzen in der Datenerfassung und -verwaltung vermieden werden.

Zusätzlich sollen direkte Terminvereinbarungen über das Internet durchgeführt werden können.

Die acht verschiedenen Softwaresysteme, die nicht miteinander integriert sind und zu Doppelarbeiten, Datenredundanzen und Dateninkonsistenzen führen, sollen durch ein einheitliches integriertes ERP-System abgelöst werden.

Ein CRM-System soll die individuelle Kundenansprache, -betreuung und -akquise wesentlich verbessern. Es soll insbesondere im späteren mobilen Vertrieb eingesetzt werden und auf wichtige Kundentermine in den Filialen vorbereiten. Auch gezielte Marketing-Maßnahmen sollen dadurch besser ausgearbeitet werden können.

Ein Data Warehouse System sorgt zudem für eine schnelle und einfache Analyse wichtiger Ist-Daten. Aufwendige Abfragen werden dadurch vermieden. Das Controlling kann so schnell und bequem dem Vorstand über die aktuelle Lage informieren. Die Planung und Organisation können dann die entsprechenden Maßnahmen planen, einleiten und realisieren.

Der Vorstand hat ausgerechnet, dass eine Umsetzung seiner Pläne etwa 20 der 109 Mitarbeiter der Dorfspaßkasse freisetzen würde. Diese könnten dann im mobilen Kundenvertrieb eingesetzt werden und einen höheren Kundenservice durch die kleine Spaßdorfkasse garantieren.

Ohne solche Maßnahmen kann die Dorfspaßkasse Sankt Augustin jedoch maximal noch zwei Jahre unabhängig bleiben bis eine Fusion aufgrund der dann schlechten Finanzlage mit der Großspaßkasse Köln unabdingbar ist. Betriebsbedingte Kündigungen und eine hohe Mitarbeitermobilität im ganzen Rheinland wären dann die Folge für die Angestellten. Die Planung, Realisierung und Einführung dürfen also maximal ein Jahr dauern. Danach müsste geschaut werden, ob die Maßnahmen die kleine Spaßkasse wieder auf Kurs bringen würden.

Der Vorstand stellt sich für die Planung, Realisierung und Einführung einen Zeitraum von insgesamt neun Monaten vor.

4.6 Dorfspaßkasse Sankt Augustin

Für die organisatorische Umsetzung der Pläne sollen drei Mitarbeiter, die mit den einzelnen Prozessen der Spaßkasse vertraut sind, verantwortlich gemacht werden. Da es an qualifiziertem IT-Personal in der Dorfspaßkasse fehlt, sollen zudem zwei externe Wirtschaftsinformatiker für die reibungslose Umsetzung der Technik für die Dauer des IT-Projektes eingestellt werden. Der Chef-Informatiker der Dorfspaßkasse soll die technische Umsetzung leiten.

Da bereits die Einführung des Online-Bankings bei den Mitarbeitern auf wenig Verständnis getroffen ist, muss zudem für die Pläne in allen Filialen und bei allen Mitarbeitern geworben werden. Die Integration der Softwaresysteme soll im einzelnen folgenden Nutzen bieten:

- keine Doppelarbeiten bei der Datenerfassung,
- keine Datenredundanzen und Dateninkonsistenzen und
- fehlerfreie plausible Weitergabe der Daten an andere Softwaresysteme nach der Datenerfassung.

Die neuen Softwaresysteme sollen zusammenfassend folgenden Nutzen bieten:

- individuelle Kundenbefriedigung und Marketingmaßnahmen durch das CRM und damit höhere Kundenbindung und Kundenzufriedenheit,
- beschleunigte und vereinfachte Bearbeitung der Geschäftsprozesse durch das neue ERP-System und
- schnelle und einfache Analyse der Ist-Daten durch das Data Warehouse System.

Der erweiterte Internetauftritt soll zudem der Dorfspaßkasse den Charme bzw. die Vorteile einer Direktbank geben, gleichzeitig jedoch durch den neuen mobilen Kundenvertrieb die Betreuung verbessern und den Umsatz erhöhen.

Gleichzeitig sollen dadurch vor allem wieder junge Kunden herangezogen und der Service für die ältere Generation erhöht werden.

Im neuen Internetauftritt sollen dem Kunden nicht nur viele Informationen über die Produkte zur Verfügung gestellt werden, sondern ihm auch der Weg zur Filiale für an sich unwesentliche Vorgänge erspart werden.

Da das Projekt drängt, möchte der Vorstand die neue Softwarelösung als Big Bang durchführen. Diese Art der Einführung ist jedoch sehr risikoreich; evtl. wäre eine schrittweise prozessorientierte Einführung sinnvoller, die jedoch etwa drei bis vier Monate länger dauern würde. Als mögliche Softwarealternativen stellen sich folgende Anbieter vor:

- SAP – Banking: ERP, DW sowie CRM werden in einem Paket geliefert, von den externen Beratern implementiert und auf Wunsch werden die Mitarbeiter der Spaßkasse geschult. Allerdings bietet diese Standardsoftware viel zu viele Funktionen

an, die die Dorfspaßkasse nicht braucht, ist zudem die mit weitem Abstand teuerste Alternative.
- ERP Mega, CRM Toll und DW Data sind drei Spezialsoftwarehersteller, die die einzelnen Softwaresysteme einzeln anbieten. Je nach Wunsch können diese mit verschiedenen Funktionen ausgestaltet und letztlich miteinander integriert werden. Diese Alternative ist ca. 30 % billiger. Der Nachteil ist jedoch, dass die vollendete Softwarelösung von drei verschiedenen Herstellern stammt. Etwaige Wartungsarbeiten können dadurch erschwert werden. Die Installation erfolgt zwar durch deren Fachpersonal, Schulungen werden jedoch nicht angeboten.
- Der Billiganbieter Software Super-Cheap bietet sehr wenige Funktionen an, ist jedoch extrem günstig (noch mal um ca. 30 %) und auch eine komplette Softwarelösung nur eines Herstellers. Allerdings kann kein Service erwartet werden. Die Implementierung muss selbst durchgeführt werden. Fehlende Systemfunktionen müssen teuer hinzugekauft werden (zusätzliche Softwarekomponenten sind doppelt so teuer wie bei SAP Banking).

Nachdem die Entscheidung über die Standardsoftware erfolgt ist, muss das Customizing durchgeführt werden. Dazu gehören:

- die Analyse der bestehenden Prozesse,
- das Design der neuen Prozesse und
- das Customizing der Standardsoftware.

Die drei für die Organisation zuständigen Mitarbeiter sind voll und ganz im operativen Tagesgeschäft eingebunden. Sie müssen die langwierigen, z. T. widersprüchlichen Daten in der alten Systemsoftware verwalten. Solange die neue Software nicht eingeführt ist, sind diese Mitarbeiter nur die Hälfte ihrer Arbeitszeit verfügbar. Langjährige Mitarbeiter (20 Mitarbeiter) können ggf. für das „Großprojekt" zusätzlich rekrutiert werden, da sie über die entsprechenden Kenntnisse im Bereich der Organisation verfügen.

Der leitende Informatiker der Dorfspaßkasse Sankt Augustin kann für die Dauer der Systemeinführung für die Hälfte seiner wöchentlichen Arbeitszeit in das Projekt eingebunden werden. Die für die Dauer zusätzlich eingestellten Fachinformatiker werden voll verfügbar sein.

4.7 GroßKauf GmbH

Nach einer Vielzahl von Beschwerden seitens der Mitarbeiter über die Handhabung der Arbeitszeiterfassung, hat der Personalvorstand der GroßKauf GmbH & Co. KG beschlossen, die Personaleinsatzverwaltung zu erneuern. Die GroßKauf GmbH & Co. KG ist das führende Großhandelsunternehmen welches 1500 Filialen in Deutschland betreibt. Die Produktpalette des Unternehmens umfasst Lebensmittel, Bio- Lebensmittel sowie Produkte des alltäglichen Gebrauchs. Außerdem ist die GroßKauf GmbH & Co. KG an zwei kleineren Einzelhandelsketten mit jeweils 15 % beteiligt, welche national und international tätig sind.

Die Hauptzentrale des Konzerns sitzt in Sankt Augustin. Die Geschichte des Unternehmens begann im Jahre 1976 und wurde als Familienbetrieb der Cousins Manfred Groß und Ulrich Kauf in Bonn-Beuel gegründet. Die Filialen des Konzerns werden von 34 Hauptzentrallagern beliefert, die die Regionalverwaltungen beinhalten. Im Durchschnitt ist eine Regionalverwaltung für ca. 44 Filialen verantwortlich. Die Filialen sind bis auf die Personaleinsatzverwaltung bereits an ein einheitliches Warenwirtschaftssystem angeschlossen.

Bisher erfolgt die Personaleinsatzverwaltung durch die Filialleiter mittels handschriftlicher Listen, wobei das Erstellen dieser Listen mit erheblichem Arbeitsaufwand verbunden ist. Die Listen wurden zur Abrechnung an die zuständigen regionalen Zentralen gefaxt und dort ins System übertragen. Bei der Übertragung schleichen sich laufend Fehler ein, wobei eine Manipulation der Arbeitszeiten nicht ausgeschlossen werden kann.

Es soll eine computergesteuerte konzernweite Personaleinsatzverwaltung eingeführt werden. Die Software soll den Personalverantwortlichen ermöglichen, die Arbeitszeiten der Mitarbeiter am Computer zu planen, zu kontrollieren und anzupassen. Die gespeicherten Daten werden automatisch an einen zentralen Server übermittelt. Die Regionalverwaltungen können diese Daten zur direkten Kostensituationsübersicht nutzen und eine konstante Situationsüberwachung (Kontrolle Arbeitsrechtlich, Personalkosten, Personalzeiten, Urlaub, …) gewährleisten. Die Abrechnung der Arbeitszeiten soll in Zukunft nicht mehr in den Regionalverwaltungen, sondern direkt in der Konzernzentrale erfolgen. Die Filialleiter sollen die Arbeitspläne am Computer erstellen. Die Mitarbeiter sollen sich in Zukunft mittels einer automatischen Arbeitszeiterfassung am System an- und abmelden. Die minutengenaue Zeiterfassung ist dabei besonders wichtig. Bei einer Kontrolle durch die Gewerkschaft wurde bemängelt, dass die Arbeitszeiten nur im 15-mintakt aufgeführt wurden. Die Arbeitszeiterfassung muss daher der strengen DIN-Norm AZ4711 gerecht werden.

Das Projektmanagement hat vom Personalvorstand die Aufgabe bekommen eine Personaleinsatzsoftware zu installieren. Die Systementscheidung liegt in der Hand der Abteilung, diese muss aber dem Personalvorstand präsentiert werden. Das Projektteam muss vor Beginn des Projektes zusammengesetzt werden. Da es um die konzernweite Einführung einer neuen Software geht, spielt die IT-Abteilung eine sehr große Rolle. Die IT-Abteilung ist derzeit mit 25 Mitarbeitern besetzt und pflegt eine intensive Zusammenarbeit mit der Hochschule Bonn-Rhein-Sieg. Die Abteilung wird daher dauerhaft von zwei bis vier Studierenden unterstützt.

Zudem ist anzumerken, dass der IT-Bereich zwar fachlich über eine gewisse Weisungsbefugnis verfügt, in wirtschaftlichen Fragen waren bisher jedoch die Regionalverwaltungen für sich selbst verantwortlich.

Zunächst ist ein Testlauf des Systems in einer Regionalverwaltung und den zugehörigen Filialen geplant. Beim ersten Testlauf soll nur das Zusammenspiel zwischen der Regionalverwaltung und den angeschlossenen Filialen getestet werden. Die Anforderungen an die Testverwaltung sind von großer Bedeutung. Die Testergebnisse sind nur dann repräsentativ, wenn die angeschlossenen Filialen mindestens 10–15 Mitarbeiter führen und den Firmenstandards entsprechen. Im Zweiten soll die Konzernzentrale mit eingebunden werden. Zur konzernweiten Einführung ist eine intensive Schulung aller Mitarbeiter notwendig. Die Verantwortung dafür hat die GroßKauf GmbH & Co. KG zu tragen. Wobei in der gleichen Schulung die neuen Firmengrundsätze übermittelt werden sollen.

Bevor der erste Testlauf beginnen kann, müssen die Kaufentscheidung und das Customizing abgeschlossen sein. Folgende Unternehmen haben ein Angebot für dieses System eingereicht:

- SAP – der Weltmarktführer, der ein bekanntes sehr gutes Produkt anbietet, allerdings auch der teuerste Hersteller ist. SAP bietet das komplette Customizing und die Implementierung als Komplettpaket zum Festpreis an. Die GroßKauf AG arbeitet bereits mit dem Warenwirtschaftssystem von SAP.
- AROCLE – ein neuer Anbieter ohne Referenzen. AROCLE bietet das Customizing an, die Implementierung erfolgt jedoch über einen unbekannten Subunternehmer. Muss in das vorhandene Warenwirtschaftssystem integriert werden.
- ALDIIT – ein Unternehmen welches branchenspezifische IT-Lösungen anbietet und bereits für die Konkurrenz ein ähnliches System entwickelt hat. Die Implementierung muss selbstständig erfolgen und ein Customizing ist nicht möglich.

Der IT-Bereich der Konzernzentrale verfügt über 25 Mitarbeiter, von denen acht mit IT-Administration beschäftigt sind. Die restlichen Mitarbeiter sind in momentane IT-Projekte eingebunden, die bis Ende 2010 beendet sind. Das neue Projekt kann erst nach Beendigung der bestehenden Projekte begonnen werden.

Parallel zur Softwareauswahl muss ein Anbieter gesucht werden, der die Geräte zur automatischen Arbeitszeiterfassung liefert und installiert. Die Lieferung der Arbeitszeiterfassungsgeräte nimmt mindestens 6 Wochen in Anspruch. Die Geräte müssen bereits beim ersten Testlauf voll zur Verfügung stehen und einsatzbereit sein. Mit der Lieferung kann nur ein spezieller Logistikdienstleister beauftragt werden. Das Lieferrisiko übernimmt die GroßKauf GmbH & Co. KG.

4.8 Rhein-Sieg-Air AG

Der Vorstand der RSA AG hat beschlossen, die Kundenbindung entscheidend zu verbessern. Der Konzern bietet Flüge in ganz Deutschland an. Da noch kein einheitliches System zur Erfassung, Speicherung und Weiterverarbeitung von Kundendaten besteht, bleiben die Kunden anonym. Dadurch ist eine kundenspezifische Ansprache nicht möglich.

4.8 Rhein-Sieg-Air AG

Der IT-Bereich hat vom Konzernchef den Auftrag erhalten, ein Customer-Relationship-Management-System (CRM) zu implementieren. Es sollen möglichst viele Informationen über die Kunden und deren Flugverhalten erfasst und ausgewertet werden. Somit kann besser auf die individuellen Bedürfnisse der Kunden eingegangen werden.

Ihr IT-Bereich soll das Einführungsprojekt in Absprache mit dem Marketing verantworten. Das CRM-System soll folgenden Nutzen stiften:

- Analyse des Flugverhaltens zur Steigerung der Kundenzufriedenheit,
- Bindung der Bestandkunden steigern und Interessenten zu Kunden machen,
- individuelle Kundenansprache und Kundenorientierung,
- Datenanalyse für die Früherkennung von Trends, Chancen und Risiken und
- Kundenpotenzial ausschöpfen – Umsatz erhöhen.

Des Weiteren ist anzumerken, dass der IT-Bereich zwar fachlich über eine gewisse Weisungsbefugnis verfügt, die Akzeptanz für neue Systeme im Unternehmen jedoch äußerst gering ist. Das bedeutet, dass Sie für Ihr Projekt entsprechende Werbung machen müssen.

Von der sukzessiven Implementierung und dem Ausbau des CRM-Systems muss zunächst die Auswahl erfolgen, welchen Anbieter man mit welcher Basissoftware favorisiert. Es sind bereits drei Anbieter in die engere Wahl genommen. Dies sind:

- Macrohard – Der Marktführer, der ein bekanntes gutes Produkt anbietet, allerdings auch der teuerste ist. Macrohard bietet auch das Customizing und die Einbindung an, entweder als Komplettpaket oder als Unterstützung in Form von Beratung unserer Experten im IT-Bereich.
- Mega Office – ein neuer Anbieter ohne Referenzen. Mega Office bietet die Anpassung an, die Einbindung erfolgt allerdings durch einen Unterauftragsnehmer. Der Preis liegt in der mittleren Kategorie.
- Aldito-System – ein Billiganbieter, der ein gutes Standardprodukt bietet. Die Anpassung übernimmt Aldito System nicht.

Sie treffen in Ihrem Projekt die Vorentscheidung über den Anbieter und legen Ihre Präferenz – gut begründet – dem Konzernvorstand zur Entscheidung vor.

Wenn die Entscheidung getroffen ist, beginnt die zweite Phase: das Customizing der Software (Entwickeln der eigentlichen Lösung). Dazu gehören vor allem:

- die Analyse der bestehenden Prozesse,
- das Design der neuen Prozesse und
- das Customizing der Standardsoftware.

Ihr IT-Bereich verfügt über ca. 50 Mitarbeiter, von denen vier bereits in anderen Unternehmen mit CRM-Systemen gearbeitet haben. Im Marketing-Bereich arbeiten hingegen deutlich mehr Mitarbeiter, die jedoch nur wenig Erfahrung mit CRM-Systemen haben.

Momentan sind 20 Mitarbeiter in Ihrem Bereich in internen Projekten gebunden und weitere 26 Mitarbeiter sind für das operative Geschäft zwingend erforderlich. Einige Projekte laufen in diesem Monat aus, sodass sechs Mitarbeiter wieder zur Verfügung stehen. Allerding ist anzumerken, dass – sofern Sie alle zehn Mitarbeiter aus dem IT-Bereich für Ihr Projekt abstellen – Ihr Bereich in den nächsten zehn Monaten voll ausgelastet ist. Folglich bleibt keine Zeit mehr für Kleinaufträge bzw. Systembetreuung übrig.

Es ist bisher des Öfteren vorgekommen, dass Ihre internen Projekte nicht zur Zufriedenheit des Konzernvorstandes gelaufen sind. Ein Mitglied der Dezernentenrunde ist Ihnen jedoch wohl gesonnen und hat gegen einige Widerstände doch erreicht, dass dieser Auftrag nicht an einen externen Dienstleister vergeben wurde.

Das Projektteam trifft die Entscheidung über den Anbieter, entwirft eine Projektplanung und begründet diese in der Projektdokumentation.

Antworten auf die Kontrollfragen

5

5.1 Grundlagen

1. Welche acht Eigenschaften sind bei Projekten oft feststellbar?
    1. Ungewissheit
    2. Komplexität
    3. abgrenzbare Einzelvorhaben mit definiertem Anfang und Ende
    4. Termindruck
    5. Interdisziplinarität
    6. lange Zeithorizonte
    7. Berücksichtigung unterschiedlicher Interessenlagen
    8. begrenzte Ressourcen
2. Definieren Sie Projektmanagement.
   Das Projektmanagement beinhaltet laut der Definition nach DIN 69901 die Gesamtheit von Führungsaufgaben, -organisation, -techniken und -mitteln für die Initiierung, Definition, Planung und den Abschluss von Projekten.
3. Nennen und erläutern Sie die fünf Projektmanagementphasen anhand des IDPSA-Modells.
    1. Initialisierung: Konkretisierung einer Idee, bei der noch kein konkretes Projekt definiert wurde.
    2. Definition: Auf Basis der festgelegten Ziele werden Vorgehensweisen bzgl. Risiken, Verträgen, Informationspolitik und ähnliches definiert und eine erste sehr grobe Projektstrukturplanung durchgeführt.
    3. Planung: Es erfolgt eine genauere Planung der bevorstehenden Aufgaben, Kosten, benötigten Ressourcen, Dauer und der Terminplanung des Projektes.

4. Steuerung: Durch einen Soll-Ist-Vergleich der Kosten, Arbeitsstunden etc. können während der Durchführung des Projektes Steuerungsmaßnahmen bei Abweichungen geplant und eingeleitet werden.
   5. Abschluss: Der tatsächliche Projektverlauf wird rückblickend mit dem geplanten Verlauf verglichen, um Fehler zu analysieren und wiederverwertbare Ergebnisse zu sichern.
4. Was ist der Unterschied zwischen Projektmanagementphasen und Projektphasen?
   Während die Projektphasen in Bedeutung, Leistung und Anzahl an den Projektinhalt angepasst werden können, bleiben die Projektmanagementphasen immer unverändert.
5. Wofür wird Projektmanagement gebraucht?
   Mithilfe des Projektmanagements wird die Projektdurchführung effizienter gestaltet. Durch die verschiedenen Phasen kann die Erreichung der Projektziele und die Einhaltung der Qualität leichter kontrolliert und koordiniert werden.

5.2 Klassisches Projektmanagement

5.2.1 Projektstart

1. Erläutern Sie die SMART-Regel.
   Zielformulierungen müssen immer den fünf Anforderungen entsprechen, um SMARTe Ziele zu sein. Sie müssen: 1) Spezifisch, 2) Messbar, 3) Akzeptiert, 4) Realistisch und 5) Terminiert formuliert sein.
2. Welche fünf Funktionen haben Projektziele?
   1. Orientierungsfunktion,
   2. Selektionsfunktion
   3. Koordinationsfunktion,
   4. Motivationsfunktion
   5. Kontrollfunktion
3. Welche Rolle spielen Stakeholder in Projekten?
   Stakeholder gehören zu den wichtigsten Personen in einem Projekt. Sie können ein Projekt unmittelbar, aber auch mittelbar beeinflussen. Deshalb ist es notwendig, sie von Beginn zu identifizieren und Maßnahmen zu planen. Da Stakeholder nicht immer offenkundig agieren, ist es wichtig, verschiedene Szenarien durchzuspielen, um auf mögliche Konflikte vorbereitet zu sein.
4. Nennen Sie die vier Phasen einer Projektumfeldanalyse.
   1. Identifizierung aller Einflussgrößen und Stakeholder
   2. Analyse der Einflussgrößen und Stakeholder
   3. Ableitung von Maßnahmen
   4. Beobachtung und Steuerung von Einflussgrößen und Stakeholdern

5.2 Klassisches Projektmanagement

5. Wofür werden die Erkenntnisse der Projektumfeldanalyse genutzt?
   Mithilfe der erlangten Erkenntnisse können die passenden Strategien und Maßnahmen für die einzelnen Stakeholder gefunden werden. Diese Strategien und Maßnahmen helfen dabei, die Stakeholder zufrieden zu stimmen, um die Projektziele erreichen zu können. Da sich die Einstellungen und Verhaltensweisen mit der Zeit verändern können, ist eine andauernde Überprüfung und Anpassung der Strategien und Maßnahmen wichtig.
6. Worin unterscheiden sich die Skalenniveaus bei der Zielbestimmung einer Nutzwertanalyse?
   Die Zielformulierung bzw. das jeweilige Messkriterium bestimmt auch die Skala, mit der Ausprägungen gemessen werden können. Bei einer nominalen Skala können die Merkmalsausprägungen nicht ins Verhältnis gesetzt werden, hiermit kann meist nur bestimmt werden ob ein Kriterium erfüllt oder nicht erfüllt wird. Bei der Ordinalskala können die einzelnen Merkmalsausprägungen (Alternativen) sortiert werden, jedoch gibt es hierbei keine Zwischengrößen. Bei der Kardinalskala gibt es hingegen Zwischengrößen wie z. B. Euro oder Anzahl, daher bestehen unendlich mögliche Merkmalsausprägungen.

5.2.2 Projektorganisation

1. Welche Funktionen übernimmt ein Projektkoordinator in einer Stabsprojektorganisation?
   Er koordiniert die Tätigkeiten, agiert als Informationszentrum, informiert die Bereichsleiter über Projektstatus und soll Abteilungsleiter dazu bringen, ihre Aufgaben zu erledigen.
2. Was sind die Vorteile der verschiedenen Projektorganisationen?
   Bei der Stabsprojektorganisation ist keine Änderung der Basisorganisation notwendig und sie ist dadurch kostengünstig.
   Vorteil der reinen Projektorganisation ist die Vermeidung von Autoritätskonflikten dank Machtzentralisierung. Zudem arbeiten die Mitarbeiter ausschließlich für den Projektleiter. Dies ermöglicht schnelle Reaktionen und Entscheidungen. Dank des Vollzeiteinsatzes der Mitarbeiter entsteht eine hohe Projektidentifikation. Ein weiterer Vorteil ist die alleinige Verantwortung des Projektleiters, so kann das Projekt leichter koordiniert werden.
   Die Matrix-Projektorganisation fördert ein größeres Sicherheitsgefühl bei Mitarbeitern. Auch hier wird die Koordination durch die Gesamtprojektverantwortung beim Projektleiter erleichtert. Vorteilhaft ist auch die flexible Organisation je nach Arbeitsanfall im Projekt (Ausgleich von Belastungsspitzen).
3. Welche sind die bedeutendsten Rollen in einem Projekt?
   Die bedeutendsten Rollen in einem Projekt sind der Lenkungsausschuss, der Auftraggeber, der Projektleiter und das Projektteam.

4. Was versteht man unter dem AKV-Prinzip?
   Die Verteilung von Tätigkeiten an die Mitglieder des Projektteams kann nach dem AKV-Prinzip erfolgen. Hierbei wird darauf geachtet, dass die Aufgaben, Kompetenzen und Verantwortlichkeiten der einzelnen Mitarbeiter aufeinander abgestimmt sind. Bei der Missachtung dieses Gleichgewichts können Konflikte oder Demotivation die Folge sein.

5.2.3 Projektplanung

1. Welche möglichen Aufgaben übernimmt ein Projektstrukturplan?
   Der Projektstrukturplan ist für die systematische Erfassung (durch Zerlegung/Sammlung) aller Projektaufgaben zuständig. Hierbei erfolgt auch eine Untergliederung des Projekts bis hin zu plan- und kontrollierbaren Arbeitspaketen.
   Er soll außerdem bei der übersichtlichen Darstellung des Projektinhalts helfen (Kommunikationsinstrument).
   Bei der Unterteilung erfolgt oft die Definition einer Struktur, die für das gesamte Projekt gültig ist und Basis für viele Managementaktivitäten wie z. B. die Terminplanung ist.
2. Welche Rolle spielen Arbeitspakete in einem Projektstrukturplan?
   Arbeitspakete bilden die unterste Gliederungsebene in einem Projektstrukturplan. Ihre Aufgabe ist es anzuzeigen, welche Aktivitäten ausgeführt werden müssen und welche Resultate bis zu welchem Zeitpunkt erreicht sein müssen. Um die Ausführung zu erleichtern, ist ein Handlungsspielraum für die verantwortliche Person/Stelle von Vorteil.
3. Warum sind Meilensteine bei der Terminplanung von Vorteil?
   Meilensteine kennzeichnen Ereignisse mit einer hohen Wichtigkeit während der Projektdurchführung. Vor Projektstart erleichtern sie die Strukturierung und zeitliche Planung eines Projektes. Wenn Meilensteine an strategisch wichtigen Punkten platziert wurden, sind sie auch während der Projektdurchführung vorteilhaft. Der Zielerreichungsgrad kann an diesen Punkten überprüft werden, um mögliche Anpassungen vorzunehmen.
4. Was versteht man unter der gesamten Pufferzeit?
   Die gesamte Pufferzeit gibt die mögliche Verzögerungszeit der einzelnen Arbeitspakete an. Wenn ein Arbeitsschritt diese allerdings völlig ausreizt, bleibt keine Pufferzeit für die nachfolgenden Arbeitspakete übrig. Verschiebt sich ein Vorgang mehr als über die gesamte Pufferzeit hinaus, verschiebt sich somit auch das prognostizierte Projektende nach hinten.
5. Welche Vorgehensweise ist bei einer Kapazitäten Planung üblich?
   1. Ermittlung des Bedarfs
   2. Ermittlung der Kapazitäten

5.2 Klassisches Projektmanagement

   3. Abweichungsanalyse durchführen
   4. Optimierungen vornehmen
6. Welche Kostenarten fallen in Projekten an?
   - Personalkosten
   - Sachkosten,
   - Materialkosten,
   - Kapitalkosten
   - kalkulatorische Kosten
7. Welche möglichen Risiken sind bei einer Risikoplanung zu berücksichtigen?
   Mangelnde Sorgfalt, Missverständnisse, Unvermögen z. B. fehlendes Know-how, Unsicherheit auf Grund von Informationsmangel, äußere Einflüsse oder Zufälle können während einer Projektdurchführung auftreten. Diese Risiken sind jeweils zu identifizieren und zu berücksichtigen.

5.2.4 Projektkontrolle und -Steuerung

1. Was bedeutet Projektüberwachung?
   Die Projektüberwachung umfasst alle Tätigkeiten, die sich mit der Definition und Erhebung der projektarbeitsbezogenen Informationen befassen, der Vergleich mit den dazugehörigen Plänen und der Ermittlung von Abweichungen.
2. Welche Kennzahlen zur Projektkontrolle gibt es?
   - Arbeitsstunden
   - Kosten
   - %-fertig
   - Anzahl fertiger Arbeitspakete
   - Anzahl erreichter Meilensteine
   - Fertigstellungswertmethode
3. Welche Maßnahmenkategorien kann man für die Projektsteuerung verwenden?
   - Personalstärke
   - Qualifizierung
   - Motivation
   - Leistungsumfang
   - Qualität
   - Prozessablauf
   - Unterstützung
4. Welche Kennzahlen können mit der Fertigstellungswertanalyse ermittelt werden?
   - Kostenabweichung
   - Terminplanabweichung
   - Kostenentwicklungsindex
   - Terminentwicklungsindex
   - Erwartete Gesamtkosten bei Fertigstellung

5. Wofür ist eine Fertigstellungswertanalyse nützlich?
   Die Earned-Value-Analyse ist eine Methode des Projektcontrollings. Es werden die Plan-, Ist- und Sollkosten an einem gewählten Stichtag betrachtet. Mithilfe der daraus gewonnenen Informationen können Gegenmaßnahmen geplant werden.

5.2.5 Projektreporting

1. Erläutern Sie die Bedeutung des Projektreportings.
   Um während der Projektumsetzung auf dem neusten Stand zu bleiben, ist die Erstellung von Projektberichten unerlässlich. Hierfür werden aktuelle, wahrheitsgemäße, genaue und zuverlässige Daten genutzt. Es lassen sich so Aussagen über die Zielerreichung oder mögliche Probleme mithilfe von Ampelfarben treffen. Adressat des Projektberichtes kann der Auftraggeber, die Stakeholder aber auch der Projektleiter sein.
2. Welche Ordnerstruktur würden Sie für Ihr nächstes Projekt vorschlagen?
   – Projektdefinition
   – Stakeholdermanagement
   – HR Management
   – Projektumfang
   – Kostenmanagement
   – Zeitmanagement
   – Risikomanagement
   – …
3. Welche unterschiedlichen Dokumentarten gibt es?
   – Prozessbeschreibungen
   – Projektpläne
   – Projektberichte

5.2.6 Projektabschluss

1. Wann beginnt der Projektabschluss?
   Der Projektabschluss beginnt am ersten Tag des Projektes.
2. Was sind die Ziele des Projektabschlusses?
   Das Wissen und die Erfahrung des Projektes für weitere Projekte zu erhalten.
   Die Weiterentwicklung des Projektmanagements im Unternehmen voranzutreiben.
   Den Mitarbeitern Feedback zu geben.

5.3 Agiles Projektmanagement

1. Nennen Sie die Statements des agilen Manifestes.
   - Individuen und Interaktionen wichtiger als Prozesse und Werkzeuge
   - Funktionierende Software wichtiger als umfassende Dokumentation
   - Zusammenarbeit mit dem Kunden wichtiger als Vertragsverhandlung
   - Reagieren auf Veränderung wichtiger als das Befolgen eines Plans
2. Mit welchen Mitteln wird die Änderungsfreude unterstützt?
   - Repriorisierung des Backlogs,
   - Reviews am Ende eines jeden Sprints
   - Retrospektive am Ende eines jeden Sprints
3. Welche wesentliche Aufgabe hat ein Scrum Master?
   Moderation der Teamprozesse
4. Welche Lösungsstrategien gibt es bei Konflikten im Team?
   - Kooperation
   - Kompromiss
   - Durchsetzung
   - Vermeidung
   - Anpassung
5. Welches Ziel hat die Retrospektive?
   Suche nach Verbesserungsmöglichkeiten
6. Was ist der Unterschied zwischen einem Product Backlog und einem Sprint Backlog?
   Der Sprint Backlog ist ein Extrakt des Product Backlogs, der die wichtigsten Anforderungen enthält und dem das Entwicklungsteam glaubt, dies in einem Sprint umsetzen zu können
7. Welche Grundidee steht hinter dem Planning Poker?
   Verringerung von Ankereffekten und gegenseitigen Beeinflussungen

Stichwortverzeichnis

A
Ablaufplanung, 76, 78
Ablauf- und Terminplanung, 76
Abschlussphase, 14
Abweichungsanalyse, 90, 113
Adjourning-Phase, 66
Akzeptanzkriterien, 145
Allparteilichkeit, 156
Anfang-Anfang-Beziehung, 80
Anfang-Ende-Beziehung, 80
Anordnungsbeziehung, 79
Arbeitspaket, 72
Aufgabenboard, 153
Auftraggeber, 57

B
Backlog Item, 139
Bedarfsermittlung, 90
Bottom-Up-Verfahren, 73
Burndown-Chart, 153

D
Daily, 140, 152
Daily Scrum, 152
Definitionsphase, 12, 67
Detaillierung, 150
Dienende Führung, 149

E
Earned Value Analyse, 118
Einfluss
 äußerer, 100
 qualitativer, 36
 quantitativer, 36
Einflussgröße
 organisatorisch-soziale, 34
 sachlich-inhaltliche, 34
Ende-Anfang-Beziehung, 80
Ende-Ende-Beziehung, 80
Entscheidungsträger, 48
Entwicklungsteam, 148
Eskalationsmanagement, 126

F
Fertigstellungswertanalyse, 118

G
Gantt-Diagramm, 86
Gegenstromverfahren, 73, 74
Gesamtbudget, geplantes, 119
Gesamtprojektrisiko, 104

I
Initialisierungsphase, 11
Inkrement, 159
Interdisziplinarität, 2, 181
INVEST, 151

K
Kanban-Board, 153
Kapazität, 90

Klassifizierung, 4
Kompetenz, 61
Komplexität, 3
Kontrollfunktion, 30
Koordinationsfunktion, 30
Kostenabweichung, 115
Kostenplanung, 92
Kostenschätzung, 92
Kostenverlaufsplan, 96

L
Leistungsabweichung, 115
Leistungsfortschritt, 112
Lenkungsausschuss, 57

M
Magisches Dreieck, 31, 139
Manifest, agiles, 138
Matrix-Projektorganisation, 54
Meilenstein, 77
Messkriterium, 47
Minimal Viable Product, 142
Missverständnis, 100
Mitarbeiter
 externer, 64
 interner, 64
MoSCoW, 144
Motivationsfunktion, 30

N
Netzplantechnik, 78, 79

O
Orientierungsfunktion, 29

P
Palnungsphase, 12
Performing-Phase, 66
Planning Poker, 141, 147
Planung
 rollierende, 72
Planungsphase, 67
Polaritätsprofil, 49
Product Backlog, 140, 142

Product Owner, 142, 145
Produktivitätsabweichung, 115
Projektabschluss, 134
Projektart, 5
Projektbeauftragung, 23
Projektbericht, 132
Projektberichtswesen, 128
Projektdauer, 4
Projekt Exellence, 9
Projektgröße, 4
Projektlebenszyklus, 16
Projektleiter, 27
Projektleitung, 58
Projektorganisation, reine, 53
Projektplan, 131
Projektreporting, 127
Projektstrukturplan, 68
Projektteam, 61
Projektumfeld, 37
Projektumfeldanalyse, 34
Projektziel, 26
Pufferzeit
 freie, 85
 gesamte, 85

R
Referenz-Item, 146
Ressource, 2
Ressourcenplanung, 89
Retrosperktive, 141
Return on Investment, 146
Risikoanalyse, qualitative, 102
Risikoplanung, 99
Rolle, informelle, 123
Rückwärtsterminierung, 84

S
Scrum Guide, 141
Scrum Master, 141, 154
Selektionsfunktion, 30
Servant Leadership, 149, 156
Skala
 metrische, 47
 nominelle, 47
 ordinale, 47
SMART-Regel, 26
Sorgfalt, mangelnde, 100

Sprint, 140, 152
Sprint Backlog, 145, 150
Sprint Planung, 141, 145
Sprint Retrospektive, 142, 161
Sprint Review, 141, 142, 160
Stabsprojektorganisation, 52
Stakeholder, 38
Stakeholderanalyse, 37
Steuerungsgremium, 57
Steuerungsphase, 13

T
Taskboard, 153
Teambesprechung, 111
Teamentwicklung, 65
Team
    selbstorganisiertes, 148
    selbstverantwortliches, 141
Termindruck, 2, 181
Timeboxing, 140
Top-Down-Verfahren, 73
Trendanalyse, 116
Tuckman Modell, 65

U
Unsicherheit, 100
Unvermögen, 100
User Story, 143

V
Verantwortlichkeit, 62
Vergleich, paarweiser, 144
Vorauswahl, 47
Vorwärtsterminierung, 83

W
Wert, geplanter, 119

Z
Zielformulierung, 28
Zielkonflikt, 30
Zielsystem, 30
Zufall, 100

The manufacturer's authorised representative in the EU is Springer Nature Customer Service Centre GmbH, Europaplatz 3, 69115 Heidelberg, Germany. If you have any concerns regarding our products, please contact ProductSafety@springernature.com

Printed and bound by CPI Group (UK) Ltd, Croydon, CR0 4YY

25/03/2026

02078196-0018